## Zu diesem Buch

Das Taschenbuch und rororo feiern fünfzigsten Geburtstag. Die großen Meister des Nervenkitzels gratulieren mit ihren schönsten Storys. Klassiker von Roald Dahl oder Ruth Rendell und brandneue Geschichten von Philip Kerr oder Petra Hammesfahr bescheren prickelnde Spannung. Ein unvergesslicher Trip in menschliche Abgründe mit Gänsehaut-Garantie.

# ROALD DAHL u. a.

# Die schönen Seiten
# der Angst

Das Lesebuch
des Nervenkitzels

Zusammengestellt von
Wolfram Hämmerling

Rowohlt Taschenbuch Verlag

Originalausgabe
Veröffentlicht im Rowohlt Taschenbuch Verlag GmbH,
Reinbek bei Hamburg, Juli 2000
Copyright © 2000 by Rowohlt Taschenbuch Verlag GmbH,
Reinbek bei Hamburg
Umschlaggestaltung Notburga Stelzer
(Foto: Sascha Jean Michel Melein)
Satz Aldus PostScript, PageOne
Gesamtherstellung Clausen & Bosse, Leck
Printed in Germany
ISBN 3499 228 11 4

Die Schreibweise entspricht den Regeln
der neuen Rechtschreibung.

# Inhalt

ROALD DAHL

# Der Wunsch

Der Junge strich zufällig mit der Hand über sein Bein, und dabei geriet er an die verschorfte Stelle auf der Kniescheibe. Er beugte sich vor, um sie zu untersuchen. Schorf war etwas, was man einfach anfassen *musste*; er hatte dieser Verlockung noch nie widerstehen können.

Ja, dachte er, ich werde es abkratzen, auch wenn es noch nicht soweit ist, auch wenn es in der Mitte noch festklebt, auch wenn es wehtut wie sonst was.

Mit dem Fingernagel tastete er vorsichtig um den Rand herum. Dann schob er den Nagel darunter, und auf einmal – er brauchte kaum nachzuhelfen – löste sich der Schorf. Der ganze harte braune Schorf ging glatt ab und enthüllte ein rundes Fleckchen zarter rosa Haut.

Gut. Wirklich sehr gut. Er rieb die Stelle, und sie tat nicht weh. Er nahm den Schorf, legte ihn sich auf den Schenkel und schnippte ihn mit dem Finger fort, sodass er durch die Luft flog und auf dem Teppich landete, auf diesem riesigen roten, schwarzen und gelben Teppich, der die Diele von der Treppe bis zur Haustür bedeckte. Ein gewaltiger Teppich. Größer als der Tennisplatz. Viel größer. Er betrachtete ihn ernst, ließ den Blick mit stillem Vergnügen auf ihm ruhen. Bisher hatte er ihn nie richtig angesehen, aber jetzt leuchteten die Farben plötzlich geheimnisvoll auf und sprangen ihm geradezu in die Augen.

Ja, sagte er sich, ich weiß, wie es ist. Die roten Teile des Teppichs sind glühende Kohlestücke. Was ich tun muss, ist dies: Ich muss den ganzen Weg bis zur Haustür gehen, ohne sie zu berühren. Wenn ich auf Rot trete, verbrenne ich. Wirklich, dann verbrenne ich ganz und gar. Und die schwarzen Teile des Teppichs … ja, das sind Schlangen, giftige Schlangen, Kreuzottern und Kobras, manche so dick wie Baumstämme. Wenn ich auf eine von ihnen trete, werde ich gebissen und muss noch vor dem Tee sterben. Und wenn ich heil hinüberkomme, ohne zu verbrennen und ohne gebissen zu werden, dann kriege ich morgen zum Geburtstag einen jungen Hund.

Er stand auf und stieg ein paar Stufen höher, um dieses riesige Gewebe aus Farbe und Tod besser überblicken zu können. Würde er es schaffen? War genug Gelb da? Gelb war die einzige Farbe, auf die er treten durfte. Sollte er es wagen? Eine solche Reise musste man sich gründlich überlegen, denn sie barg viele Gefahren. Das Gesicht des Jungen – hellblonde Ponyfransen, zwei große blaue Augen, ein kleines spitzes Kinn – lugte besorgt über das Geländer. Das Gelb war an manchen Stellen etwas spärlich verteilt, und ein-, zweimal klaffte dazwischen eine breite Lücke, aber anscheinend lief es bis zum anderen Ende. Das konnte doch eigentlich nicht zu schwer sein für ihn, der erst gestern den ganzen Weg von den Ställen bis zur Laube gegangen war, ohne ein einziges Mal auf die Ritzen zwischen den Steinen zu treten. Wenn nur die Schlangen nicht wären. Der bloße Gedanke an Schlangen löste in seinen Beinen ein feines elektrisches Prickeln aus, das er bis in die Fußsohlen spürte.

Langsam, Stufe um Stufe, näherte er sich dem Teppichrand. Er hob den kleinen, in einer Sandale steckenden Fuß und stellte ihn vorsichtig auf einen gelben Fleck. Dann zog er den anderen Fuß nach, der gerade noch Platz auf dem Gelb hatte. So! Der Anfang war gemacht. Auf seinem ovalen Gesicht lag ein Ausdruck äußerster Konzentration, und vielleicht war er jetzt eine Spur blasser als sonst. Er breitete die Arme aus, um sich im Gleichgewicht zu halten. Beim zweiten Schritt hob er den Fuß hoch über einen schwarzen Fleck und zielte mit dem Zeh sorgfältig auf eine schmale gelbe Rinne hinter dem Schwarz. Als er auch mit dem anderen Fuß gelandet war, blieb er eine Weile steif und unbeweglich stehen. Die schmale gelbe Rinne lief ohne Unterbrechung etwa fünf Meter weiter. Er arbeitete sich behutsam vor, Schritt für Schritt, wie ein Seiltänzer. Als die Rinne schließlich zur Seite abbog, musste er wieder einen langen Schritt machen, diesmal über eine unheimlich aussehende Mischung aus Rot und Schwarz hinweg. Plötzlich begann er zu schwanken. Er ließ die Arme wie Windmühlenflügel kreisen, verzweifelt bemüht, dem Feuer und den Schlangen zu entgehen. Zum Glück erreichte er unbeschadet die andere Seite. Er war völlig außer Atem und so angespannt, dass er die ganze Zeit auf den Zehenspitzen stand, die Arme ausgebreitet, die Hände zu Fäusten geballt. Er befand sich auf einer großen, sicheren Insel von Gelb. Sie bot ihm genügend Raum, er konnte nicht herunterfallen, und so verschnaufte er erst einmal, zögerte, wartete und wünschte, für immer auf der großen, sicheren gelben Insel bleiben zu können. Aber dann würde er ja keinen jungen Hund zum Geburtstag bekommen. Dieser Gedanke trieb ihn vorwärts.

Immer weiter rückte er vor. Nach jedem Schritt hielt er inne und überlegte, wohin er jetzt den Fuß setzen musste. Einmal hatte er die Wahl, ob er nach links oder nach rechts gehen wollte. Er entschied sich für rechts; der Weg erschien ihm zwar schwieriger, aber dafür war in dieser Richtung nicht so viel Schwarz. Das Schwarz machte ihn nervös. Er blickte über die Schulter, um zu sehen, wie viel er schon geschafft hatte. Fast die Hälfte. Jetzt konnte er nicht mehr umkehren. Er stand mitten auf dem Teppich; es gab kein Zurück, und es war auch unmöglich, zum seitlichen Rand zu springen – die Entfernung war zu groß. Als er all das Schwarz und Rot sah, das noch vor ihm lag, fühlte er plötzlich eine beklemmende Furcht in sich aufsteigen – wie damals, am Osternachmittag, als er sich ganz allein im finsteren Teil von Piper's Wood verirrt hatte.

Er ging einen Schritt weiter, trat vorsichtig auf das einzige gelbe Fleckchen, das er erreichen konnte, und diesmal kam er mit dem Fuß dicht an eine schwarze Stelle heran. Er berührte das Schwarz nicht, er wusste genau, dass er es nicht berührte, denn er sah ja die schmale gelbe Linie, die seine Sandalenspitze von dem schwarzen Gebiet trennte. Aber die Schlange regte sich, als spüre sie die Nähe des Jungen. Sie hob lauernd den Kopf und starrte mit hellen, runden Augen auf seinen Fuß.

*«Ich habe dich nicht berührt! Du darfst mich nicht beißen! Du weißt, dass ich dich nicht berührt habe!»*

Eine andere Schlange glitt lautlos neben die erste, und

auch sie hob den Kopf: zwei Köpfe jetzt, zwei Paar Augen, die auf den Fuß starrten, auf die kleine nackte Stelle unterhalb des Sandalenriemens. Der Junge stellte sich auf die Zehenspitzen und blieb so stehen, vor Schreck wie erstarrt. Minuten vergingen, bevor er wagte, an den nächsten Schritt zu denken.

Dieser nächste Schritt würde sehr schwierig sein, weil da ein tiefer, gewundener Strom von Schwarz quer über den Teppich lief. Und der Junge stand ausgerechnet so, dass er ihn an der breitesten Stelle überqueren musste. Sollte er springen? Das war zu gefährlich, denn er wusste ja nicht, ob er genau auf dem schmalen gelben Streifen dort drüben landen würde. Er holte tief Luft, hob einen Fuß und schob ihn weit, weit vor, senkte ihn tiefer und tiefer, bis endlich die Spitze der Sandale sicher auf gelbem Boden ruhte. Nun beugte er sich nach vorn, verlagerte sein Gewicht auf den vorgestellten Fuß und versuchte dann, den anderen nachzuholen. Er strengte sich mächtig an, zog und zerrte, aber die Beine waren zu weit auseinander. Es half nichts, er musste zurück. Auch das schaffte er nicht. Er stand breitbeinig da und vermochte sich nicht zu rühren. Unter sich sah er den tiefen, gewundenen schwarzen Strom. Teile davon regten sich jetzt, rollten sich auf, glitten hin und her und glitzerten in einem widerlich öligen Glanz. Er schwankte, fuchtelte wild mit den Armen, um nicht zu fallen, aber das machte es nur noch schlimmer. Er kippte nach rechts, zunächst langsam, dann immer schneller. Im letzten Moment streckte er instinktiv die Hand aus, um den Sturz zu dämpfen. Das, was er gleich darauf sah, ließ ihn vor Entsetzen gellend aufschreien: Seine bloße Hand stieß mitten hinein in eine große, glänzende Masse von Schwarz und verschwand darin.

Draußen im Sonnenschein, weit hinter dem Haus, suchte die Mutter ihren Sohn.

PHILIP KERR

# Durch den Spiegel ein dunkles Bild

Es ist von Salvador Dalí, erklärte Helen ihrem Mann. Andrew Lockhart verzog das Gesicht. «Das weiß ich selbst», sagte er kühl. «Es ist der Titel, an den ich mich nicht erinnern kann.» Er betrachtete aufs Neue die öde Landschaft mit Ameisen und zerfließenden Uhren, die auf dem glänzenden Einband der Tagungsmappe abgebildet war, und gab ihr diese dann zurück.

«Ich verstehe nicht, wieso sie es ausgewählt haben», sagte Helen, während sie die Mappe öffnete und die darin enthaltenen Papiere durchzusehen begann. «An der Arbeitsweise des menschlichen Geistes ist nichts besonders Surreales. Immerhin – verglichen mit dem Munch stellt es wohl eine Verbesserung dar.»

«Jetzt ist er mir wieder eingefallen», sagte Andrew. «*Die Beständigkeit der Erinnerung*. Ein Bild mit diesem Titel passt sehr gut, finde ich. Ganz besonders für deinen Beitrag. Wie hieß doch gleich das Thema, über das du sprechen willst?» Er machte mit der Hand eine vage suchende Bewegung. «Temporal ... wie war das doch gleich?»

«Temporallappen-Epilepsie.»

«Das hat doch irgendetwas mit Erinnerung zu tun, oder?»

«Ja, schon», murmelte sie, «aber eigentlich geht es mehr um Pseudo-Vorahnungen, déjà vu, diese Art Dinge. Dass das Gedächtnis einem etwas vortäuscht.»

«Also, wie das ist, weiß ich sehr gut», sagte Andrew. «Ich hätte zum Beispiel schwören können, dass es gleich neben dem Hotel hier einen Bahnhof gibt.» Er zuckte die Schultern. «Wenigstens steht die Burg noch dort, wo sie nach meiner Erinnerung stand. Vielleicht statte ich ihr morgen einen Besuch ab.»

Helen blickte von ihren Papieren auf und lächelte ihrem Mann ein wenig neidisch zu. Während sie mit einer Menge Kollegen – Psychiatern wie sie selbst sowie Neurochirurgen – eingesperrt saß, würde er die Möglichkeit haben, Edinburgh zu durchstreifen, ganz wie er Lust hatte.

«Wie lange, hast du gesagt, ist es her, dass du hier warst?», fragte sie.

«Fünfundzwanzig Jahre», antwortete er mit forciertem Edinburgh-Akzent, den er irgendwann nach seiner Kindheit abgelegt hatte, einer Kindheit, von der Helen nur sehr wenige Einzelheiten kannte, wie ihr bewusst war. Andrew hatte nie viel darüber gesprochen. «Es ist, als ob diese Jahre zu einem anderen Leben gehörten. Wenn sich das nicht so schizophren anhörte, würde ich sagen, dass ich aus zwei verschiedenen Personen bestehe – dem schottischen Jungen und dem englischen Mann.»

«Warum bist du nicht früher hierher zurückgekommen?»

«Die meisten meiner Verwandten waren schon tot, als wir in den Süden zogen», erklärte er. «Für die lange Reise braucht man einen besseren Grund als nur irgendwelche sentimentalen Regungen.»

«Sentimentalität kann dir ja nun wirklich niemand vorwerfen», sagte sie. «Ich hatte ehrlich gesagt schon vergessen, dass Edinburgh deine Heimatstadt ist. Du sprichst nie über deine Zeit hier. Ich glaube, du bist von allen Schotten, die ich kenne, der unschottischste. Du siehst nicht einmal aus wie ein Schotte. Wie alt warst du noch gleich, als ihr von hier weggezogen seid? Zwölf?»

«Ja, das stimmt. Juni 1968. Genau der Tag, an dem Robert Kennedy erschossen wurde. Oder war es Martin Luther King? Jedenfalls ist an dem Tag irgendjemand ermordet worden.»

Das Telefon klingelte, und Andrew griff zum Hörer. Helen blieb neben dem Bett stehen, bis klar war, dass der Anruf für ihn war, und ging dann in das riesige Badezimmer, um ihr Make-up aufzufrischen. Einer der Vorteile, wenn man mit einem erfolgreichen Filmregisseur reiste, war, dass er darauf bestand, in einem erstklassigen Hotel abzusteigen. Sie würde jetzt nicht im *Caledonian* wohnen und schon gar nicht in einer Suite, wenn nicht Andrew alles bezahlte. Es war allerdings keineswegs immer nur angenehm, mit jemandem zusammen zu sein, der so selbstverständlich gewöhnt war, dass alle Menschen genau taten, was er wollte. Hollywood beförderte diese Art des persönlichen Despotismus. Der Regisseur hat immer Recht. Sie hatte im Laufe der Zeit gelernt, vor seinen furchterregenden Wutausbrüchen auf der Hut zu sein. Nicht dass er sie je geschlagen oder überhaupt gegen jemanden körperliche Gewalt angewendet hätte. Andrews Gewalttätigkeit war verbaler Natur und reduzierte denjenigen, den es traf, gnadenlos auf die Summe seiner Schwächen. Es konnte jeden treffen. Wie den Mann am Flughafen Turnhouse, der sie informiert hatte, dass ihr Gepäck in Heathrow zurück-geblieben sei. Andrew hatte ihn unflätig beschimpft, als sei er der letzte Dreck. Doch sie hatte ihn in Verdacht, dass er selbst in solchen Momenten durchaus die Kontrolle über sich hatte, dass er nur seinen Ärger loszuwerden suchte, indem er ihn an irgendjemandem ausließ. Das machte es irgendwie noch schlimmer. Helen fragte sich oft, zu was ihr Mann fähig sein mochte, sollte er einmal wirklich die Beherrschung verlieren. Er knallte den Hörer auf die Gabel, und sie rief: «Wer war das?»

«Die Fluggesellschaft. Sie haben unser Gepäck gefunden. Man bringt es uns her. Die Blödmänner haben die Taschen nach Newcastle geschickt – ausgerechnet.»

Sie kam aus dem Bad und lächelte ihm ermutigend zu, als hoffe sie, ihn mit ihrer guten Laune zu beschämen. «Dann wäre ja alles geklärt», sagte sie in besänftigendem Ton. «Lass uns einfach vergessen, was passiert ist, und versuchen, uns ein paar schöne Tage zu machen, einver-standen?»

Er bemerkte den Blick in ihren Augen und hörte aus ihren Worten den unausgesprochenen Vorwurf heraus. Plötzlich erinnerte er sich wieder des Stroms obszöner Ausdrücke, den er auf dem Flughafen losgelassen hatte, und an ihr Schweigen während der Taxifahrt zum Hotel. Er schlug die Hände vors Gesicht.

«Ich war wohl schrecklich grob?», sagte er.

«Das ist noch milde ausgedrückt», sagte sie, öffnete die Minibar und nahm eine Tüte mit Cashewkernen heraus, obwohl sie wusste, dass er bereits im teuersten der Hotel-restaurants einen Tisch bestellt hatte. Sie wollte wissen, wie tief seine Zerknirschung war.

«Es tut mir Leid», sagte er leise.

«Bei mir brauchst du dich nicht zu entschuldigen», entgegnete sie. «Mich hast du nicht beschimpft. Ich begreife nicht, was manchmal in dich fährt, ich begreife es wirklich nicht.» Doch dann gab sie ihm einen Kuss auf die Wange.

«Du hast sehr viel Geduld mit mir», sagte er.

«Ich bin Psychiaterin, mein Lieber», antwortete sie, entzog sich seiner Umarmung und warf sich eine Handvoll Cashewkerne in den Mund.

Andrew wollte nicht mit ansehen, wie sie sich den Appetit verdarb, und so ging er quer durch den Raum ans Fenster, zog die Netzgardine zur Seite und starrte zum Edinburgh Castle empor. Auf diesem Ausblick hatte er beim Buchen ausdrücklich bestanden. Die Burg kam ihm vor wie ein unordentlicher Haufen grauer Laken, der jeden Moment von seinem mächtigen rautenförmigen Felsenbett herunterzurutschen drohte. Als kleiner Junge war er von einem immer wiederkehrenden Alptraum heimgesucht worden. Darin fand er sich verlassen hoch an dem Felsen wieder, ohne Ausweg nach oben oder unten, an ein Büschel Gras geklammert, bis der Wind ihn wie spielerisch dort herunterriss und er nach einem angsteinflößenden Fall in seinem Bett aufatmend wieder zu sich kam. Wie Andrew wusste, gab es in Edinburgh, das sich im neunzehnten Jahrhundert aufgrund des Torf- und Kohlerauchs aus seinen zahllosen Kaminen den Beinamen «Auld Reekie», Alter Rauchschlot, erworben hatte, der Stadt, in der der Reformator Knox wortgewaltig gegen die Sündhaftigkeit gewettert und die Stevenson zu seinem Roman über eine Persönlichkeitsspaltung inspiriert hatte, unzählige schreckenerregende Orte: die alte Rose Street mit ihrem geschwärzten Kopfsteinpflaster, den übelriechenden Wirtshäusern und den hinter Granitmauern verborgenen Bordellen, die verwinkelten, früher oftmals als Kloaken dienenden Gassen, die verschwiegenen Höfe und Durchgänge, in denen Burke und Hare ihren Opfern aufgelauert und sie ermordet hatten, um ihre Leichen an die Anatomie zu verkaufen, der gespenstisch wirkende Friedhof von Greyfriars mit seinen verwitterten Grabsteinen und nicht zuletzt die windumtosten Klippen von Salisbury Crags, wo sich, wie es hieß, die Seelen der Verstorbenen, seien sie nun gerechtfertigte Sünder, Erwählte oder Verdammte, verborgen hielten. Selbst die Straßennamen in dem Stadtführer, den er gleich nach seiner Ankunft gekauft und rasch überflogen hatte, schienen von Düsternis erfüllt: Crow Hill, Jawbone Walk, Windy Goule, Gutted Haddie, Blackchapel Road, Clovenstone Gardens, Old Tolbooth Wynd, Succoth Park, Yardheads und Talisman Place. Edinburgh umgab eine Aura von etwas Fernem, nicht Greifbaren, das Unbehagen in ihm weckte. Er war außerstande, einen Grund dafür zu nennen, sondern verspürte nur eine ungewisse Befürchtung, vergleichbar dem bohrenden Zweifel, wenn man sich nicht mehr erinnern kann, ob eine Rechnung noch offen ist oder nicht.

«Wann willst du denn aufbrechen zu diesem Ausflug in die Vergangenheit?», fragte Helen. Sie machte sich insgeheim Sorgen, dass er, wenn sie ihn während des viertägigen Kongresses zu viel allein ließ, anfangen könnte, sich zu langweilen, und wollte ihn ein wenig ermutigen, auf Entdeckungstour zu gehen.

«Morgen kommt ein Journalist vom *Scotsman*. Er will

sich beim Frühstück mit mir unterhalten», sagte Andrew. «Anschließend werde ich dann wohl losziehen.»

David Scobie war ein kleiner Mann, der Andrew an einen Terrier erinnerte. Er trug einen billigen Anzug und trat mit der knappen Entschiedenheit eines Menschen auf, der täglich unter dem Druck steht, den Redaktionsschluss einhalten zu müssen. Andrew empfand seine Fragen als aggressiv, bis er sich ins Gedächtnis rief, dass Streitlust und Kampfbereitschaft schon immer Teil des schottischen Nationalcharakters gewesen waren. Das nächste Mal, wenn er bei Helen für einen seiner heftigen Wutausbrüche Abbitte leisten musste, könnte er das als Erklärung vorbringen: seine Erregbarkeit war einer Veranlagung geschuldet, steckte in seinen Genen, und verglichen mit dem frechen kleinen Schmutzfink vom *Scotsman* benahm er selbst sich ja geradezu zahm. Vielleicht hatte es mit der Luft zu tun, mit den kalten Nordostwinden, die vom Meer herüberwehten und bis in die vielen Kirchen drangen, deren Gemeinden einer besonders harschen und unversöhnlichen Spielart des Protestantismus anhingen. Doch möglicherweise war auch der Alkohol schuld, die vielen hochprozentigen Brände oder das Bier, das Ale oder Stout, dessen Geruch fast die gesamte Innenstadt durchdrang. Es lag jedenfalls nicht allein an ihm, dachte Andrew, das wurde ihm allmählich deutlich. Fast sah es so aus, als ob er durch seine späte Heimkehr sehr viel mehr erfahren würde, als er zu Anfang erwartet hatte.

«Letzte Frage», bellte Scobie. «Halten Sie es für möglich, dass Sie mal einen Film in Edinburgh drehen werden?» Er wies mit dem Kopf zu einer Art Teleobjektiv, das

Andrew an einer Kette vom Hals hing. «Oder haben Sie schon damit angefangen?»

«Sie meinen deswegen?» Andrew hielt seinen Arri-Motivsucher in die Höhe. «Den habe ich immer bei mir. Ein Regisseur kann sich nicht allein auf seine Augen verlassen. Wenn ich die Dinge ansehe, wirklich ansehe, dann hilft er mir, mich auf das, was ich vor mir habe, zu konzentrieren. Durch den Sucher betrachtet, wird alles zum Bild, und das erleichtert mir später die Erinnerung. Ich habe ein hervorragendes Gedächtnis für Bilder und Filme, das ist für mich als Regisseur natürlich sehr nützlich. Sonst ist mein Gedächtnis allerdings ziemlich katastrophal. Ich dachte, dass es sinnvoll sein könnte, den Sucher dabeizuhaben, wenn ich mir gleich die Stadt ansehe. Vielleicht kommen ja ein paar Erinnerungen hoch.»

Scobie hielt alles, was Andrew sagte, mit rasender Geschwindigkeit auf seinem Block fest. «Wir sehen jetzt durch den Spiegel ein dunkles Bild …», begann er.

«Von wem stammt das?», wollte Andrew wissen. Er fand, das klang nach einem guten Filmtitel. «Lewis Carroll?»

Scobie lächelte höflich und schüttelte den Kopf. «Neues Testament. Erster Korinther Dreizehn.»

Andrew hatte, seit er aus Edinburgh weggezogen war, keine Bibel mehr in der Hand gehabt und auch keinen Gottesdienst besucht. «Und was steht da noch?»

Scobie lehnte sich auf seinem Stuhl zurück und schob das unangerührte Frühstück von sich weg, wie um dem Text Raum zu geben. «Als ich ein Kind war, da redete ich wie ein Kind und dachte wie ein Kind und war klug wie ein Kind; als ich aber ein Mann wurde, tat ich ab, was kindlich war.» Er nickte Andrew zu und setzte dann seinen Vortrag mit noch größerer Bedachtsamkeit und gesteigertem Nachdruck fort wie ein Schüler, der hofft, dass er für das fehlerlose Aufsagen eines Gedichts mit einem Bleistift belohnt wird. «Wir sehen jetzt durch den Spiegel ein dunkles Bild; dann aber von Angesicht zu Angesicht. Jetzt erkenne ich stückweise; dann aber werde ich erkennen, wie ich erkannt bin.»

Andrew lächelte voll Hochachtung. Er bewunderte Menschen, die aus dem Gedächtnis zitieren konnten, auch wenn es nur eine Bibelstelle war.

Scobie stand auf. Er war noch kleiner, als Andrew anfangs wahrgenommen hatte, wohl kaum mehr als ein Meter fünfzig. Mit seinem schwarzen Bart und den groben Gesichtszügen erschien er ihm wie die Verkörperung eines boshaften Zwerges aus einem Gruselmärchen. Scobie straffte die Schultern, knöpfte sein Schuljungen-Jackett zu und streckte Andrew eine überraschend zarte Hand entgegen.

«Vielen Dank, dass Sie sich die Zeit genommen haben», sagte er.

Nachdem Scobie sich verabschiedet hatte, ging Andrew noch einmal auf sein Zimmer, holte sich den Stadtführer und verließ das Hotel durch den Vordereingang. Wie ärmlich hier alles wirkt, dachte er. Viele Läden waren mit Brettern vernagelt, die über und über mit Plakaten beklebt waren. Die Fassaden der Häuser waren bräunlich bis schwarz, wie um das Vorurteil vieler Touristen zu bestätigen, dass Edinburgh noch immer eine rußige Stadt sei. Die meisten Männer, denen Andrew begegnete, sahen aus, als könnten sie ein Bad und auch eine Rasur gebrauchen. Die Frauen waren gekleidet, als ob sie eher mit Regen rechneten als mit Aufmerksamkeit, obwohl strahlender Sonnenschein herrschte.

Andrew ging eine Weile Richtung Süden. Sein Weg führte ihn zum Grassmarket, wo wegen der vielen Wirtshäuser ringsum der säuerliche Gestank von abgestandenem Bier noch aufdringlicher war als anderswo in der Stadt. Obwohl es erst Vormittag war und der Himmel leuchtend blau, empfand Andrew die Straßen als dunkel und bedrohlich. Schmale Torwege gingen über in enge Gassen, verwinkelte Straßen und steile Treppen, die eingezwängt zwischen mehrstöckigen Häusern in die Höhe führten, als seien sie geheime Pfade durch eine alte, aus dem Felsen gehauene Terrassenstadt. Man konnte sich nur zu gut vorstellen, wie ein unglücklicher Fußgänger, der bloß eine bequeme Abkürzung hatte nehmen wollen, sich hier unversehens der messerscharfen Klinge eines im Verborgen lauernden Irren gegenübersah. Andrew beschleunigte seinen Schritt, überquerte eine Brücke und befand sich auf dem Mound, einer abschüssigen Straße, die in einem weiten Bogen zwei von Schottlands bedeutendsten Kunstmuseen umschloss. Allmählich begannen ihm die Füße wehzutun, und so suchte er den gepflegten Park auf, der sich von der Princess Street bis hin zum Fuß des Burgfelsens erstreckte. Er setzte sich auf eine Holzbank, die eine frühere Bewohnerin Edinburghs dem Andenken ihres bedeutenden Gatten gestiftet hatte, und sah mit dem unparteiischen Interesse des professionellen Beobachters dem Streit zweier kleiner Jungen zu. Ihre wüsten wechselseitigen Beschimpfungen und die Heftigkeit, mit der sie aufeinander losgingen, überraschten ihn. Ein Eisenbahner von der nahegelegenen Waverley Station, der zufällig vorbeikam, trennte schließlich die zwei Kampfhähne, und einer der beiden rannte heulend davon.

Andrew versuchte, sich die Streitereien während seiner eigenen Kindheit wieder ins Gedächtnis zu rufen, und musste verwundert feststellen, dass ihm das nicht gelang. Sollte er wirklich ein so ganz und gar friedfertiges Kind gewesen sein? Ihm wollte einfach kein Widersacher einfallen. Dagegen erinnerte er sich plötzlich wieder an seinen besten Freund, einen Jungen namens Fergus Gilmore. Nie hatte es einen besseren und treueren Freund gegeben als ihn. Doch eines Tages war Fergus in Newhaven Harbour schwimmen gegangen. Die Strömung hatte ihn aufs offene Meer hinausgezogen, und er war ertrunken. Es lag Jahre zurück, dass er an Fergus gedacht hatte. Er war innerlich noch mit ihm beschäftigt, während er ein Taxi heranwinkte und den Fahrer anwies, der ihn mit unbewegter Miene betrachtete, ihn nach Trinity zu fahren. Der Mann nickte kurz und brauste dann wortlos die Leith Street hinunter.

Den größten Teil seiner Kindheit hatte Andrew mit seinen Eltern in einem jener mehrstöckigen, von zurückhaltender Eleganz geprägten Häuser gelebt, die vor allem von gutsituierten Akademikern und freiberuflich Tätigen bewohnt wurden. Sein Vater war ein in Schottland hoch angesehener Architekt gewesen, bis ihn reizvolle und lukrative Aufträge aus dem Süden Großbritanniens bewogen, mit seiner kleinen Familie – sie waren nur zu dritt – nach London zu ziehen. Andrew forderte den Fahrer auf, ihn an der Ferry Road aussteigen zu lassen. Das letzte

Stück des Weges die South Trinity Road entlang bis zu dem Haus seiner Kindheit wollte er zu Fuß zurücklegen.

Er ging langsam und versuchte, sich auf Einzelheiten aus jener Zeit zu besinnen. Ab und zu blieb er stehen und blickte durch den Sucher, in der Hoffnung, auf diese Weise seinem Gedächtnis etwas nachzuhelfen. Als er sich schließlich der vertrauten Fassade gegenübersah, war ihm, als betrachte er den Schauplatz einer Filmszene.

In dem Wohnzimmer zu ebener Erde brannte Licht, und einen Moment lang fühlte er sich wieder in seine Kindheit zurückversetzt, seine Eltern waren zu Hause, die Mutter bereitete in der Küche das Mittagessen zu, und er brauchte bloß seinen Schlüssel aus der Hosentasche zu holen, um die schwarze Haustür aufzuschließen. Nur dass seine Eltern längst tot waren. Er legte, wie er es früher oft getan hatte, die Hand gegen die Pforte und stieß sie auf. Am liebsten wäre er weitergegangen, es waren nur ein paar Meter den Weg hoch bis zur Tür, so als ob es nur eine Frage seines Willens wäre, und alles war wieder so wie damals. Ein leichter Wind hatte sich erhoben und bewegte die Zweige des Kirschbaums, den sein Vater an einem Frühjahrstag im Vorgarten gepflanzt hatte, wie um ihn spüren zu lassen, dass jener Tag für immer vergangen war. Unwillkürlich stieß er im Gedanken an diesen vor langer Zeit verschwundenen Jungen einen tiefen Seufzer aus.

Andrew blieb noch einige Minuten stehen, bis ihm einfiel, dass man ihn, wie er da durch den Sucher auf das Haus starrte, womöglich für einen Einbrecher hielt, der sich vorab schon einmal über die Sicherheitsvorkehrungen informieren wollte. Zögernd wandte er sich ab und ging die Straße entlang zurück bis zu dem kleinen Park, in dem er und seine Freunde damals Fußball gespielt hatten.

Der Park war nur knapp hundert Meter lang und ungefähr ein Viertel so breit und von einem eisernen Gitterzaun umgeben. Er hatte gehofft, dass vielleicht ein Fußball- oder Rugbyspiel im Gange wäre, doch er sah nur einen Jungen von zehn oder elf Jahren, der sich darin übte, mit den Füßen einen Ball in der Luft zu halten. Nicht schlecht, das Bürschchen, dachte Andrew und hob den Sucher vors Auge.

Er blickte mit dem Gerät in eine weiße Leere und veränderte behutsam die Scharfeinstellung, indem er den einen Tubus exakt und leicht in dem anderen drehte wie bei einem umgekehrten Teleskop. Dadurch verzögerte sich gleichsam die Bewegung des Lichts in dem Tubus gegenüber der in der umgebenden Luft, der Nebel riss auf, und das Linsensystem des Arri-Suchers projizierte für den Bruchteil einer Sekunde eine vorstädtische Szene von stiller Klarheit auf die Mattscheibe. Doch im nächsten Moment entfuhr ihm ein aus tiefstem Innern aufsteigender Entsetzensschrei. Denn kaum hatte er den Jungen deutlich im Bild, sah er plötzlich, wie dieser von einem unsichtbaren Angreifer mit einer Schaufel hinterrücks einen Schlag über den Kopf erhielt, sodass er augenblicklich zusammenbrach und niederstürzte wie ein Kalb, dem man einen angespitzten Bolzen durch den Schädel geschossen hatte. Im selben Augenblick begriff er, dass das, was er da wahrgenommen hatte, nicht wirklich geschehen war, dass es sich vielmehr um eine Art Sinnestäuschung handelte, und der Schock dieser Erkenntnis ließ ihn erneut aufschreien, womöglich lauter als das erste Mal.

Der Junge ließ den Ball fallen und blickte hinüber zu dem Mann hinter dem Zaun. Er wartete, dass er wiederholen würde, was er da eben gerufen hatte, doch als der Mann schwieg, krümmte er seine Zehen unter der Rundung des Balles und kickte ihn in die Luft, nahm ihn dann mit dem Kopf auf und ließ ihn erst auf das eine, dann auf das andere Knie springen.

Andrew wischte sich den Schweiß von der Stirn. Seine Haut fühlte sich plötzlich feucht und kalt an, und einen Moment lang glaubte er, sich übergeben zu müssen. Er setzte sich auf den Boden, begann tief durchzuatmen und versuchte, was er da eben intuitiv gespürt hatte, beiseite zu schieben und sich das Ganze auf eine Art zu erklären, die für seinen Verstand nachvollziehbar war, obwohl auch eine solche rationale Erklärung noch beunruhigend genug war. Irgendwo hatte er gelesen, dass Halluzinationen mitunter einen Schlaganfall oder Herzinfarkt ankündigen. Andrew presste die Hand gegen sein Brustbein und versuchte seinen Herzschlag zu fühlen.

Der kleine Fußballer hatte ihn aus einiger Entfernung aufmerksam beobachtet. Schließlich gewann seine Neugier die Oberhand, er klemmte sich den Ball unter den Arm, kam zum Zaun und betrachtete Andrew mit vager Besorgnis. «Alles in Ordnung mit Ihnen, Mister?», fragte er in kehligem Englisch.

«Äh … ja», antwortete Andrew. «Nur ein kurzes Unwohlsein. Ist schon fast wieder vorbei.»

«Sicher? Sie sehen aus wie Scheiße.»

«Es geht mir schon wieder gut, danke», sagte Andrew und erhob sich mühsam. Er war noch etwa wacklig auf den Beinen. Der Junge nickte kurz, spuckte einmal kräftig über seine Schulter und trollte sich, den Ball langsam vor sich herstoßend. Er war ein wenig enttäuscht, beinah wäre er Zeuge geworden, wie ein Mann an einem Herzinfarkt starb. Noch dazu in seiner Straße.

Helen hörte sich Andrews Geschichte nicht nur einmal, sondern gleich zweimal an. Dann ging sie ins Badezimmer, drehte den Hahn auf und ließ kaltes Wasser in ein Glas laufen.

«Ich habe hier etwas, das dir helfen wird, dich zu entspannen», sagte sie, als sie wieder an sein Bett trat.

Er sah ihr zu, wie sie aus einem Plastikfläschchen zwei Kapseln auf ihre Handfläche rollen ließ und ihm gab.

«Was ist das?», fragte er, richtete sich im Bett halb auf und warf einen misstrauischen Blick auf die kleinen, mit Plastik überzogenen Torpedos.

«Ein harmloser Tranquilizer.»

Er nickte, schluckte die Kapseln und ließ sich auf das Kissen zurücksinken.

«Also, wenn ich es nicht besser wüsste», sagte er nach einer Weile, «würde ich sagen, ich hatte eine Vorahnung. Ich spürte deutlich, dass ich etwas sah, was erst noch geschehen würde. Natürlich habe ich mir sofort gesagt, dass das nicht sein kann. Ich versuchte mir sogar einzureden, das Ganze sei der Vorbote eines Herzinfarkts oder Schlaganfalls. Eine solche Erklärung wäre mir immer noch lieber gewesen, als eine Vorahnung zu akzeptieren – diese Möglichkeit wollte und konnte ich einfach nicht in Betracht ziehen. Verstehst du, was ich meine? Du glaubst doch hoffentlich nicht, ich hätte mir das alles nur ausgedacht, Hel? Warum sollte ich?»

«Ich weiß nicht», sagte sie. Es sollte unbefangen klingen. Tatsächlich konnte sie sich ziemlich gut vorstellen, warum er ihr so eine Geschichte auftischte, er wollte damit ihre Aufmerksamkeit auf sich ziehen. Sein Ego war auf Zufuhr von außen angewiesen wie ein neugeborenes Baby auf Muttermilch. Er hielt es nicht aus, nur am Rande wahrgenommen zu werden. Als Regisseur stand er, wenn gedreht wurde, im Mittelpunkt. Doch wenn er nicht arbeitete, vermisste er die gewohnte Beachtung. Dann wurde er sehr schnell schwierig und gereizt wie ein Diktator aus der Dritten Welt, den man gezwungen hat, sein Land zu verlassen, und der jetzt in einer einsamen Villa am Genfer See sitzt und nichts mit sich anzufangen weiß. Dass er auf eine derartig phantastische Geschichte verfallen war, überraschte sie allerdings schon. Doch je länger sie über ihre eigene Erklärung nachdachte, um so plausibler schien sie ihr. Und zweifellos besaß Andrew einen sehr abgründigen Charakter. Doch sie war müde. Es war ein langer Tag gewesen, und sie hatte keine Lust auf eine Auseinandersetzung mit ihm. Sie freute sich auf ein schönes Abendessen und wollte danach früh zu Bett gehen. So sagte sie: «Hör zu, Andrew, ich gehe davon aus, dass du tatsächlich gesehen hast, was du glaubst, gesehen zu haben. Aber dafür kann es eine ganze Reihe vollkommen gewöhnlicher Ursachen geben, das muss nicht gleich bedeuten, dass du an einer psychischen Störung leidest. Ich halte es für sehr gut möglich, dass allein die Tatsache, dass du nach all den Jahren zum ersten Mal wieder in deine alte Heimatstadt zurückgekehrt bist, dich in einen Zustand erhöhter emotionaler Anspannung versetzt hat. Dadurch hast du auf die neuen Eindrücke außergewöhnlich empfindsam reagiert, was wiederum Gefühle von Angst und Bestürzung zur Folge haben kann.»

Andrew nickte befriedigt. Diese Art von kompetent vorgetragener Beruhigung war einer der Vorteile, wenn man mit einer Ärztin verheiratet war.

Helen fuhr mit ihren Erläuterungen fort, und je länger sie sprach, um so einleuchtender erschien ihr die Diagnose. Sie war auf jeden Fall von allen möglichen Erklärungen noch die angenehmste.

«Nach so langer Zeit wieder vor dem Haus deiner Kindheit zu stehen, hat wahrscheinlich eine große seelische Erschütterung in dir ausgelöst.» Sie zuckte die Schultern. «Möglicherweise hast du gegenüber dem Jungen im Park Eifersucht oder sogar Feindseligkeit verspürt. Vielleicht hast du dir gewünscht, noch einmal wieder so jung und sorglos zu sein wie er, keine Verpflichtungen zu haben und dich ganz dem Fußballspiel hingeben zu können. Und diese Eifersucht und Feindseligkeit verdichteten sich dann zu deiner Halluzination.»

Andrew lächelte. «Ja», erwiderte er und nahm sie in die Arme. «Das klingt wirklich alles sehr überzeugend.» Er gab ihr einen Kuss auf die Stirn. «Was würde ich ohne dich bloß tun?»

Er wusste, dass es in Anbetracht dessen, was Helen ihm erklärt hatte, ein Fehler war, noch einmal herzukommen. Was, wenn sie nun Recht hatte, fragte er sich. Wenn er dem Jungen gegenüber tatsächlich feindselige Gefühle hegte? Als ihn der Taxifahrer an der South Trinity Road absetzte, hatte er das unbestimmte Gefühl, das Schicksal herauszufordern. Doch der Gedanke, dass er vielleicht wirklich eine

Vorahnung gehabt haben könnte, übte einen zu großen Reiz auf ihn aus, als dass er ihn einfach hätte beiseiteschieben können, so wie seine Frau das getan hatte. Und schließlich war Helens Denken von der Wissenschaft geprägt, sie war keine Künstlerin. Was wusste sie von Intuition? Im wirklichen Leben gab es jede Menge Dinge, die man nicht erklären konnte, Dinge außerhalb der normalen Erfahrung. Oft lieferten gerade sie die besten Filmvorlagen. Er selbst hatte in seinem Werk dem Bizarren und Makabren immer breiten Raum geboten. Nicht umsonst nannte man ihn den «neuen Hitchcock». Vielleicht forderte er ja tatsächlich das Schicksal heraus, aber war nicht gerade der Vorstoß in Grenzbereiche sein lebenslanges Thema gewesen? Und wer weiß, sagte er sich, vielleicht sprang am Ende sogar ein Drehbuch dabei heraus.

In dem kleinen Park an der Stirling Road war der Junge wieder beim Fußballtraining. Andrew hob den Motivsucher ans Auge und justierte die Schärfe.

Er war dann doch ein wenig erleichtert, als nichts geschah, ließ den Arri wieder sinken und winkte dem Jungen zu.

«Wie oft war das?», rief er.

«Zweiunddreißigmal», antwortete der Junge und bückte sich nach seinem Ball, als ob er befürchtete, dass Andrew ihn ihm wegnehmen könnte.

«Wie heißt du? Vielleicht sehe ich dich ja eines Tages mal irgendwo spielen.»

«Kenny», erwiderte der Junge. Zwar hatte ihm seine Mutter verboten, mit Fremden zu reden, aber er fand, dass er schon ganz gut auf sich selbst aufpassen konnte. «Kenny MacRae», fügte er hinzu.

«Wohnst du hier in der Nähe?»

Der Junge wies mit dem Daumen über die Schulter. «Zetland Place», sagte er, «Nummer zehn.»

«Ich habe mal in der Primrose Bank Road gelebt», sagte Andrew. «Das ist allerdings schon viele Jahre her. Da warst du noch nicht geboren. Als ich so alt war wie du, habe ich auch immer hier im Park Fußball gespielt.»

Der Junge nickte unsicher, er verspürte plötzlich Unbehagen, das Gespräch fortzusetzen.

«Na, dann viel Glück, Kenny», sagte Andrew und ging weiter.

Wieder fand er sich vor ihrem früheren Heim stehen, wie George Bailey in dem Capra-Film «Das Leben ist wundervoll». Wenn nur auch sein Schutzengel erscheinen und dafür sorgen würde, dass alles wieder so wurde, wie es einmal gewesen war – damals vor fünfundzwanzig Jahren. Das Haus erschien ihm durch den Sucher größer und auch düsterer, als ob sich ein Unwetter zusammenbraute. Während er noch den jagenden Wolken nachsah, die sich in den Fensterscheiben seines alten Schlafzimmers spiegelten, glaubte er plötzlich einen Schrei zu hören. Er wandte sich um und lauschte angestrengt. Was war das eben? Eine Möwe vielleicht? Er hatte ganz vergessen, wie nah das Meer war. Von einem der rückwärtigen Fenster im Obergeschoss konnte man Newhaven Harbour sehen. Der Schrei hatte sich irgendwie mehr nach einem Menschen als nach einem Vogel angehört, dachte er. Eine unheilvolle Ahnung ergriff ihn, und er begann, so schnell er konnte, zu der kleinen Grünanlage zurückzulaufen, getrieben von der Angst, dass dem Jungen etwas zugestoßen war.

Die Bäume in dem verlassen daliegenden Park schienen sich Andrew entgegenzuneigen, ihre Blätter rauschten, wie um ihm in seiner sich steigernden Angst beizustehen. Ihre Äste breiteten sich aus, als wollten sie zeigen, dass sie den Jungen nicht vor ihm verborgen hielten, eine Runde ehrwürdiger alter Zauberer, die ihn zu überzeugen versuchten, dass sie nichts in ihren Händen oder in ihren Ärmeln versteckt hatten. Andrews Augen hatten den Park in Sekunden abgesucht. Er konnte niemanden sehen. Dann blickte er durch den Arri.

Der Körper des Jungen lag zusammengesunken unter einem Gebüsch am anderen Ende des Parks, sein Hinterkopf war mit einer dunkelroten Schicht von Blut und ausgetretener Gehirnmasse bedeckt. Doch als Andrew gleich darauf ein zweites Mal, diesmal mit bloßem Auge, zu der Stelle hinüberschaute, war dort nichts als Buschwerk. Er wich taumelnd zurück, stieß gegen einen geparkten Wagen und fiel auf die Motorhaube. Der Sucher schlug mit hellem, hartem Knall auf das Metall. Anders als zuvor verspürte er jetzt keinerlei körperliche Schwäche. Allmählich gewann er seine Fassung zurück. Aber was konnte er tun? Er wusste mit derselben Bestimmtheit, dass Kenny MacRae Unheil drohte, wie er davon überzeugt war, dass Helen seine Befürchtungen einem Nervenzusammenbruch zuschreiben würde. Er musste den Jungen oder wenigstens seine Eltern unbedingt warnen, aber wie sollte er das anstellen, ohne sie in Angst und Schrecken zu versetzen? Womöglich hielten sie ihn für geisteskrank. Er konnte doch nicht einfach an ihrer Tür klingeln und erklären, dass er eine Vorahnung gehabt habe und alles darauf hindeute, dass irgendjemand ihrem

Sohn Kenny mit einer Schaufel den Schädel einschlagen
werde. Ich hoffe, ich habe Sie nicht gestört. Einen schönen
Tag noch.

Ihm blieb nur ein Weg.


Im Präsidium der Edinburgh City Police in der Fettes Avenue hörte sich Detective Constable Muir Andrews Geschichte mit mehr Geduld und Höflichkeit an, als er sich
zugetraut hätte. Man traf in diesem Job eben auf alle möglichen Leute, dachte er. Im Übrigen wirkte Lockhart auch
nicht wie einer der üblichen Spinner. Der Mann war gut
gekleidet und drückte sich klar aus. Er war offensichtlich
intelligent und gebildet. Gleich zu Anfang hatte er sich
dafür entschuldigt, die Polizei mit dieser zugegebenerma-
ßen sehr seltsamen Geschichte zu behelligen, hatte aber
hinzugefügt, es seien schließlich schon merkwürdigere
Dinge passiert. Muir hatte ihm innerlich Recht geben
müssen. Er wusste von etlichen Fällen, wo medial veran-
lagte Menschen oder Hellseher der Polizei wertvolle Hinweise gegeben hatten.

«Haben Sie etwas Derartiges schon früher einmal er-
lebt?», fragte er.

«Noch nie.» Andrew zuckte mit den Schultern. «Ich
habe keine Erklärung dafür. Sonst wäre ich auch kaum
herausgekommen, um Ihnen das alles zu erzählen, damit
Sie sich lustig über mich machen. Glauben Sie mir, ich
kann mir sehr gut vorstellen, was Sie jetzt von mir denken. Und ich kann es Ihnen nicht übel nehmen. Wenn ich
an Ihrer Stelle säße, würde ich vermutlich ähnlich reagie-
ren. Aber es war so ein starker Eindruck, verstehen Sie?
Ich habe das Gefühl, unbedingt etwas unternehmen zu

müssen, und da ich dem Jungen und seinen Eltern nach Möglichkeit Aufregung ersparen will, bin ich eben zu Ihnen gekommen.»

«Sie haben vollkommen richtig gehandelt, Sir», sagte Muir und stand auf. «Wenn Sie mich bitte einen Augenblick entschuldigen wollen, ich werde einen Wagen vorbeischicken und nachsehen lassen, ob es dem Jungen gut geht. Ich hoffe, das hilft Ihnen, ihre Ruhe wiederzufinden.»

«Vielen Dank», erwiderte Andrew. «Ich weiß Ihr Verständnis zu schätzen.»

Muir verließ den Raum und ging den Korridor hinunter zur Funkzentrale.

«Befinden sich zur Zeit irgendwelche Fahrzeuge in der Nähe der Ferry Road, Sarge?», fragte er den uniformierten Beamten, der, ein Mikrophon vor sich, an einem Schreibtisch saß. Noch während er sprach, wurde ihm bewusst, dass er unwillkürlich wieder in Polizei-Jargon verfallen war. Er runzelte irritiert die Stirn. Warum hatte er nicht einfach «Wagen» gesagt wie jeder andere normale Mensch? Neulich hatte er sogar seine Mutter gebeten, ihr «Fahrzeug» in die Einfahrt zu stellen, weil er es für sie waschen wollte.

Der Sergeant gab Muirs Frage über Funk weiter. Als eine Stimme antwortete, lehnte er sich auf seinem Stuhl zurück und überließ alles weitere dem Constable.

Der erklärte kurz die Situation und fügte hinzu, er schließe nicht aus, dass der Mann selbst den Jungen sexuell belästigt habe. «Der Kleine lebt mit seiner Familie am Zetland Place Nummer zehn», sagte er. «Sein Name ist Kenny MacRae. Seht doch bitte nach, ob mit ihm alles in

Ordnung ist. Ihr könnt ja zur Erklärung sagen, uns lägen Informationen vor, dass sich ein unbekannter Mann in der Gegend herumtreibt, der Kindern Süßigkeiten anbietet, ihr wisst schon, was ich meine.»

Einige Minuten vergingen, dann meldete die Besatzung des Streifenwagens, dass Kenny MacRae zu Hause sei, und niemand habe ihm den Schädel eingeschlagen. Er sitze vielmehr in der Küche, und seine Mutter schneide ihm die Haare, was er offenbar nur sehr widerwillig über sich ergehen lasse.

Muir nickte dem Sergeant zu und wandte sich zur Tür.

«Wäre vielleicht ganz gut, sich von diesem Lockhart die Adresse geben zu lassen», bemerkte der. «Man kann nie wissen, ob man sie nicht noch mal braucht.»

Muir ließ ein kurzes Knurren hören und ging den Flur entlang zurück zu seinem seltsamen Besucher. Was war das eigentlich für ein Ding, das er um den Hals trug, fragte er sich.

Andrew war, als der Constable eintrat, erwartungsvoll aufgestanden.

«Wir haben bei dem Jungen vorbeigeschaut, Sir», sagte Muir, «und es geht ihm gut. Aber wir werden ihn weiter im Auge behalten, vorsichtshalber.» Das war allerdings nur so dahingesagt. Tatsächlich hielt er es für viel wahrscheinlicher, dass sie Andrew Lockhart im Auge behalten würden.

«Ich bin Ihnen wirklich sehr dankbar», erklärte Andrew. «Mir ist bewusst, dass Sie hier sehr viel zu tun haben. Ein Verrückter, der behauptet, er hätte eine Vorahnung gehabt, dass ein Kind umgebracht würde, hat Ihnen bestimmt gerade noch gefehlt.» Er ging zur Tür. «Sie sind sehr geduldig gewesen. Ich weiß es zu würdigen, dass Sie mich nicht gleich wieder hinausgeworfen haben.»

«Das ist schon in Ordnung, Sir», erwiderte Muir, «das gehört alles zu unserem Dienst. Sie wären bestimmt überrascht, wenn ich Ihnen erzählen würde, wie unterschiedlich unsere Klientel ist. Wo wohnen Sie übrigens in Edinburgh – nur für den Fall, dass wir uns noch mal mit Ihnen in Verbindung setzen müssen?

«Im *Caledonian*», antwortete Andrew. «Meine Frau nimmt hier zur Zeit an einem Kongress teil. Sie ist Ärztin.» Er erwähnte absichtlich nicht, dass sie Psychiaterin war, weil er befürchtete, Muir könne womöglich annehmen, er sei einer ihrer Patienten. «Ich begleite sie nur. Allerdings ist es für mich auch eine Art Heimkehr. Ich bin nämlich hier geboren, müssen Sie wissen. Bis zu meinem zwölften Lebensjahr bin ich in Edinburgh zur Schule gegangen.»

«Also darauf wäre ich wirklich nicht gekommen, Sir. Sie haben nicht die Spur eines Akzents.»

Andrew zuckte verlegen die Schultern. «Kann ich hier irgendwo telefonieren? Ich möchte mir ein Taxi rufen», sagte er. «Ich fühle mich ziemlich erschöpft.»

Muir fragte sich, ob Lockhart vielleicht krank sei. Irgendeine Nervengeschichte möglicherweise. Nach allem, was er über Filmleute gelesen hatte, schienen sie ja häufig ziemlich angespannt und überreizt zu sein. Wenn Lockhart hier auf dem Präsidium oder auch nur in der Nähe einen Zusammenbruch erlitte, so würfe das ein schlechtes Licht auf die Polizei.

Muir sah auf die Uhr. «Hören Sie», sagte er, «ich habe jetzt Dienstschluss und könnte Sie in meinem Wagen mitnehmen. Ich wohne in Greenback, das *Caley* liegt sowieso auf meinem Weg.»

«Wenn Sie wirklich meinen, dass es keine besonderen Umstände macht.»

«Überhaupt keine Umstände», bekräftigte Muir.

Sie machten sich auf den Weg zum Parkplatz.

Als der Wagen gegenüber dem Hotel hielt, öffnete Andrew die Tür, stieg aus, beugte sich durch das halbgeöffnete Wagenfenster und bedankte sich noch einmal dafür, dass der Constable ihn nicht gleich ausgelacht und wieder weggeschickt hatte.

«Versuchen Sie, an etwas anderes zu denken», riet Muir und sah Andrew nach, wie er die Straße überquerte und das Hotel betrat. «Irgendwie nicht ganz richtig im Kopf», murmelte er, während er die Handbremse löste.

Der Verkehr die Lothian Road hinunter und durch den Flaschenhals am Tollcross war zähflüssiger als sonst, und es dauerte weitere zwanzig Minuten, ehe Muir den kleinen Bungalow am Rande der Braid Hills erreicht hatte, in dem er mit seinen Eltern lebte. Muir war ein leidenschaftlicher Golfspieler und freute sich schon darauf, auf dem unglaublich abschüssigen, direkt an ihren Garten angrenzenden Platz vor dem Abendessen noch ein paar Löcher zu spielen. Doch dann erreichte ihn per Funk aus dem Präsidium eine Nachricht, die jede Hoffnung zunichte machte, dass er heute noch einen Golfschläger in die Hand nehmen könne.

Kenny MacRae war verschwunden. Eben war er noch zu Hause gewesen, seine Mutter hatte gerade das Mittagessen auf den Tisch bringen wollen, und nur einen Augenblick später war er plötzlich fort. Seitdem war fast eine Stunde vergangen, und es sah Kenny nicht ähnlich, sich eine Mahlzeit entgehen zu lassen. Seine Mutter hatte Angst, dass ihm etwas zugestoßen sein könnte, besonders weil sie erst kurz vorher von der Polizei erfahren hatte, dass man in der Gegend einen Unbekannten beobachtet hatte, der versuchte, Kinder anzusprechen.

Muir wendete und fuhr geradewegs zurück zum *Caledonian*. Sein ohnehin vorhandenes Misstrauen hatte neue Nahrung bekommen, und allmählich formte sich in seiner Vorstellung eine Theorie: Lockhart hatte einen Komplizen, vielleicht seine Frau. Er war bei der Polizei nur aufgetaucht, um sich ein Alibi zu verschaffen, während seine Frau inzwischen den Jungen fortlockte. Es war kein Problem, auf einem Kongress unbemerkt den Saal zu verlassen. Falls dieser Kongress überhaupt stattfand, falls sie überhaupt Medizinerin war. Es wäre schließlich nicht das erste Mal, dass sich eine Frau im Auftrag eines Pädophilenringes als Ärztin oder Sozialarbeiterin ausgab, um leichter an ein Kind heranzukommen. Und er hatte diesen Mistkerl in seinem Wagen mitgenommen und sogar Mitgefühl für ihn empfunden. Muir trat aufs Gas.

Er rechnete eigentlich nicht damit, Andrew Lockhart im *Caledonian* zu finden, und machte sich Vorwürfe, dass er nicht mit ihm zusammen hineingegangen war, um zu sehen, wie er sich den Zimmerschlüssel geben ließ. Ungeachtet der Einwände des Portiers stellte Muir seinen Wagen direkt am Eingang ab und rannte ins Hotel.

Kurz darauf musste er einsehen, dass seine schöne Theorie offenbar nicht zutraf. Die junge Frau am Empfang erklärte, dass Mr. und Mrs. Lockhart sich im Hotel aufhielten, und wählte auch sogleich die Nummer ihrer Suite im obersten Stockwerk.

«Der Junge ist tot», erklärte Andrew fest. «Ich weiß es. Ich kann es fühlen.» Er schüttelte verzweifelt den Kopf. «Ich kann es wirklich fühlen.»

«Du weißt nicht, was du da redest, Andrew», fuhr Helen heftig dazwischen.

«Aber es ist wahr! Wenn ich es dir doch sage», entgegnete er mit lauter Stimme.

Helen seufzte und wandte sich Detective Inspector Porteus zu, der die Suche nach Kenny MacRae leitete. Er und Muir saßen nebeneinander hinter einem Tisch in demselben Vernehmungszimmer im Präsidium, in dem Andrew vor nicht einmal zwei Stunden seine Geschichte erzählt hatte. Helen und ihr Mann hatten ihnen gegenüber Platz genommen.

«Ich bin Psychiaterin», erklärte sie, «und ich glaube, dass mein Mann einen Nervenzusammenbruch hat. Dass der Junge gerade jetzt verschwunden ist, ist ein unglücklicher Zufall, nicht mehr, und ich protestiere entschieden gegen die Art und Weise, wie Sie uns hierher gebracht haben.»

Porteus wollte etwas sagen, doch Helen ließ ihn nicht zu Wort kommen.

«Nach dem, was mein Mann mir erzählt hat», sagte sie in scharfem Ton, «war er offenbar genau zu dem Zeitpunkt, als man den Jungen vermisste, mit ihrem Constable hier zusammen.» Sie richtete ihren Blick auf Muir, dem deutlich anzusehen war, wie unbehaglich er sich fühlte. «Und ich selbst habe, wie ich bereits sagte, am Vormittag in der St. Andrew Church in der George Street vor über achtzig Kollegen einen Vortrag gehalten. Ihr eigener Gerichtspsychiater war übrigens unter den Zuhörern. Ich bestehe darauf, dass sie diese Angaben sofort nachprüfen oder aber uns auf der Stelle gehen lassen. Und Sie können sicher sein, dass ich auf jeden Fall den Chief Constable in Kenntnis setzen werde, wie hier mit uns verfahren wurde.»

«Wir haben weder Sie noch Ihren Mann irgendwie beschuldigt», stellte Porteus richtig. «Aber bitte versuchen Sie zu verstehen, wie die Sache sich aus unserer Sicht darstellt, Mrs. Lockhart. Ihr Mann sucht uns auf und erzählt uns, er hätte eine Vorahnung gehabt, dass ein Junge umgebracht wird. Und zwar nicht irgendein unbekannter Junge, nein, ein ganz bestimmter. Kenny MacRae. Und genau dieser Junge ist jetzt verschwunden.» Er zuckte mit den Schultern, so beredt wie seine Körperfülle und sein billiger Anzug das zuließen. «Sie müssen doch zugeben, dass das einen sehr eigenartigen Eindruck macht.»

«Sie wollen einen Zusammenhang konstruieren, obwohl die Hinweise darauf wirklich mehr als dürftig sind», bemerkte Helen mit einer Spur Herablassung. «Es ist wirklich erstaunlich, wie ernst Sie das Ganze nehmen. Ich dachte immer, die Schotten seien bekannt für ihren nüchternen, klaren Verstand. Vernebelter Verstand träfe es wohl besser.»

«Eine solche Bemerkung ist wirklich nicht angebracht, Mrs. Lockhart», entgegnete Porteus. «Ich bin ja mit Ihnen einer Meinung. Dass der Junge vermisst wird, ist vermutlich nur ein Zufall, und ich gehe davon aus, dass er gegen Abend wieder auftauchen wird. Das ist meistens so.»

«Und ich wiederhole, der Junge ist tot», ließ sich Andrew vernehmen.

Porteus lehnte sich auf seinem Stuhl zurück und hob die Hände, als ob Andrews Worte bestätigten, was er eben gesagt hatte.

«Um Himmels willen, Andrew», sagte Helen, «findest du nicht, dass du mit deiner Vorstellung allmählich zu weit gehst? Ich werde dir jetzt etwas geben, das dir helfen wird, dich wieder zu beruhigen.»

Andrew schüttelte störrisch den Kopf. Seine Augen waren starr und blicklos, und als Helen ihn berührte, spürte sie, dass seine Haut eiskalt war. Sie griff nach seinem Handgelenk, um ihm den Puls zu fühlen, doch er zog die Hand mit einer heftigen Bewegung zurück und verschränkte die Arme vor der Brust, als stecke er in einer Zwangsjacke. Ein Ausdruck von Entsetzen legte sich auf sein Gesicht, als ob ihm gerade eine furchtbare, kaum erträgliche Wahrheit aufgegangen sei. Er erhob sich schwerfällig und ging ans Fenster. In seine Augen trat ein glasiger Blick, als nehme er intuitiv etwas wahr, das sich den normalen Sinnen entzog, etwas, von dem in diesem Augenblick noch keiner von ihnen etwas ahnte.

«Andrew», stieß sie mit erstickter Stimme hervor. Ihr war plötzlich bewusst, dass sie Angst vor ihm hatte. Als er dann zu sprechen begann, erkannte sie seine Stimme kaum wieder, es schien, als habe er unvermittelt zu dem alten schottischen Akzent seiner Kindheit zurückgefunden.

«Der Junge ist tot», begann er. «Ich glaube, wenn wir hinfahren würden, nach Trinity, dann könnte ich den Ort zeigen, wo er sich befindet.»

Detective Inspector Porteus warf Helen einen fragenden Blick zu. Er war genau wie sie der Ansicht, dass Lockhart alle Zeichen eines Nervenzusammenbruchs zeigte, doch darüber hinaus hatte er das unbestimmte Gefühl, dass es trotzdem sinnvoll sein könnte, auf seinen Vorschlag einzugehen. «Es kann ja nichts schaden, Madam», sagte er, «oder?»

«Nein, ich glaube nicht», antwortete Helen teilnahmslos. Sie hatte auf einmal große Angst, dass sie zu spät kamen, dass das Schreckliche schon längst passiert war.

Porteus wandte sich zu Muir. «Lassen Sie einen Streifenwagen zum Eingang kommen», sagte er und fuhr dann mit gesenkter Stimme fort: «Und geben Sie den Leuten von der Spurensicherung Bescheid. Vorsichtshalber – nur für den unwahrscheinlichen Fall, dass tatsächlich stimmen sollte, was Lockhart sagt.»

Die Fettes Avenue hinunter und dann die Ferry Road entlang war es nur eine kurze Fahrt. Helen blickte durch das Wagenfenster nach draußen auf die vielen Schulsportplätze, die einstöckigen weinroten Busse und die kleinen Häuser. Die Architektur dieser Häuser schien allein den Gesetzen der Vernunft zu gehorchen, jener zupackenden, nüchternen schottischen Vernunft, die schon einen Alexander Graham Bell, John Dunlop, James Watt, Alexander Fleming und John Logie Baird ausgezeichnet hatte. Was Andrew und ihr widerfuhr, schien so gar nicht in dieses von skeptischer Aufklärung geprägte Land zu passen.

Andrew ging durch das Tor des kleinen Parks und blickte sich um – nicht anders als sonst, wenn es darum ging, die geeignete Stelle zum Drehen zu finden, so kam es ihr vor. Porteus, Muir und zwei Beamte in Uniform hielten sich im Hintergrund. Sie schwiegen, als warteten sie auf einen Spruch des Orakels.

Der Ort sagte Andrew nichts, bis er den Motivsucher vor das Auge hielt. Da war ihm plötzlich, als blicke er durch einen unendlichen Tunnel in die Vergangenheit. «Hier entlang», sagte er und führte sie zu einer Lücke in dem Gebüsch, das den Park umgab. Er deutete auf den Boden und wies sie an, dort zu graben.

Für Muir war offenkundig, dass sie nur ihre Zeit verschwendeten, aber er tat, wie ihm geheißen, und kehrte bald darauf mit ein paar Männern in Overalls zurück, die Spaten und Schaufeln trugen. Sie betrachteten den Boden ohne allzu viel Begeisterung und begannen dann mit ihrer Arbeit. Es war ihnen deutlich anzusehen, dass auch sie das Ganze für reine Zeitverschwendung hielten. Und die Beschaffenheit des Bodens schien ihnen Recht zu geben.

Sie hatten eine Tiefe von knapp einem halben Meter erreicht, als vom Eingang des Parks ein Ruf ertönte und ein Constable auf die Gruppe zugerannt kam.

«Sie haben ihn gefunden», begann er keuchend. «Kenny MacRae. Er ist wieder da, und es geht ihm gut. Er sagt, er wäre weggelaufen, weil er es nicht leiden kann, wenn seine Mutter ihm die Haare schneidet!»

«Gott sei Dank», sagte Helen aufatmend.

Detective Inspector Porteus nickte ihr lächelnd zu. «Also, Jungs», sagte er, «ihr habt gehört, was der Constable gesagt hat. Ihr könnt mit dem Graben aufhören.»

Sie hatten bereits aufgehört. Einer der Männer hatte sich gebückt und holte etwas Rundes, Kugelförmiges vom Boden der kleinen Grube. Einen Moment glaubte Porteus, es handele sich um eine große Kartoffel, bis er begriff, dass es ein menschlicher Schädel war.

In Andrews Kopf löste sich die Dunkelheit auf, als er sich plötzlich wieder an das erinnerte, was sein Unbewusstes fünfundzwanzig Jahre vor ihm zu verbergen versucht hatte. Er fühlte aufs Neue das todbringende Zittern der Schaufel in seiner Hand, hörte noch einmal seine Lüge über den Schwimmausflug nach Newhaven Harbour. Er wusste jetzt wieder, was ihm damals zugestoßen war, Fergus Gilmore, seinem kindlichen Widersacher. Er erkannte, wie er erkannt war.

Wirklich lachhaft, wie er alles durcheinandergebracht hatte, dachte er bei sich. Helen würde fasziniert sein. Er hörte schon den Vortrag, den sie zweifellos jetzt über ihn abfassen würde.

### ROBERT BLOCH
# Beelzebub

Howard schlief noch halb, als er das Summen hörte.
Es war ein entfernter, aber durchdringender Ton, der sich
irgendwo auf der Grenze zwischen Wachen und Schlafen
hielt. Einen Augenblick lang war Howard sich nicht ganz
sicher, ob der Ton dem wachen oder dem noch schlafenden
Teil seines Bewusstseins zuzuordnen sei. Er hatte weiß
Gott in der letzten Zeit genügend merkwürdige Töne im
Schlaf gehört, sie wohl auch selbst von sich gegeben; denn
Anita beschwerte sich bereits über die Störung, die es für
sie bedeutete, wenn er mitten in der Nacht laut schreiend
aufwachte. Aber schließlich hatte er allen Grund, beun-
ruhigt zu sein, so wie die Dinge in der letzten Zeit für
ihn liefen. Außerdem hatte Anita immer irgendwas zu
meckern. Punkt.

Das Dröhnen verstärkte sich, und Howard wusste, dass
er wach war. Er fühlte die abgestandene Hitze des Schlafzimmers und seine Reaktion darauf, fühlte, wie hölzern
seine Glieder waren und wie sich kalter Schweiß darauf
bildete.

Bzzzzzzzz.

Howard öffnete die Augen.

Der Raum war zwar abgedunkelt, doch die kalifornische Sonne, die sich durch den Smog gekämpft hatte, fand auch den Weg durch die Jalousien. Genug, um das kleine Apartment in einen Ofen zu verwandeln. Und genug, um Howard einen Blick auf das zu erlauben, was er gar nicht sehen wollte: den kleiderübersäten Wohnraum, die für die Klappcouch beiseite gerückten Möbel und durch den Türbogen hindurch die kleine Küche mit dem vollgestopften Spülstein, auf dem sich das verklebte, schmutzige Geschirr türmte. Ja, und dann die Reiseschreibmaschine dort auf dem Tischchen in der Ecke! Sie war offen, aber der leere Wagen klagte ihn förmlich an, und die Tasten wirkten wie Reihen staubiger Zähne.

*Staubige Zähne! Mann, was bist du für ein Schriftsteller! Allerdings nur, wenn du schläfst.*

Doch jetzt schlief er nicht mehr. Er hörte das Summen. Lauter und lauter. Verdammte Fliege! Wie war sie nur reingekommen, wo doch alle Fenster geschlossen waren. Allerdings hatte Anita einen Tick: Sie öffnete gern die Fenster, wenn sie Lockenwickler im Haar hatte – und wann hatte sie die mal nicht drin …

Bzzzzzzzz.

Howard setzte sich auf. Das Geräusch hörte sich so nah an. Es konnte nicht, wie er erst angenommen hatte, aus der Küche kommen. Er drehte sich zur Seite und schaute auf das Bündel neben sich.

Die Sonne glänzte auf den Metallteilen der Lockenwickler. Ein Strahl spielte in grausamer Helligkeit über Anitas Nacken und zeigte deutlich alle Falten.

Und da saß auch die Fliege. Zuerst dachte er, ein Leberfleck, doch Leberflecken bewegen sich nicht, sie summen auch nicht.

Es war tatsächlich eine Fliege. Er starrte Anita an und dachte, wie er dies Biest doch hasste – laut, nervenzermürbend, immer da, wenn man es gerade nicht gebrauchen konnte, ein ekliges, schmutziges, abscheuliches Insekt ...

Ohne dass er es eigentlich wollte, hatte er die Hand erhoben und schlug zu. Nicht zu fest, er wollte sie ja nicht zerquetschen, weil sie endlich weg musste.

Howard war sich über die Wucht seines Schlages nicht im Klaren, er hörte nur Anitas Kreischen.

«Auuuu, du Mistkerl!» Und dann war sie über ihm und hieb auf ihn ein, immer fester, und kreischte dabei immer lauter: «Du – du – mich umbringen, während ich schlafe ...»

Es war wahnsinnig, sie war einfach verrückt. Er versuchte, ihr das mit der Fliege zu erklären, dass er nur die Fliege treffen wollte, aber sie hörte ihm nicht zu. Sie hörte nie zu, wenn er etwas sagte und sie einen ihrer hysterischen Anfälle hatte. Sie weinte, schluchzte, kroch aus dem Bett, stolperte zum Badezimmer und schlug die Tür hinter sich zu. Natürlich schloss sie von innen ab. Es hatte wirklich keinen Sinn, die übliche Szene durchzugehen und Entschuldigungen stammelnd vor der Tür zu stehen. Alles, was ihm blieb, war, seine Kleider zu finden, sich fertigzumachen und seine Aktenmappe unter ihrem Kleiderstapel hervorzuziehen. Es war schon nach neun, sein Termin war um zehn, und er musste pünktlich sein.

In seiner Eile vergaß Howard völlig die Fliege. Er musste nun rasch entscheiden, ob er die nächsten zwanzig Minuten damit verbringen wollte, im Drugstore einen Kaffee zu trinken, oder lieber versuchen sollte, sich noch rasieren zu lassen. Er entschied sich für letzteres. Es war wichtiger, einigermaßen anständig auszusehen.

Er hatte Glück, der Wagen sprang ohne Schwierigkeiten an, und beim Friseur bekam er gleich einen freien Stuhl. Howard legte sich zurück und genoss dankbar die heißen Handtücher, die das Geräusch des plärrenden Radios erstickten und ihm den Blick auf die signierten Fotos an der Wand nahmen. Warum musste nur jeder verdammte Friseur in dieser Stadt das Radio auf volle Lautstärke stellen und die Wände seines Ladens mit verblichenen Fotos von verblichenen Schauspielern verunstalten!

Und warum besaßen Friseure nicht genügend Verstand, ihre Etablissements sauberzuhalten?

Ehe der Friseur fertig war, hatte Howard sich schon das Rasiertuch weggerissen. «Kann man denn nicht mal hier seine Ruhe vor diesen widerlichen Fliegen haben!», raunzte er den Mann an.

Er hatte nicht so heftig explodieren wollen, und wenn er sich's genau überlegte, war da auch nur eine einzige Fliege gewesen, aber es war nun mal passiert, und er spürte immer noch den merkwürdigen Blick des Friseurs im Rücken, während er zu seinem Wagen zurückging.

Na ja, er konnte ja nächstes Mal zu einem anderen gehen, es gab genügend Läden dieser Art hier in der Gegend.

Was es nicht genügend gab, waren Produzenten. Wenigstens nicht so viele, die mit ihm ins Geschäft kommen wollten. Die Tatsache rief Howard sich ins Gedächtnis, als er den Wagen durch das Tor zum Studio lenkte. Und gleich setzte er ein entsprechendes Grinsen auf. Eins für den Mann, der ihm einen Parkplatz zuwies, eins für Miss

Rogers, die Sekretärin im Vorzimmer der Trebor Productions, und das breiteste hob er sich für Joe Trebor selbst auf.

Allerdings dauerte es eine Weile, bevor er letzteres anbringen konnte. Zuerst musste er die übliche Wartezeit von einer halben Stunde absitzen. Diese Produzenten waren alle gleich: Sie gaben einem einen Termin, aber nur, um ihn bald darauf wieder zu verschieben, dann machten sie einen neuen Termin, um den möglichst vorzuziehen. Psychologische Daumenschrauben mit einem: «Wie schnell könnten Sie denn?» Und dann: «Morgen Vormittag? Gut – Punkt zehn Uhr. Ich hinterlasse eine Nachricht am Tor.»

Und dann war man pünktlich um zehn mit seiner Aktenmappe angetreten und hatte dieses extra breite Grinsen aufgesetzt, ganz vorsichtig, damit es nicht abbröckeln konnte ... Und dann saß man da wie ein Idiot und wartete, schlug die Beine mal rechts, mal links übereinander und versuchte, nicht dauernd die Sekretärin anzustarren, die munter ein Telefongespräch nach dem anderen zu dem Kerl durchstellte, mit dem man seine Verabredung hatte. Manchmal saß man sogar da, wenn diese Charme-Knaben von jungen Agenten ihren Weg ins Allerheiligste lächelten, diese cleveren Typen mit dem Button-down-Kragen und dem um eine Winzigkeit zu langen Nackenhaar, mit den eine Spur zu stramm sitzenden Hosen, die einem immer um eine Nasenlänge voraus waren mit ihren Abschlüssen – die sie für andere tätigten.

Howard betrat Joe Trebors Büro um 10 Uhr 32. Er blieb genau sechs Minuten.

Drei Minuten später stand er in einer Telefonzelle und

versuchte mit zitternden Händen, die Nummer von Dr. Blanchard zu wählen. Als er ihn endlich erreicht hatte, musste er sein ungereimtes, aufgeregtes Gekeuche immer wieder unterbrechen, um nach der Fliege zu schlagen, die summend und bösartig ihre Kreise um ihn zog. «Sie verfolgt mich!», schrie er in den Hörer. «Das verdammte Biest verfolgt mich ...»

«Wollen Sie sofort über die Sache reden?», fragte ihn Blanchard ruhig, während Howard sich in den riesigen Ledersessel sinken ließ. Kaum zwanzig Minuten waren seit dem Telefonat vergangen, doch Howard hatte sich immer noch nicht beruhigt. Er wollte natürlich über die Sache sprechen. Deshalb hatte er Blanchard angerufen, obwohl heute nicht sein üblicher Besuchstag war. Deshalb war er hierher gehetzt, in dieses ruhige, kleine Büro, wo man sich entspannen konnte, wo niemand einen antrieb.

Es war ganz und gar nicht wie Joe Trebors Büro – und das erzählte er dem Doktor. Er erzählte ihm von den albernen modernen Gemälden an den Wänden, die was darstellen sollten, dem riesigen Schreibtisch mit dem hohen Direktionssessel dahinter und dem niedrigen davor. Wenn man in dem niedrigen Sessel vor dem Schreibtisch saß, konnte der hinter dem Schreibtisch auf einen runterschauen, und man selbst musste zu ihm aufsehen über jene kahle Schreibtischfläche hinweg, die einem klarmachte, dass dahinter ein Mann saß, der einen zu wichtigen Job hatte, um seine Zeit mit Schreibkram zu vergeuden, wie es ein Texter tat. Man schaute auf die Gegensprechanlage und das Telefon mit den vielen Knöpfen, auf die silberne Wasserkaraffe und das Foto von Frau

und Kindern. All das zeigte einem die eigene Unzuläng-
lichkeit und die Überlegenheit des anderen.

Man schaute überall hin, nur nicht auf Joe Trebor, denn
der starrte einen selbst an, starrte und wartete, dass man
endlich mit dem Skript-Vorschlag überkam. Man holte
also seine Notizen heraus und fing an zu lesen, obwohl
man sich darüber im Klaren war, dass der dort auf der
anderen Seite des Schreibtisches das Gefühl hatte, er
verschwende seine Zeit. Er unterbrach einen, um klein-
karierte Änderungsvorschläge zu machen. Er verstand
absolut nichts von den Werten, um die es einem ging.
Alles, was er im Hirn hatte, waren Bemerkungen wie:
«Und wo bleibt der Plot? Wie soll die Sache enden? Da
müsste ein Gag eingebaut werden», und: «Warum ändern
Sie diese Szene nicht und lassen sie extrovertierter spielen?» Der typische großspurige Produzent!

Und dann kam das Summen – bzzzzzzzz –, gerade, als
er so weit war, dass er sein Manuskript verkaufen konnte,
dass er alles klar darlegen konnte, als er sich stark genug
fühlte, den anderen festzunageln. Das Bzzzzzzzz, in dem
seine eigene Stimme unterging.

Er sah hoch, und die Fliege saß auf der silbernen Wasserkaraffe. Sie saß da und rieb ihre zierlichen Vorderbeine
gegeneinander, putzte sich. Wenn man diese winzigen
Füße unter dem Mikroskop betrachten würde, dann
wüsste man, warum sie sich putzte, denn sie waren mit
ekelhaftem Dreck bedeckt.

Und dann war da wieder Joe Trebor, der lächelte und dabei den Kopf schüttelte, während aus seinem Mund Worte
quollen, Worte wie: «Tut mir Leid, aber das ist noch nicht
ganz das, was ich mir vorgestellt habe.» Während er das

sagte, rieb er die Hände gegeneinander, weil sie mit Schmutz bedeckt waren; er watete durch Schmutz, und wohin er auch ging, er ließ eine Schmutzspur hinter sich zurück, und wieso durfte er einen so bösartig anbrummen, und welches Recht hatte er, Fliegen in seinem Büro zu haben, die einen durcheinander brachten, wenn man gerade dabei war, seine Story zu verkaufen? Die Story, an der man Wochen gearbeitet hatte dort in dem heißen, kleinen Einzimmerapartment mit Anita in ihrem schlampigen Morgenmantel und mit ihrem ewigen Gejammer?

Einige dieser Überlegungen mussten versehentlich laut herausgekommen sein, denn Joe Trebor hatte plötzlich diesen merkwürdigen Gesichtsausdruck, wie ihn der Friseur gehabt hatte und wie ihn Anita jetzt so oft hatte. Er sagte etwas, aber durch das laute Summen konnte man nichts verstehen, also kniff man sich ein Lächeln ab und presste dann die Lippen ganz fest aufeinander, damit nichts mehr herauskonnte.

Und dann nichts wie weg zur Telefonzelle und den Doktor angerufen. Doch da war sie wieder – mit ihm zusammen in der Zelle –, die Fliege, dieselbe kleine schwarze Fliege mit den Facettenaugen, den vielen, die alles sehen. Sie summte und hörte zu, und sie folgte einem durch den ganzen Dreck der Welt.

Howard wusste, dass Dr. Blanchard ihn verstand, denn er nickte ihm ruhig zu, gelassen und entspannt. Seine Augen hatten nicht diesen Ausdruck, den Anitas oder die des Friseurs oder Joe Trebors gehabt hatten. Sie waren auch nicht wie die der Fliege, so abwartend und lauernd. Nein, Dr. Blanchard verstand ihn wirklich.

Jetzt fragte er Howard, wann die Fliege zum ersten Mal

aufgetaucht war, wann er überhaupt zum ersten Mal festgestellt hatte, dass es Fliegen gibt. Ja, er wusste sogar, dass
dieses Gespräch über Fliegen Howard etwas nervös
machte, denn er sagte beruhigend: «Sie brauchen keine
Angst zu haben, hier drin sind keine Fliegen. Erzählen Sie
mir einfach, was Ihnen zu dem Thema so einfällt. Hier
werden Sie durch kein Summen gestört werden, kein
Summen, kein Bzzzzz …»

Bzzzzz. Es war da, es war in diesem Raum. Howard
hörte es. Er hörte die Stimme seines Arztes nicht mehr,
das Bzzzzz war zu laut. Er hörte nicht einmal sein eigenes
Schreien, er wusste nur, dass er dem Doktor sagte: «Sie irren sich – das Biest ist hier, es ist mir gefolgt! Können
Sie's denn nicht sehen?»

Aber natürlich konnte Dr. Blanchard sie nicht sehen,
wie hätte er auch. Die Fliege, die schwarze, summende
Fliege, saß ja direkt auf seinem kahlen Schädel.

Sie summte und sie starrte Howard an, und das Geräusch und der Blick schienen direkt durch Howards
Hirnschale hindurchzudringen. Er wusste, er musste fort.
Keiner würde ihm glauben, nicht mal der Doktor. Er
musste hier raus.

Howard hörte nicht auf zu laufen, bis er seinen Wagen
erreicht hatte. Als er sich hineinwarf, merkte er, wie sein
Herz hämmerte, aber er zwang sich zur Ruhe. Er musste
jetzt einfach ruhig bleiben, denn ihm war klar, dass es niemanden mehr gab, auf den er sich verlassen konnte. Er
musste es einfach selbst machen. Zuallererst musste er
den Wagen sorgfältig überprüfen, auch den Rücksitz. Und
dann, wenn er ganz sicher war, dass nichts außer ihm drin
war, musste er die Tür zumachen und die Fenster hoch-

kurbeln. Es war heiß im Wageninneren, aber die Hitze konnte er noch besser aushalten als das Summen und diese Augen.

Er ließ den Wagen an, fuhr aus der Parklücke, reihte sich in den Verkehr ein. Ganz ruhig, bleib ganz ruhig. Fahr vorsichtig, sieh zu, dass du die Auffahrt zur Autobahn richtig erwischst. So, jetzt auf die linke Spur und dann Gas. Je schneller du fährst, desto eher entkommst du dem Summen. Siebzig Stundenmeilen, das ist gut. Eine Fliege kann nicht so schnell fliegen, oder?

Das heißt, eine richtige Fliege.

Howard holte langsam und ganz tief Luft.

Angenommen, die anderen hatten Recht und er Unrecht? Angenommen, es gab gar keine Fliege außer in seiner Phantasie? Aber nein, das konnte, das durfte nicht sein. Seine Phantasie, das war das einzige Werkzeug, die einzige Waffe, das war die Zone, die ein Schriftsteller sich bewahren musste. Man konnte seine Phantasie nicht so einfach von einem ekelhaften, summenden, starrenden Insekt überfallen lassen, einem Biest, das durch Dreck und Schmutz kroch; man durfte es nicht zulassen, dass ein Insekt einem den Verstand untergrub, die Verkörperung des eigenen, persönlichen Teufels, ein Übel, das einen unaufhörlich peinigte. Aber wenn es wirklich *das* war, dann gab es natürlich keinen Ausweg. Er konnte nicht schnell genug fahren, schnell genug laufen, um davonzukommen. Und so gab es keine Hoffnung mehr für ihn.

Bzzzzzzzzzzzzzzz ...

Da war sie, im Auto. Zumindest hatte er sie gehört. Doch vielleicht kam das Geräusch auch aus seinem eigenen hämmernden Schädel?

Doch jetzt sah er sie. Sie flog gegen die Windschutz-scheibe direkt unterhalb des Rückspiegels. Oder war das Ganze vielleicht eine Art Vision? Wie konnte eine rich-tige Fliege hier im Auto sein, wenn alle Fenster dicht ver-schlossen waren?

Aber er sah sie und er hörte sie, sie summte und sie krabbelte. Schweiß drang ihm aus allen Poren, sein Herz klopfte zum Zerspringen, und sein Atem rasselte. Er wusste genau, das war eine richtige Fliege, es musste ein-fach eine sein. Wenn es so war, dann hatte er jetzt die Chance, seine letzte Chance. Jetzt, hier, in dem Auto, ein-geschlossen, so dass sie nicht entkommen konnte.

Howard nahm den Fuß vom Gaspedal und trat auf die Bremse. Er durchraste zwar gerade eine Kurve, aber er wusste, dass er den Wagen unter Kontrolle hatte. Alles war unter Kontrolle, wenn er nur erst die Fliege erledigt hatte.

Sie legte gerade auf ihrem Spaziergang quer über die Scheibe eine Pause ein und saß genau in seinem Blickfeld. Howard konnte sie jetzt genau sehen, als er die Hand hob. Er hätte beinahe aufgelacht, als er sie anstarrte, über seine absurden Phantastereien gelacht. Albern, sich einzubil-den, dass so ein winziges, zerbrechliches Insekt eine dä-monische Herrschaft über einen ausüben könnte ... Er sah die zart geäderten Flügel, als er sich vorbeugte. Eine Se-kunde lang starrte er sogar in die Augen – in die facetten-artigen Augen, Spiegel von Myriaden von Geheimnissen.

Und in der Sekunde wusste er es.

Doch seine Hand holte bereits aus, und er konnte nur noch schreien, während der Wagen ins Schleudern kam und vor ihm die Tunnelwand sich erhob ...

Als der Streifenwagen die Unfallstelle erreichte, saß das Insekt ganz ruhig auf Howards Augapfel.

Die Facettenaugen glitzerten, als der Polizist sich über die Leiche beugte; sein Blick ruhte gerade lang genug auf dem Gesicht, um die Frustration des Mannes, den unterdrückten Ärger und die schwelende Anspannung hinter den ausdruckslosen Zügen wahrzunehmen. Dann erhob sich die Fliege graziös in die Luft und summte um die Schultern des Polizisten, als dieser sich wieder aufrichtete. Und als sich der Mann abwandte, folgte die Fliege ihm nach.

«Armer Teufel», murmelte er seufzend.

Das war natürlich als Epitaph gemeint.

## WILLIAM O'FARRELL
# Wo das Dunkel anfängt

Alles was Miss Fox besaß, war von ausgesuchter Qualität. Sie war eine Frau mittleren Alters mit zarten Gesichtszügen und weichen, langsam ergrauenden Haaren,
die allein und in zurückhaltender Eleganz lebte. Sie zog
sich sehr sorgfältig an und verwendete viele Gedanken
und eine Menge Geld auf ihre Kleidung. Ihr einziger Ge-
fährte war ein Hund namens Vanessa, ein reinrassiger
schwarzer Pudel, der, im Gegensatz zu seiner Herrin, ein
wenig Übergewicht hatte.

Miss Fox war immer noch so anmutig und schlank, wie
sie seit eh und je gewesen war. Sie bezog ein ansehnliches
Einkommen aus einem Treuhandvermögen und hatte sich
in einer Vier-Zimmer-Wohnung sehr hübsch eingerichtet. Die Wohnung lag in einem riesigen, vorbildlich ver-
walteten Gebäude, das gar nicht so recht in die gewalttätige
Nachbarschaft des Chelsea-Bezirkes von New York passte.

Sie nahm jedoch von dieser Nachbarschaft kaum Notiz.
Zur Zeit der Wohnungsnot hatte sie einen langfristigen
Mietvertrag unterzeichnet, und das Management hatte
sie vom Tag ihres Einzuges in wirklich bemerkenswerter
Weise von allen Unannehmlichkeiten der Gegend abge-
schirmt. Im Erdgeschoss des Hauses befand sich der Su-

permarkt. Außerdem gab es eine Leihbibliothek, einen Schönheitssalon und ein ausgezeichnetes Restaurant. Sie hätte sich praktisch ausschließlich innerhalb des Apartmenthauses aufhalten können, und genau das tat sie auch. Nur zweimal täglich führte sie den Pudel die West Twenty-third hinunter spazieren. Sechsmal in der Woche nahm der von ihr bevorzugte Fahrstuhlführer den Hund auf längere nächtliche Spaziergänge mit.

Einst, im Frühjahr 1943, hatte ein Captain beim Heeresbeschaffungsamt Miss Fox gefragt, ob sie ihn heiraten wolle. Er hatte ihr einen Verlobungsring, den sie sich selbst ausgesucht hatte, angesteckt, und zwei Wochen später war er in ein Krankenhaus in Virginia eingeliefert worden. Der Captain war dort an einem Nierenleiden gestorben, und sie hatte ihn vor seinem Tode nicht mehr wiedergesehen. Das Reisen war beschwerlich während des Krieges, und Miss Fox zog es vor, ihn so in Erinnerung zu behalten, wie er gewesen war, bevor ihn die Krankheit entstellt hatte. Sie hatte telegrafisch Blumen bestellt und sich dabei ganz darauf verlassen, dass ihr Blumenhändler etwas Passendes schicken würde. Er war Mitglied der Vereinigung amerikanischer Blumenhändler und besaß einen guten Geschmack.

Der Ring war auserlesen, ein von Smaragden umrahmter Brillant, und Miss Fox trug ihn immer noch. Der Ring, ihr Hund und Eddie McMahon – der letztere allerdings durchaus in anderer Weise und auf einem sozusagen niedrigeren Niveau – waren die einzigen Dinge, die in ihr mehr als ein flüchtiges Interesse wecken konnten. Alle drei waren hübsch, und Eddie McMahon war außerdem sehr nützlich.

Eddie war der Fahrstuhlführer, der nachts den Hund ausführte. Er war jung – nicht groß, aber gut gewachsen –, und er hatte blaue Augen mit langen Wimpern und gewelltes braunes Haar, das in dem gedämpften Licht des Fahrstuhls beinahe schwarz wirkte. Er trug eine stets saubere marineblaue Uniform mit einem goldenen Streifen an den äußeren Hosennähten, und er hatte gute Manieren. Für einen Mann war er hübsch.

Sie bezahlte ihm fünf Dollar die Woche. Das lag über der üblichen Summe für das Ausführen von Hunden, aber die Extraausgabe störte sie nicht. Und wenn ihr nicht ein kleiner Fehler unterlaufen wäre, hätte die Übereinkunft so lange, wie er seine Arbeit behielt und sie das Apartment bewohnte, fortgesetzt werden können.

Es passierte kurz vor Weihnachten, und zu jener Zeit ahnte sie nicht, dass es sich als Fehler erweisen sollte. So wie in den vergangenen Jahren auch, überreichte sie dem Pförtner einen Umschlag, der das Geld enthielt, das er unter sich und den anderen Angestellten aufteilen sollte. In einen Extraumschlag jedoch, auf dem Eddies Namen stand, steckte sie einen Zwanzig-Dollar-Schein. Sie hatte den Eindruck, dass sich von dem Augenblick an seine Haltung ihr gegenüber jäh änderte.

Er war so höflich wie immer, aber Anfang Januar bat er um seine fünf Dollar, lange bevor sie fällig waren. Dasselbe passierte im März, und obgleich sie ihm beide Male das Geld gab, war Miss Fox irritiert. Sie kam mit ihren Einkünften aus, und sie erwartete von anderen Leuten, ebenso haushälterisch zu sein wie sie selbst. Dann, etwa Mitte April, tauchte er an seinem freien Tag unerwartet in ihrer Wohnung auf.

Es klopfte an der Tür. Sie öffnete, und Eddie kam herein, ohne dass sie ihn dazu aufgefordert hätte. So etwas war bisher noch nie vorgekommen. Es war von Fall zu Fall nötig, einen Handwerker oder einen Angestellten der Gaswerke hereinzulassen, aber deren Besuche wurden jeweils durch einen Anruf über das Haustelefon vorher angekündigt, und Miss Fox ließ die Wohnungstür so lange offen, wie sie in der Wohnung waren. Eddie schloss die Tür. Er lehnte sich gegen sie, atmete schwer.

«Ich bin die Treppe zu Fuß raufgegangen», erklärte er. «Vierzehn Stockwerke. Hätte nicht gedacht, dass ich an meinem freien Tag in dem Haus hier rumhänge.»

Es war das erste Mal, dass sie ihn ohne Uniform sah. Sein Anzug war sauber, aber schlecht geschnitten. Es veränderte seine ganze Erscheinung. Er erschien älter und gröber – ein Fremder, und sehr viel weniger attraktiv.

«Was machen Sie denn dann hier?», fragte sie.

«Miss Fox –», sein Atem ging etwas leichter – «ich muss mit Ihnen sprechen. Nur für einen Augenblick, bitte?»

In seiner Stimme lag beinahe ein Flehen, und Miss Fox fühlte eine Abneigung in sich aufsteigen. Sie ging durch den kleinen Flur ins Wohnzimmer.

«Kommen Sie herein», sagte sie. Dann, als sie seine Schritte unmittelbar hinter sich hörte, rief sie aus einem Impuls heraus: «Vanessa!»

Der Pudel lag in seinem Korb in einer Ecke. Er sah sie an und schlief gleich wieder ein. Miss Fox trat an das Fenster, das auf die Straße hinausging, und stand dort mit dem Rücken zum Zimmer.

«Ja, Eddie?» Sie war immer stolz auf ihre liebenswürdige Stimme gewesen. Und es war eine Beruhigung für sie, diese Stimme jetzt in vollkommener Selbstbeherrschung zu hören.

Eddie kam noch einmal zwei Schritte näher. Als er wieder zu sprechen anfing, schätzte sie, dass er neben dem Teetisch stand, auf dem sie gerade eine Tasse Tee abgestellt hatte. Der Tee wurde jetzt kalt, und das ärgerte sie. Sie liebte ihn, wenn er vor Hitze dampfte.

«Miss Fox, können Sie mir fünfzig Dollar leihen? Ich brauche sie dringend. Ich werd sie Ihnen zurückzahlen. In drei, vier Wochen, aber heute muss ich diese Überweisung machen …»

Seine Stimme erstarb, und er schwieg. Miss Fox stand ganz ruhig da und war nicht ein bisschen entrüstet über dieses unerhörte Ansinnen. Es überkam sie eher ein seltsames Gefühl der Befriedigung, so als habe sie schon immer gewusst, dass so etwas einmal kommen musste. Sie war froh, dass es jetzt endlich heraus war.

«Sie sagen, das Geld sei wichtig für Sie?»

«Ja, *ma'am*. Sehr wichtig.»

«Warum kommen Sie zu mir?», fragte sie.

«Weil ich es sonst schon überall versucht habe. Meine Uhr habe ich verpfändet. Die Gewerkschaft hat mir einen Kredit gegeben, aber das ist alles schon wieder weg. Bei der Verwaltung hier könnten sie nicht einmal mit einem Brecheisen einen Vorschuss lockermachen. Und weil –», er zögerte – «weil Sie nett sind.»

Sie drehte sich herum. «Setzen Sie sich, Eddie» Sie wartete, bis er ein wenig steif auf dem Sofa saß. «Warum müssen Sie in solcher Eile Geld überweisen? An wen?»

«An mein Mädchen.» Er sah, wie sie die Lippen zusammenpresste, und fügte schnell hinzu: «Sie ist in einem Sanatorium. Sehen Sie, der Staat übernimmt die Hälfte der Kosten, und ich habe versprochen, die andere Hälfte zu zahlen. Ich hab's auch gemacht, bis jetzt, aber jetzt ist diese extra …»

«Sind sie verlobt?»

«Ja, so könnte man es wohl nennen», sagte er.

Aber er hatte einen Augenblick gezögert, bevor er geantwortet hatte. Offensichtlich war der Gedanke neu für ihn. Neu und ungewöhnlich. Miss Fox warf einen raschen Blick auf den Ring an ihrer linken Hand. Ihre eigene Romanze war nicht so beiläufig betrieben worden. Da war das kurze, aber schickliche Werben gewesen, der Heiratsantrag, der Verlobungskuss. Hochzeit wäre der nächste ordentliche Schritt gewesen, wenn die tragische Krankheit nicht dazwischengekommen wäre.

Sie seufzte und schüttelte den Kopf. «Ich kann Ihnen keine fünfzig Dollar leihen, Eddie. Bekommen Sie denn kein ausreichendes Gehalt?»

«Siebzig die Woche», sagte er trübselig. «Aber das ist natürlich brutto, da gehen noch die Abzüge von ab.»

«Es spielt keine Rolle, wie viel oder wie wenig Ihnen letztlich verbleibt, es ist eine Frage der Einteilung, Eddie. Ich lebe von einem genau festgesetzten Einkommen, bei dem jeder Cent eingeplant ist. Fünfzig Dollar?» Sie zuckte die Achseln. «Eine so große Summe könnte ich kaum erübrigen.»

Eddie hörte nicht länger zu. Seine Augen waren starr auf irgendeinen Gegenstand hinter ihrem Rücken gerichtet. Sie blickte sich um und sah ihre weißen Handschuhe und die Krokohandtasche.

Sie lagen auf dem Wohnzimmertisch. Miss Fox wurde es zuerst heiß, dann kalt – was absolut lächerlich war, denn Eddie konnte unmöglich in Erfahrung gebracht haben, dass sie erst vor ein paar Stunden einen ziemlich hohen Scheck eingelöst hatte.

«Ich bedaure», sagte sie mit fester Stimme. «Es geht nicht.»

Seine Augen hatten sich vom Tisch abgewandt. Sie konzentrierten sich auf ihren Ring. Einen Augenblick lang schwieg er. Dann stand er auf.

«Ja, *ma'am*. Mein Fehler, Sie zu fragen. Entschuldigen Sie bitte.» Er ging hinaus und schloss die Tür.

Der Rest des Tages war für Miss Fox von einer vagen Unruhe erfüllt. Sie vermochte nicht zu lesen. Um vier Uhr wurde die Wäsche geliefert, und nachdem sie sie eingeräumt hatte, blieb bis um sechs nichts mehr zu tun. Zwei Minuten vor der vollen Stunde schaltete sie den Fernseher ein.

Das Programm war gut, aber an diesem Abend konnte nichts ihr Interesse wecken. Die Erinnerung an Eddies anmaßende Bitte, so höflich sie auch vorgebracht war, schlich sich immer wieder in ihr Bewusstsein. Sie schaltete den Fernseher aus und goss sich ein Glas Sherry ein. Der Gedanke, dass der junge Mann, nur weil er auf ziemlich gewöhnliche Art gut aussah und ein paar Jahre jünger war als sie, tatsächlich geglaubt hatte, er könne sie herumkriegen, erboste sie.

Sie trank ihren Sherry und ging ins Schlafzimmer. Als sie zurückkam, hatte sie sich umgekleidet und einen leichten Frühlingsmantel übergezogen. Dazu trug sie einen farbenfrohen Schal um den Kopf. Es war eine vorteilhafte

Zusammenstellung und ließ sie zehn Jahre jünger aussehen. Aber sie schaute kaum in den Spiegel, als sie die Handtasche nahm und die Handschuhe anzog. Sie ging eine volle Dreiviertelstunde früher als üblich zum Abendessen hinunter. Sie bekam ein ausgezeichnetes Menü, das sie aber nicht richtig genießen konnte. Noch vor acht Uhr war sie zurück in ihrer Wohnung.

Um Viertel vor zehn, als der Hund winselte, um auf die Straße geführt zu werden, befestigte Miss Fox eine grell rosafarbene Hundeleine an dem farblich darauf abgestimmten Halsband des Pudels, zog noch einmal die Handschuhe an und nahm ihre Krokotasche über den Arm.

Das Wetter war unnatürlich warm für April, so warm, dass der Pförtner die Eingangstüren des Apartmenthauses offen gelassen hatte. Kurz zuvor hatte es etwas geregnet, und das Licht der Straßenlaternen spiegelte sich in dem noch nassen Pflaster wie kleine Monde, die dort hingesetzt waren, um ihre Schritte sicher zu geleiten. Es war eine anregende Stimmung an diesem Abend, die förmlich nach einem Abenteuer verlangte, und Miss Fox gab diesem Lockruf nach. Sie ging in westlicher Richtung, statt, wie sonst, die gut erleuchtete Straße in östlicher Richtung anzusteuern.

Als sie weiterschlenderte, lagen zu ihrer Rechten die Fenster ihres eigenen Wohnblocks, aus denen das Licht schimmerte.

Das Gebäude erstreckte sich etwa hundert Yards in westlicher Richtung. Dort endete es und wurde von einer alten, sich endlos hinziehenden braunen Sandsteinfassade abgelöst, die einst sehr respektabel gewesen, jetzt aber zu einer ziemlich tristen Baufälligkeit heruntergekommen war. Die Grenzlinie zwischen Licht und Dunkel, und sie entschloss sich, nur bis zum Ende des Apartmenthauses zu gehen und dann umzukehren.

Als sie die vorher anvisierte Stelle erreicht hatte, zog sie sanft an Vanessas Leine. Aber der Pudel hatte etwas gerochen, das jenseits der Grenzlinie war, und zerrte sie weiter vorwärts. Nach einem kurzen Kampf ließ Miss Fox dem Hund seinen Willen.

«Nun schön», sagte sie laut, «aber nur bis zum nächsten Baum, Liebling.»

Sie kamen nie bis zum Baum.

Auf dem halben Weg dorthin legte sich ein Arm brutal um Miss Fox' Kehle. Sie wurde nach hinten gebogen, und eine Hand presste sich auf ihren Mund. Das Blut pulsierte in ihren Ohren, als sie – nur einen kurzen Augenblick lang – über sich das im Schatten liegende Gesicht eines Mannes sah. Sie versuchte zu schreien und konnte es nicht. Und das letzte, was sie hörte, war Vanessas rasendes Kläffen. Dann umfing sie Dunkelheit, und ihre Sinne schwanden. Als sie das Bewusstsein wiedererlangte, lag sie auf dem Gehweg, der Pförtner des Apartmenthauses kniete neben ihr, der eine Handschuh war ihr von der linken Hand gerissen worden, und ihr Smaragdring mit dem Diamanten war verschwunden.

Das gleiche galt für ihre Krokotasche, die hundertachtzig Dollar enthalten hatte. Aber, wie sie Detective Sergeant Kirby eine halbe Stunde später in ihrer Wohnung auseinander setzte, das Geld war unwichtig. Was sie wollte, ja, was sie geradezu forderte, war die sofortige Rückgabe ihres Ringes.

Sergeant Kirby versicherte ihr, es werde alles Menschenmögliche getan. «Aber das wird nicht so leicht sein. Sie haben gesagt, Sie würden den Mann nicht wiedererkennen, wenn Sie ihm gegenüberstünden.»

Miss Fox fingerte nachdenklich an dem Verband um ihren Hals.

Der Polizist versuchte ja zu helfen, aber er ging die Sache so entsetzlich schwerfällig an. Die Tatsache, dass sie ihren Angreifer nur einen Augenblick lang und noch dazu nur schemenhaft zu sehen bekommen hatte, bedeutete sehr wenig. Er hatte sie auf eine so brutale Weise misshandelt. Sie wäre imstande, ihn aus jeder Menge herauszufinden.

«Das sagte ich», gab sie zurück, «aber ich fange jetzt an, mich an sein Aussehen zu erinnern.»

«Beschreibung?»

«Er hatte dunkles Haar, und – lassen Sie mich nachdenken – er war stark, aber nicht besonders groß …»

«Kleidung?»

«Ich habe nichts gesehen. Der Ärmel seiner Jacke war aus irgendeinem groben Stoff.»

«Sagte er irgendetwas?»

«Nein. Ich habe nichts gehört … aber der Hund. Jetzt, wo ich darüber nachdenke», sagte Miss Fox, «es ist eigentlich merkwürdig, dass er erst nach dem Überfall bellte.»

«Ich habe mir auch schon Gedanken darüber gemacht.» Kirby erhob sich von seinem Stuhl. «Ein weiterer Gesichtspunkt: der Ganove zog Ihnen nur den linken Handschuh ab. Es sieht beinahe so aus, als habe er von dem Ring gewusst.»

Eddie! Die plötzliche Erkenntnis war für Miss Fox

keine Überraschung. Es war eigentlich nur logisch. Am Nachmittag hatte er versucht, sich fünfzig Dollar zu leihen. Nach ihrer Weigerung hatte er – wie ihr jetzt ganz deutlich bewusst wurde – mit unverhohlener Habgier auf ihren Ring gestarrt. Es konnte keinen Zweifel geben. Eddie war der Dieb. Aber sie sagte nichts. Wenn die Polizei die ihr gemäßen Mittel anwandte, ihn aufspürte und verhaftete, dann war das deren Problem. Ihr Problem war es, den Ring zurückzubekommen. Und hierbei glaubte sie zu wissen, wie sie vorgehen musste.

Sergeant Kirby wollte gehen, und sie erhob sich, um ihn zu verabschieden. «Ich danke Ihnen. Werde ich von Ihnen hören?»

«Wahrscheinlich schon sehr bald. Und wenn es nicht bald ist, dann wohl gar nicht. So läuft das in derartigen Fällen.» Er tätschelte Vanessas Kopf. «Sie können Ihrem Hund danken, dass er Alarm geschlagen hat, Miss Fox.»

«Ja. Gute Nacht, Sergeant.»

Sie ging zu Bett, konnte aber nicht einschlafen. Nach einer qualvollen halben Stunde musste sie eine Schlaftablette nehmen. Sie begann zu wirken, aber gerade, als sie am Einnicken war, wurde sie durch das Klingeln des Telefons hochgeschreckt.

«Hoffe, ich habe Sie nicht geweckt», sagte Sergeant Kirby. «Wir haben einen Mann aufgegriffen, der es gewesen sein könnte. Können Sie herüberkommen?»

Miss Fox war noch halb betäubt und außerordentlich gereizt. Es gab keinen vernünftigen Grund, warum dieses unangenehme Geschäft der Gegenüberstellung nicht bis zum nächsten Morgen aufgeschoben werden konnte. «Um diese Zeit? Herüberkommen, wohin?»

Er gab ihr die Adresse des Reviers. «Es ist erst ein Uhr.»

«Hat er meinen Ring?»

«Nicht bei sich. Aber wenn die Gegenüberstellung positiv ausfällt, werden wir ihn zurückbekommen.»

«Sehr schön. Sobald ich ein Taxi finde, bin ich da.»

Das Polizeirevier lag nur ein paar Häuserblocks entfernt. Das Taxi bog um eine Ecke und hielt am Bordstein. Miss Fox erblickte ein trostlos aussehendes Gebäude mit einer grünen Laterne neben dem breiten Haupteingang. «Da sind wir, Lady», sagte der Taxifahrer.

Dann befand sie sich in einem nüchtern möblierten Raum, und Sergeant Kirby erzählte ihr, der Verdächtige sei in einer Bar auf der Tenth Avenue aufgegriffen worden. «Nur einen Häuserblock von der Stelle entfernt, wo es passiert ist, und nur zwanzig Minuten später. Er war angetrunken und wedelte mit einem Bündel Geldscheine, über das er keine Rechenschaft ablegen kann. Außerdem ist er schlecht beleumundet. Sieht beinahe so aus, als könnten wir den Fall in Rekordzeit abschließen.»

«Wenn Ihnen das gelingt», sagte Miss Fox, «wird niemand glücklicher sein als ich, Sergeant Kirby.»

Aber sie war enttäuscht. Der Mann, der von einem uniformierten Polizisten durch den Flur geschoben wurde, war nicht Eddie. Er hatte Eddies Körpergröße, und er hatte dunkle Haare, aber sonst bestand keine Ähnlichkeit. Seine Hände waren schmutzig. Es war unvorstellbar, dass sie von so schmierigen Händen berührt worden sein sollte.

«Nein.» Sie schüttelte den Kopf. «Das ist er nicht.»

«Sind Sie sicher?» Kirby klang enttäuscht.

«Ziemlich sicher», sagte sie und vermied den Blick des Mannes.

Sein Blick war unverschämt. Er trug einen grell gemusterten Anzug, ein schwarzes Hemd und einen gelben Schlips. Aber Miss Fox schenkte seiner Kleidung keine Beachtung. Seine schmutzigen Hände und sein einschüchternder, starrer Blick machten sie viel zu nervös.

«Gut, danke, dass Sie gekommen sind», sagte Kirby. «Wir sehen uns wieder.»

Miss Fox ging nach Hause und schlief bis um zehn Uhr am nächsten Morgen. Eddies Schicht im Fahrstuhl begann um zwölf. Sie führte den Hund gegen elf spazieren und sagte dem Pförtner, sie wünsche Eddie, sobald er käme, zu sehen. Ein paar Minuten vor zwölf klopfte es an ihre Tür.

Sie öffnete. «Kommen Sie herein.»

«Donnerwetter, Miss Fox, ich habe gehört, was passiert ist!»

«Kommen Sie herein, Eddie, und setzen Sie sich», sagte sie.

Als er gehorchte, spiegelte sich in seinem Gesicht verwunderte Unschuld. Es war wirklich ein Jammer, dachte sie, dass sich hinter einem so hübschen Gesicht ein so hinterhältiges Wesen verbarg. Sie stand kerzengerade und wappnete sich für die vor ihr liegende unangenehme Aufgabe.

«So, Sie haben davon gehört.»

«Ja, *ma'am*. Ich habe schon immer gesagt, dass die Gegend unsicher ist.»

«Sie wissen, dass mir etwas Geld und mein Ring gestohlen worden ist?»

«Man hat es mir erzählt.»

«Sehr schön. Jetzt hören Sie gut zu. Ich möchte sicher

sein, dass Sie mich verstehen. Das Geld ist mir egal, aber ich will meinen Ring. Die Beschreibung ist herausgegeben worden. Der Versuch, ihn zu verkaufen, wäre gefährlich.»

«Das ist wahr. Die Sache ist ziemlich heiß.»

«Dann könnte er mir genauso gut zurückgegeben werden. Vor allem, wenn ich verspreche, die hundertachtzig Dollar, die ich verloren habe, zu vergessen und kein Wort mehr darüber zu verlieren. Oder sind Sie anderer Meinung?»

Es schien, als denke Eddie angestrengt nach. «Also, ich weiß nicht. Dieser Kerl, der Sie überfallen hat – es gibt eine Menge Dinge, die er tun könnte. Er könnte den Ring auseinanderbrechen und die Steine einzeln losschlagen. Oder er könnte warten, bis die Sache nicht mehr so heiß ist, und ihn irgendwo außerhalb der Stadt verkaufen.»

«Er würde immer noch ein Risiko eingehen. Ich habe eine bessere Idee. Ich bin bereit, fünfhundert Dollar für seine Rückgabe zu bezahlen. Fünfhundert Dollar, Eddie, und der Fall ist erledigt.»

Er erhob sich langsam. «Ich hoffe wirklich, Sie bekommen ihn zurück. Entschuldigen Sie mich – ich muss zur Arbeit.» Er ging zur Tür, blieb aber stehen, bevor er die Diele erreichte. «Schauen Sie, Miss Fox, erhoffen Sie sich nicht zu viel von Ihrem Plan. Was können Sie denn machen – eine Anzeige aufgeben? Es besteht die Möglichkeit, dass der Kerl Ihre Anzeige nie zu Gesicht bekommt, und wenn doch, rührt er sich vielleicht nicht, um nicht Kopf und Kragen zu riskieren.»

«Sie glauben also nicht, dass ich meinen Ring zurückbekomme?» In Miss Fox' sonst so sanfter Stimme lag eine Spur von Schärfe.

«Nein, *ma'am*. Auf diesem Wege nicht, das bezweifle ich jedenfalls.»

«Sie können gehen, Eddie», sagte Miss Fox.

Eine Stunde später meldete der Pförtner Sergeant Kirby. Er trat rasch ein und kam direkt zur Sache.

«Sie haben ein Abkommen mit einem Fahrstuhlführer namens McMahon, der Ihren Hund spazieren führt. Gestern hatte er seinen freien Tag, aber er wurde gesehen, als er Ihre Wohnung gegen zwei Uhr nachmittags verließ. Ist das soweit richtig?»

Miss Fox trat ans Fenster und stand mit dem Rücken zum Zimmer, so wie am Tag zuvor. «Warum fragen Sie?»

«Routine. McMahon hat einen guten Leumund, und er ist fleißig. Andererseits braucht er Geld. Warum kam er hierher?»

Sie rührte sich nicht. Ihre Stimme war kühl und unpersönlich, als sie antwortete. «Sie scheinen fast alles herausgefunden zu haben. Sie können ebenso gut den Rest wissen. Er wollte sich fünfzig Dollar von mir leihen.»

«Haben Sie ihm das Geld gegeben?»

«Natürlich nicht.»

Es entstand ein Schweigen. Dann fragte Kirby in ruhigem Ton: «War es McMahon?»

Sie drehte sich herum und blickte dem Kriminalbeamten direkt in die Augen. «Ich hatte gehofft, es würde nicht dazu kommen. Ich gab ihm seine Chance. Ich bot ihm sogar Geld an, wenn er mir den Ring wiedergäbe. Er weigerte sich.»

«Sie können ihn ohne Vorbehalte identifizieren?»

Ohne es zu wissen, hatte sie bereits ihre ganz persönliche Grenzlinie zwischen Licht und Finsternis überschritten.

«Ja, es war Eddie», sagte Miss Fox.

Sie sah Eddie während des Prozesses nicht an. Sie wandte den Blick ab, als sie gegen ihn aussagte. Es war ein kurzer Prozess. Er hatte kein Alibi. Sie verurteilten ihn und schickten ihn für drei Jahre ins Gefängnis.

Oder vielleicht war es auch nur ein Jahr, während ihm die beiden weiteren erlassen wurden. Miss Fox war sich nicht sicher. Sie hatte ihre eigenen Probleme, jetzt, da Eddie den Fahrstuhl nicht länger bediente. Sie musste jemanden finden, der Vanessa spazieren führte, und die anderen Fahrstuhlführer waren plötzlich sehr beschäftigt. Es schien ihnen eigenartigerweise gleichgültig zu sein, ob sie sich jede Woche ein paar Extradollar verdienten oder nicht.

Schließlich war sie gezwungen, jemanden zu engagieren, der diese Tätigkeit hauptberuflich ausübte. Er erwies sich als ungeeignet. Als er am dritten Abend klingelte, bemerkte Miss Fox, dass sein Atem nach Alkohol roch. Von da ab führte sie ihren Hund jede Nacht selbst aus.

Am Anfang vermied sie den Bürgersteig westlich des Apartmenthauses. Sie näherte sich ihm nicht einmal, jedenfalls so lange nicht, bis sich die Straßen in der Hitze des Sommers belebten und infolgedessen sicher waren. Später bemerkte sie, dass ihre Angst vor der dunklen Grenzlinie stark nachgelassen hatte. Furcht war jetzt nicht viel mehr als ein ziemlich angenehmer Kitzel. Sie erlaubte Vanessa, sie ein paar Mal bis kurz vor die Linie zu ziehen; sie stand ein paar Schritte diesseits der Linie und spähte in unerforschte Dunkelheit.

Der Sommer ging vorbei und wurde vom Herbst abgelöst, und in dieser Zeit erfuhr sie nichts über den Verbleib ihres Ringes. Sergeant Kirby erzählte ihr, Eddie bestehe immer noch darauf, unschuldig zu sein, aber das war nur natürlich. Sie rief Kirby mehrmals an, und er war jedes Mal sehr höflich, bis eines Tages im November zwei Polizisten in ihrer Wohnung auftauchten und ihr kurz angebunden mitteilten, der Sergeant wünsche sie auf der Wache zu sehen.

Sie war ungehalten. «Warum kommt er nicht hierher?»

«Können wir Ihnen auch nicht sagen, Lady. Hat nur gesagt, er will Sie sprechen.»

Miss Fox willigte huldvoll ein, mitzukommen.

Kirby erwartete sie in dem kahlen Raum, in dem sie schon vorher einmal gewesen war. Er sah grimmig aus. «Wir haben Ihren Ring gefunden», sagte er.

Sie ließ sich nichts von ihren Gefühlen anmerken. «Ich wusste, dass Eddie früher oder später mit der Wahrheit herausrücken würde.»

«McMahon hat ihn nie gehabt.» Der grimmige Ausdruck auf dem Gesicht des Kriminalbeamten spiegelte sich im Tonfall seiner Stimme wieder. «Erinnern Sie sich an den Mann, den Sie nicht identifizieren konnten? Wir schnappten ihn aufgrund einer anderen Beschuldigung und fanden den Ring in seinem Zimmer. Er hat gestanden.»

Irgendetwas war nicht in Ordnung. Irgendetwas war so ganz und gar nicht in Ordnung, dass Miss Fox es nicht sofort begriff. «Aber ich sah ihn! Ich sah Eddie!»

«Tatsächlich?»

«Nun. Ich bildete mir ein, ich hätte ihn gesehen. Ich war mir so sicher!»

«Es ist Ihnen jedenfalls gelungen, diesen Eindruck zu vermitteln. Als Folge davon stehe ich als Narr da, und ein unschuldiger Mann sitzt im Gefängnis.»

Miss Fox sagte ärgerlich: «Ich habe vielleicht einen Fehler gemacht, aber doch nicht mit böser Absicht. Ich glaube, es ist die Pflicht der Polizei, diese Dinge nachzuprüfen. Waren Sie vielleicht so wild darauf, irgendjemanden zu verhaften, dass Sie sich gar nicht darum kümmerten, ob er schuldig war oder nicht?»

Kirby zuckte die Achseln und starrte an ihr vorbei auf einen kahlen Fleck an der Wand.

«Wenn Sie nichts weiter zu sagen haben, geben Sie mir meinen Ring.»

Das wollte er nicht tun. Er zeigte ihn ihr, und es war ohne Zweifel der ihre. Er sagte, sie würde ihn in angemessener Zeit zurückbekommen. In der Zwischenzeit galt er als Beweisstück und musste einbehalten werden. Er wollte ihr nicht einmal sagen, wann Eddie entlassen würde. «Ich weiß nicht», sagte er. «Das kann Sie doch nicht interessieren.»

Miss Fox interessierte sich durchaus dafür. Sie befürchtete eine gespannte Atmosphäre, falls Eddie in seinen alten Job zurückkehrte, und überlegte zunächst, ob sie sich nach einer anderen Wohnung umsehen sollte. Misshelligkeiten jeder Art waren ihr zuwider, und so kaufte sie eine Kiste teurer Zigarren und schickte sie Sergeant Kirby. Danach konnte sie den Kriminalbeamten aus ihrem Gedächtnis streichen.

Während der folgenden Wochen besichtigte sie eine

Anzahl von Wohnungen, aber keine genügte ihren verwöhnten Ansprüchen. Sie schreckte ohnehin vor der Mühsal eines Umzugs zurück, und am Ende musste sie sich eingestehen, dass sie dort, wo sie wohnte, am besten aufgehoben war. Nachdem sie das akzeptiert hatte, machte sie eine großzügige Geste. Sie sprach persönlich mit dem Verwalter des Apartmenthauses und war überrascht zu hören, dass ihre Bitte schon vorweggenommen worden war. Er hatte bereits an Eddie geschrieben und ihm angeboten, ihn wieder einzustellen.

«Aber es ist sehr aufmerksam von Ihnen, Miss Fox», sagte er. «Ich muss gestehen, dass ich erleichtert bin.»

Sie verließ sein Büro, zufrieden mit dem Gedanken, dass er Eddie erzählen würde, wie sie sich für ihn eingesetzt hatte. Eddie würde dankbar sein. Was eine gespannte Situation hätte werden können, war entschärft.»

Eddie kehrte in der Woche vor Weihnachten an seinen Arbeitsplatz zurück. Eines Morgens legte sie Vanessa die Leine an und drückte den Fahrstuhlknopf. Mit einer winzigen Verzögerung glitt die Fahrstuhltür auf, und da stand er. Alles war, wie es immer gewesen war, einschließlich seines respektvollen Lächelns.

«Guten Morgen, Miss Fox.»

«Eddie!», sagte sie. «Ich kann Ihnen gar nicht sagen, wie glücklich ich bin.»

Er fuhr sie hinunter in die Halle. Während sie den Hund spazieren geführt und im Fahrstuhl wieder nach oben gefahren war, hatte sie sich von der Überraschung erholt. «Halten Sie den Fahrstuhl einen Augenblick an», sagte sie, als sie im vierzehnten Stock ausstieg. «Ich muss Ihnen etwas sagen.»

Er hielt die Tür auf und wartete. Sie drehte sich um, um ihn in dem Halbdunkel des Flurs zu betrachten. Er hatte sich verändert. Sein Lächeln war starr und ausdruckslos, und seine Augen blickten glasig.

Nun, das machte nichts. Es lag in ihrer Macht, dies zu ändern, und sie würde es tun. «Ich möchte Sie wissen lassen, dass es nicht einfach für mich war, gegen Sie auszusagen, Eddie. Ich habe dem Gericht nur erzählt, was ich für die Wahrheit hielt.»

«Sicher, Miss Fox.»

«Es war eine schreckliche Erfahrung für uns beide. Ich denke, das Beste, was wir tun können, ist, es zu vergessen und neu anzufangen.»

«Ja, *ma'am*.»

«Gut», sagte sie. «Vanessa wird auf Sie warten, wenn Sie heute Abend Ihre Arbeit beendet haben.» Sie begann den Flur entlangzugehen.

Er hielt sie auf. «Miss Fox, ich möchte Ihren Hund nicht mehr spazieren führen.»

Sie drehte sich um, ungläubig und ein wenig verstimmt. «Sie möchten mehr Geld, nehme ich an?»

«Das ist es nicht», sagte er. «Es ist nur, dass ich jetzt mit meinem Lohn zurechtkomme. Ich habe im Augenblick keine Extraausgaben mehr.»

«Was ist mit Ihrer Verlobten?»

«Sie ist gestorben», sagte er.

Die Fahrstuhltür schloss sich lautlos. Miss Fox war alleine. Sie schloss ihre Wohnung auf, setzte sich und dachte kühl über das eben Gehörte nach. Alles hatte sich zum Besten gewendet. Das Mädchen war krank gewesen. Eddie hätte sie als unerträgliche Last empfunden.

Er würde über ihren Tod hinwegkommen. Als der Captain gestorben war, war sie selbst durch das gleiche und ganz natürliche Wechselbad von Leiden und Vergessen gegangen. Das versuchte sie sich jedenfalls einzureden, aber es blieb noch ein Rest, und sie fühlte, es gab da irgendetwas, was sie übersehen hatte. Um zwei Uhr zog sie ihren Mantel noch einmal über, ging zu einem Fahrstuhl am anderen Ende des Hauses und fuhr hinunter zu ihrer Bank.

Als sie zurückkehrte, sagte sie dem Pförtner, sie wünsche Eddie während seiner Kaffeepause zu sehen. Er kam um vier Uhr an ihre Wohnungstür. Miss Fox forderte ihn nicht auf, hereinzukommen.

«Ich habe über Sie nachgedacht», sagte sie. «Ich möchte Ihnen helfen – wieder auf die Beine zu kommen. Wie ich Ihnen damals sagte, war ich innerlich darauf vorbereitet, fünfhundert Dollar für meinen Ring zu bezahlen. Ich hatte das Geld beiseite gelegt, und ich kann mir keine bessere Verwendung dafür denken, als es Ihnen zu geben.» Sie händigte ihm einen Umschlag aus. «Sollen wir es ein Weihnachtsgeschenk nennen, Eddie? Fünf Einhundert-Dollar-Scheine.»

Für einen Augenblick stand er dort, hielt den weißen Umschlag und blickte zu Boden. Dann steckte er den Umschlag in seine Tasche. «Ich danke Ihnen sehr, Miss Fox», sagte er.

Miss Fox war überaus erleichtert, als sie die Tür schloss. Es war schade, dass Eddie die fünfhundert Dollar nicht angenommen hatte, als sie sie ihm vor acht Monaten angeboten hatte. Es hätte alles so einfach gemacht. Er hätte das Geld nehmen und ihr den Ring zurückgeben können ...

Aber Eddie hatte den Ring gar nicht gestohlen, erinnerte sie sich plötzlich. Sie zuckte die Achseln. Wie auch immer, die Sache hatte jetzt ein Ende. Sie trank eine Tasse dampfend heißen Tee und machte ein schönes, langes Nickerchen.

Als sie an diesem Abend um zehn Uhr mit dem Hund hinausging, hatte Eddie schon Feierabend. Es schneite, und der erste Schnee im Jahr war für sie immer eine Art Vergnügen gewesen. Vanessa zog nach rechts, und Miss Fox ließ ihr den Willen und ging in westliche Richtung, auf angenehme Art von den treibenden Flocken angeregt.

Sie gelangte an das Ende des erleuchteten Apartmenthauses und stand, wie sie schon oft zuvor dort gestanden hatte, genau an der Grenzlinie zwischen Licht und Dunkel. Ein paar Schritte weiter war die Stelle, wo der Mann sie niedergeschlagen hatte. Sie lächelte nervös und redete sich ein, inzwischen froh über das zu sein, was damals passiert war. Es war sehr erregend, aus dem Gefühl ihrer gegenwärtigen Sicherheit heraus auf eine Gefahr zurückzublicken, die sie heil überstanden hatte.

«Lass uns nach Hause gehen, Liebling», sagte sie zu Vanessa und drehte sich um.

Ein Mann schnitt ihr den Weg ab. Er war geräuschlos hinter ihr aufgetaucht. Miss Fox rang nach Luft. Dann hallte ihr schriller Schrei die Straße hinunter.

Er hob den Arm. Die Innenfläche seiner Hand legte sich fest auf ihr Gesicht. Er stieß sie zurück. Miss Fox taumelte, stolperte und fiel. Sie fand Zeit, noch einmal zu schreien, bevor er die gurgelnden Laute an ihrer Quelle erstickte. Das letzte, was sie hörte, war das ferne Jaulen ihres Hundes.

Als der Pförtner sie diesmal fand, kam er zu spät. Sie lag auf dem Rücken, Schneeflocken fielen in ihre offenen Augen. Zwischen ihren schnell steif werdenden Fingern steckten fünf Einhundert-Dollar-Scheine.

## DETLEF BLETTENBERG
# Brutaler Charme

Liebling, bist du es?»

«Mutter, wie geht es dir?»

«Ich mache mir Sorgen um dich.»

«Ich rufe vom Flughafen aus an», sagte Faust. «Bin gerade angekommen. Muss es kurz machen. Du kannst mich unter der Nummer erreichen, die ich dir gegeben habe.»

«Pass auf dich auf!»

«Keine Sorge!»

«Ich liebe dich.»

«Ich dich auch.» Faust hängte den Hörer auf die Gabel, nahm sein Gepäck und machte sich auf den Weg zum Taxistand.

Es war Mitte November und erstaunlich warm. Die Seitenscheiben des Taxis waren halb geöffnet, und die Luft strömte in den Innenraum des Wagens.

Der Fahrer war freundlich und redete wenig. Faust war das nur recht. Diese Anbiederei war ihm zuwider. Eigentlich hatte er in New York Frost und Schnee erwartet. Nun saß er mit geöffneter Lederjacke und lose hängendem Schal auf dem Rücksitz und genoss die Fahrt vom

Kennedy Airport in die City. Nach acht Stunden Flug über den Atlantik war es wie eine Erholung. Nicht dass es in der Maschine unbequem gewesen wäre. Aber auf langen Strecken fühlte er sich immer wie ein Gefangener, und die erste Klasse empfand er wie Isolationshaft.

An diesem Nachmittag wirkte alles neu auf ihn. Die breiten Highways. Die Siedlungen und Parks rechts und links der Strecke nach Manhattan. Große amerikanische Limousinen kreuzten schwerfällig über die mehrspurige Fahrbahn. Absurde Blechkarossen. Die europäischen und japanischen Wagen sahen vergleichsweise winzig aus. Selbst ein Mercedes wirkte wie ein Kleinwagen im Meer der nordamerikanischen Träume aus Metall, Glas, Plastik und Gummi. Auch das Taxi hatte grandiose Abmessungen.

Der La-Guardia-Flughafen trieb rechterhand vorbei, und wenig später sah Faust zum ersten Mal die Skyline: World Trade Center, Empire State Building, der Chrysler-Turm. Die Konturen Manhattans waren ihm vertraut. Aber jetzt, als das Taxi über die Triborough Bridge fuhr und der Fahrer die zwei Dollar Maut bezahlte, war der Anblick überwältigender als jede seiner Erinnerungen. Da lag sie vor ihm, die Hauptstadt der Welt, der Tatort, der ihm in seiner Sammlung fehlte. Bewusst hatte er ihn ans Ende seiner fast einjährigen Reise gelegt. Er hatte ihn sich selbst als Geschenk reserviert. Aber er würde es noch vor Weihnachten hinter sich bringen. Während der Feiertage wollte Faust schon wieder bei seiner Mutter in Monaco sein.

Der Taxifahrer nahm die 116. Straße nach Westen. Harlem. Faust fühlte sich wohler, als sie sich dem Broad-

way näherten und die verrotteten Gebäude und müll-
überzogenen Gehsteige hinter sich ließen. Nur die vielen
Schwarzen mit ihren dicken Jacken und Wollmützen fas-
zinierten ihn. An diesem Tatort war Schwarz angesagt.
Vor allem drei dunkelhäutige Schönheiten neben einem
Ölfeuer in der Blechtonne an der vorletzten Kreuzung
hatten ihn seltsam angezogen. Eines der Mädchen trug
schwarze Schaftstiefel aus Wildleder und einen verwa-
schenen Jeansrock. Der Oberkörper war in eine übergroße
Jeansjacke gehüllt. Außerdem trug sie noch Wollhand-
schuhe und eine Pelzmütze. Trotz der Vermummung
hatte Faust Schwester Erotik erkannt. Sie konnte sich tar-
nen und verbergen. Faust erkannte sie immer.

Vielleicht war das milde Wetter auch nur Einbildung.
Faust wickelte den Schal sorgfältig um den Hals und zog
den Reißverschluss der Jacke halb zu. Das Letzte, was er
jetzt gebrauchen konnte, war eine Erkältung.

Der Taxifahrer drehte den Kopf kurz nach hinten und
fragte: «125. Straße und Broadway, haben Sie gesagt?»

«Mehr nach links. Die 116. ist schon richtig. Etwa in der
Höhe. Die Claremont Avenue liegt zwischen Broadway
und Riverside Drive. Die erste Parallelstraße nach Westen», erklärte Faust ruhig. Er hatte die Karte studiert.

«Da komme ich auf dieser Straße nicht durch»,
brummte der Fahrer.

«Die Claremont Avenue ist nicht sehr lang, liegt hinter
der Columbia-Universität.»

«Ich fahre mal links am Morningside Park vorbei, dann
sehen wir weiter.» Der Fahrer änderte den Kurs.

Die Kathedrale von *St. John the Divine* reckte ihre go-
tischen Türme hinter den Bäumen des Parks in den blas-

sen Himmel. Ein sehr europäischer Anblick. Faust fühlte sich fast wie zu Hause. Das Taxi schwenkte wieder nach rechts, überquerte den Broadway und kroch eine Steigung hoch.

«Da ist sie ja», stellte Faust fest.

Der Fahrer bog nach rechts in die Claremont Avenue ein und fuhr sie langsam ab. «Nummer 128?»

«Genau!»

Über ihnen, an einem Hang, waren die Konturen von *Grant's Tomb* zu erkennen. Das Grabmal des Bürgerkriegsgenerals und späteren Präsidenten thronte hoch über dem Hudson.

Der Taxifahrer bremste und parkte am Gehsteig vor einem Altbau. Die Fahrt hatte 45 Minuten gedauert und kostete 35 Dollar.

Fausts Blick wanderte über die Fassaden. Wie im alten Berlin, dachte er. Er nahm das Gepäck und trug es zum Eingang. Er schob sich durch die Glastür, bugsierte Koffer und Tasche in den Vorraum und suchte den Klingelknopf für Apartment 43. Er drückte, und wenig später knackte es in der Gegensprechanlage.

«Wer ist da?»

«Faust, aus Deutschland. Der Freund von Jeff!», rief er laut und deutlich.

«Okay!»

Es knackte erneut. Dann summte der Türöffner.

Die Eingangshalle verbreitete gealterte Eleganz. Schwarze und weiße Mosaiksteinchen verzierten Fußboden und Wände. Faust musterte seine ein Meter neunzig in brauner Lederjacke und grauen Flanellhosen in einem riesigen Spiegel mit wenigen blinden Flecken. Das bleiche

Gesicht wirkte müde und sehr hager, die kurzen hellblonden Haare waren fettig. Nur die graublauen Augen sahen ihn wach und klar an.

Er ging zur weinroten Aufzugtür neben der Holztreppe. Eine zerfetzte Zeitungsseite und eine Tüte aus braunem Packpapier lagen neben drei Zigarettenkippen auf dem Mosaikboden. Groß, elegant und dreckig, dachte Faust. Wie eine Nutte, die sich um Stil bemüht.

Die Aufzugskabine befand sich im Erdgeschoss. Er setzte Koffer und Tasche ab und drückte den Knopf zum vierten Stockwerk. Die Stahltür fiel hart ins Schloss, und die Sicherheitstür schob sich mit einem scharfen Knirschen zu. Dann setzte sich der Aufzug mit einem Ruck in Bewegung. Es war eine jener Anlagen, die mit ihren Geräuschen ganze Wohnblocks terrorisieren.

Die Kabine kam mit einem erneuten Ruck zum Stehen. Die Sicherheitstür öffnete sich. Faust drückte die Metalltür auf und schob sein Gepäck auf den Flur. Die Tür mit der 43 aus Messing lag schräg gegenüber. Sie wurde geöffnet. Im Rahmen stand ein Mann um die fünfzig. Er war schlank, fast dürr, trug ein rosa Seidenhemd und eine schwarze Torerohose mit scharfen Bügelfalten. In der rechten Hand hielt er ein Glas mit einem Drink. Seine Füße steckten in weißen Fellpantoffeln. Die Parfumwolke, die ihn einhüllte, warf Faust fast um. Süßliches Zeug, das sich wie Blei unter die Atemluft mischte.

«Willkommen, mein Lieber!», dröhnte es über den Gang. «Du bist also Jeffs deutscher Freund.» Die kräftige Stimme und der joviale Ton standen im Gegensatz zur äußeren Erscheinung des Mannes, der, wie Faust jetzt erkennen konnte, geschminkt war. Das Make-up war dick und rissig. Die verlebten Gesichtszüge schienen Meilen tiefer zu liegen, dort, wo die trüben Augen lagen. Nur die Kronen leuchteten sehr weiß zwischen den schmalen Lippen. Faust war sicher, dass der Mann ein Toupet trug, denn die glatten Latinosträhnen lagen wie dünne Prothesen auf der Kopfhaut.

«Ja, ich bin Faust», sagte der Deutsche leise.

«Du siehst aus wie einer dieser schneidigen SS-Offiziere», sagte der Torero. Es war ein Kompliment. Mit den manikürten Fingern der rechten Hand hielt er ein Schlüsselbund hoch. «Ich schließe dir auf … ich bin übrigens John!»

Apartment 45 lag am Ende des Flurs und war mit zwei schweren Schlössern gesichert, die John routiniert öffnete. Er schob die Wohnungstür auf und bedeutete Faust einzutreten. Der Deutsche stellte das Gepäck in die enge Diele, und der Torero drückte die Tür zu und erklärte die Sicherheitsvorrichtungen. Das obere der beiden Schlösser war mit einem Metallstab verbunden, der die Tür nach innen abstützte. Er führte schräg nach unten, wo er in einer Mulde verankert war. Das untere Schloss bestand aus schweren Beschlägen und zwei fingerdicken Stahlbolzen, die Tür und Rahmen gegeneinander sicherten.

«Achte bitte immer sorgfältig darauf, dass alles abgeschlossen ist, auch wenn du in der Wohnung bist», sagte John nachdrücklich und überreichte ihm die Schlüssel.

«Danke!», sagte Faust.

«Wenn du was brauchst, sag Bescheid.» John ging über den Flur zu seiner Wohnung zurück. Aus der angelehnten Tür klang leiser Jazz. Saxophon, wie Faust feststellte.

«Ich habe Besuch», erklärte der Torero bedeutungsschwer, grinste und winkte freundlich, bevor er verschwand.

Faust schloss die Tür, verriegelte die Schlösser und inspizierte das Apartment. Die Räume waren klein, aber hoch. Im Wohnzimmer lag ein verschlissener Perserteppich. Um einen niedrigen Tisch gruppierten sich ein Sofa und zwei Sessel aus schwarzem Leder, flankiert von zwei Stehlampen mit beigen Baumwollschirmen. Auf einem Beistelltisch standen Telefon und Anrufbeantworter. Der niedrige Tisch war mit Zeitungen, Magazinen und Büchern beladen. Große gelbliche Flecken mit braunen Rändern verunstalteten die Wände. Drei Ölgemälde mit abstrakten Motiven klebten wie Pflaster auf den Mauern. Das große Schiebefenster war von außen mit Fliegendraht verkleidet. Faust schob die untere Scheibenhälfte nach oben. Laue Luft wehte ins Zimmer. Er atmete tief durch.

Der Hudson River war nicht weit entfernt. Faust bildete sich ein, dass die feuchte Luft vom Fluss herüberwehte. Der Innenhof war eng und lang gezogen. Ein Baum streckte seine kahlen Äste empor. Nur einige wenige vertrocknete Blätter raschelten in der Brise. Die gegenüberliegende Hausfront war eine monotone Ansammlung von Fenstern und diagonal verlaufenden Feuertreppen aus Metall. Die letzten Sonnenstrahlen warfen die verzerrten Schatten der Treppen gegen die Hauswand. Aus einem der geöffneten Fenster klangen Fetzen eines Trompetensolos herüber. Irgendwo rechts übte ein Operntenor. Das also war Upper Manhattan.

Faust ging in die Küche. Ein Kühlschrank. Eine Spüle. Gasherd und ein Geschirrschrank. An der Wand neben dem Kühlschrank eine große elektrische Uhr. 17 Uhr 15.

Auch hier ein Schiebefenster mit Fliegendraht. Er ging durch das Wohnzimmer in die Diele zurück und betrat das gegenüberliegende Schlafzimmer. Ein enger Raum. Auf dem Fußboden eine Matratze. Darauf drei zusammengefaltete Wolldecken, zwei Kopfkissen und frische Laken. Daneben eine Schirmlampe. Ein Stuhl. Ein winziger Heizkörper und wieder das Schiebefenster mit Fliegendraht. Faust schob auch dieses Fenster auf. Ein anderer Innenhof. Ein enger Trichter aus grauschwarzem Gemäuer, in den kaum Licht fiel. Die Fenster glotzten ins Leere. Die Fensterbänke waren mit Taubenmist bedeckt, und erst jetzt hörte Faust das tiefe und regelmäßige Gurren. Er blickte nach unten und sah sechs fette Vögel. In diesem Innenhof wurde Oboe geübt, unterlegt von Fernsehgeräuschen. Keine Feuerleitern.

Faust musterte erstaunt das dicke Metallrohr, das in einer Ecke des Schlafzimmers, etwa zehn Zentimeter von den Wänden entfernt, von der Decke zum Fußboden verlief. Auch im Wohnzimmer und Küche hatte er solche Rohre gesehen. Warum legten die Amerikaner ihre Installationen nicht unter Putz?

Am Ende der Diele lag ein Zimmer, das als Abstellraum diente. Die Tür daneben war verschlossen. Vermutlich das Zimmer, in dem Jeffs persönliche Sachen lagerten. Gegenüber das Bad. Eine altertümliche Wanne mit Schildkrötenfüßen, darüber hing eine Duscharmatur. Das Ganze umhüllt von einem Plastikvorhang befestigt an einer wackligen Rohrkonstruktion. Eine Toilette. Ein Waschbecken. Spiegel und ein sehr kleines Schiebefenster mit Fliegendraht zum Innenhof mit den Tauben. Das Badezimmer sah schäbig aus. Faust testete die Hähne und

stellte befriedigt fest, dass es heißes Wasser gab und der
Leitungsdruck ausreichte.

Er packte das Nötigste aus und duschte. Später bezog er
die Matratze mit den Laken. Er legte sich hin und lauschte
Oboe, Trompete, Sänger und Tauben. Das Tageslicht wich,
und er schlief ein.

Auch in New York hatte Faust ein Konto eingerichtet. Er
liebte das Gefühl, am Tatort finanziell unabhängig zu
sein, mochte es nicht, wenn der Fluss seiner Gelder von
einer Kreditkartenorganisation dokumentiert wurde. Un-
nötige Spuren, die in einer Schaltstelle zusammenliefen.

Überall in der Welt hatte er großzügige Summen depo-
niert, auf die er bei Bedarf zurückgreifen konnte. Es ver-
mittelte Faust die Illusion, ortsansässig zu sein und aus
einem heimischen Milieu heraus operieren zu können. Er
genoss den Luxus und machte zum richtigen Anlass gerne
Geschenke. Es war das Geld seiner Mutter. Mutter hatte
es von Vater geerbt.

Die Wahl der Stationen auf seiner langen Reise hatte
mit Träumen und einem Hang zur Romantik zu tun.
Hongkong. Bangkok. Kalkutta. London. Buenos Aires.
Und jetzt New York. Anfangs hatte er Wochen, manchmal
Monate in einer Stadt verbracht. Dann war sein Zeitplan
enger geworden. Er kam schneller zum Erfolg. Für New
York hatte er drei Übernachtungen eingeplant. Er wollte
ein kurzes und intensives Erlebnis.

Faust befühlte das Bündel neuer Dollarnoten in der Ja-
ckentasche und musterte eine Pferdedroschke, die an
der Westseite des Central Park auf Touristen wartete. Die

Linie 1 der Untergrundbahn hatte ihn von der 125. Straße den Broadway entlang bis zum Columbus Circle gebracht. Nach Erledigung seiner Bankgeschäfte war er nun zu Fuß zur Fifth Avenue unterwegs. Die Sonne hielt den Winter in Schach. Der Central Park, Manhattans Lunge, ließ Faust fast völlig vergessen, dass er in einer Großstadt war. Zwischen den Bäumen konnte er die entfernten und bizarren Konturen von Hochhäusern erkennen. Die Gebäudefront zu seiner Rechten, eine Ansammlung klassischer Hotels und luxuriöser Apartmenthäuser, imitierte das kaiserliche Wien. Das *Plaza Hotel* strahlte jene Gediegenheit ab, die nur sehr alter Reichtum zustande bringt.

Faust überquerte kurz nacheinander die Fifth, die Madison und die Park Avenue und steuerte Bloomingdale's in der Lexington Avenue an. Er schob sich durch eine der Drehtüren und wurde in der Kosmetikabteilung von einer strahlend schönen Schwarzen frontal angegriffen. Sie richtete einen Parfumzerstäuber auf ihn und wollte abdrücken. Faust schob dankend die Hand vor seine Brust, schüttelte den Kopf und lächelte in Notwehr. Die Dame lächelte zurück, verschonte ihn und gab den Weg frei.

Fausts Informationen stimmten. Hier war seine Goldmine. Zwanzig bis dreißig Frauen, eine attraktiver als die andere, arbeiteten auf engstem Terrain. Fast alle waren dunkelhäutig. Faust schob sich im Schutz der Käufermassen an den Vitrinen vorbei und studierte Figuren und Gesichter. Nach zwei Runden hatte er seine Kandidatin gefunden. Sie stand hinter der Vitrine und verkaufte Produkte der Firma Givenchy. Ihre Haare waren im Nacken zu einem wilden Afrobüschel zusammengebunden. Die Frisur betonte den langen Hals. Zwischen den vollen, dunkelrot geschminkten Lippen blitzte von Zeit zu Zeit ein Elfenbeinlächeln auf. Über der schmalen Nase leuchteten Mandelaugen. Sie hatte schmale Hände mit langen Fingern und dunkelrot lackierten Nägeln. Das hellgraue Kleid war konservativ geschnitten und verstärkte die Konturen der schlanken Figur.

Der erste Eindruck genügte. Faust war zufrieden, dass er so schnell fündig geworden war. Diese Frau war eindeutig die Nummer eins. Aber er musste noch eine Reservekandidatin auswählen. Er hatte nie auf die zweite Wahl zurückgreifen müssen. Trotzdem war es besser, für Ersatz zu sorgen. Der Zeitplan war eng. Ein Ausfall musste einkalkuliert werden. Er passierte erneut die Drehtür, blieb eine Weile zwischen den Fußgängern auf dem Gehsteig stehen und atmete tief durch.

Eine Stunde später hatte Faust die Kosmetikabteilung bei *Sak's* in der Fifth Avenue inspiziert. Ohne Erfolg. *Macy's* am Broadway, Ecke 34. Straße, das größte Kaufhaus der Welt, bot für seine Vorstellungen die Richtige. Sie arbeitete am Calvin-Klein-Stand, war klein und zierlich. Ihr rundes Gesicht mit den großen dunklen Augen und der kleinen breiten Nase strahlte entwaffnende Freundlichkeit aus, und das Lächeln um ihren Mund war warm und herzlich. Ihre Haut war von einem hellen Braun. Ihre Haare waren mit bunten Glasperlen zu einer Unzahl dünner Zöpfe geflochten, deren karibische Pracht einen scharfen Kontrast zu der schlichten weißen Bluse und dem schwarzen Rock bildeten. Faust ernannte sie zu seiner Nummer zwei.

Nachdem auch dieses Vorhaben erfolgreich abgeschlossen war, ergriff ihn eine Art Euphorie. Er lief einen Kilometer durch die Wolkenkratzerschluchten der Metropole. Bilder, Geräusche und Gerüche teilten sich in einer Intensität mit, die Faust Angst machte. Dann spürte er die Folgen des langen Fluges vom Vortag. Matt und müde sah er auf seine Armbanduhr. Zwei Uhr nachmittags. Er war nicht hungrig, strich das Mittagessen und winkte einem Taxi.

In der Wohnung empfing ihn ein Trompetensolo.

Faust ging zum Kühlschrank und füllte ihn mit den Lebensmitteln auf, die er im Gemischtwarenhandel um die Ecke erstanden hatte. Der Laden war fest in der Hand der Dominikanischen Republik. Der Latino an der Kasse hatte in hartem Englisch den Preis genannt, und während Faust zahlte, musterte er die Geldscheine aus Santo Domingo, die neben der Kasse aufgeklebt waren. Diese Stadt absorbierte alle, wo immer sie herkamen, aber sie ließ ihnen ihren Stolz, ihre Sprache und ihre nationale Identität.

Faust zog sich aus, warf die Kleidungsstücke auf das Ledersofa im Wohnzimmer und ging ins Bad, um zu duschen. Er genoss den scharfen Wasserstrahl. Während er sich abtrocknete, mischte sich ein frisches Stück Arie vom Tenor in die Übungsfetzen des Trompeters. Faust hörte genauer hin. Es war Deutsch. Eindeutig. Möglicherweise Wagner.

Im Schlafzimmer schob er das Fenster auf. Die Tauben untermalten die Musik mit dumpfem Gurren. Faust legte sich auf die Matratze und verschränkte die Hände hinter dem Kopf. Jeff würde diese Wohnung nicht vermissen. Seit dem Tag vor zwei Jahren, als er seinen schlecht bezahlten Dozentenjob an der Columbia-Universität aufgegeben hatte und persönlicher Designer eines Ölscheichs geworden war, hatte er mehr Luxus und Geld gesehen als jemals zuvor. Die Bildbände mit Hochglanzfotos und großgesetzten Texten, die Jeff in regelmäßigen Abständen unter seinem Namen und mit dem Geld des Beduinen-fürsten verlegen ließ, waren dort, wo sie gedruckt und verschenkt wurden, unbezahlbar. In der ernsten Welt westlicher Akademiker waren sie allenfalls Dokumente wissenschaftlicher Notdurft und Käuflichkeit.

Faust hatte Jeff in einem Hotel in Hongkong kennen gelernt, in dem er seinerzeit den Assistenten des Manage-ments gemimt hatte. Seine Mutter hatte ihm diesen re-präsentativen Posten besorgt. Sie war der Meinung ge-wesen, dass er wenigstens so tun sollte, als ob er etwas Anständiges lernen wolle. Faust hatte es fast ein Jahr in diesem Gewerbe ausgehalten und den hoch bezahlten Nichtsnutz gespielt. Aber nachdem er das Hotel in vier Monaten zweimal zum Tatort gemacht hatte, musste er seine Reise antreten. Es war nicht gut, das Schicksal zu in-tensiv herauszufordern. Seitdem hatte er seine Vorhaben systematisch und mit Genuss erledigt. Und er blieb in Be-wegung. Bekannte wie Jeff waren nützlich. Sie waren die Bezugspunkte zum wirklichen Leben, überall auf dem Globus und zu Bedingungen, die nicht konstruierbar wa-ren.

Das Telefon klingelte.

Faust stand auf und ging ins Wohnzimmer. Er setzte sich in einen Ledersessel und nahm ab.

«Hallo?», sagte er.

«Liebling? Bist du es?», klang es glasklar aus dem Hö-rer.

«Mutter, alles in Ordnung?» Faust sah auf die Uhr. In Europa musste es etwa elf Uhr abends sein.

«Ich langweile mich schrecklich, mein Lieber!» Sie konnte sehr leidend klingen, wenn sie wollte.

«Es dauert nicht mehr lange, dann bin ich bei dir.»

«Wenn du nur diese Reiserei aufgeben würdest. Oft weiß ich gar nicht, wo und wie ich dich erreichen kann», sagte sie vorwurfsvoll.

«Aber ich sage dir doch immer rechtzeitig, wo ich zu erreichen sein werde», sagte Faust geduldig. «Es funktioniert doch. Hier bin ich.»

Er sah sie auf ihrem Bett liegen. In einem jener durchsichtigen Nachthemden, die sie ihm oft genug vorgeführt hatte. Die alte Dame war jetzt fünfzig. Aber ihre Figur war immer noch beeindruckend. Große Brüste, noch recht fest. Lange Beine, operativ von Krampfadern befreit. Ein flacher Bauch aus dem Gymnastikstudio. Die Haut nur leicht faltig, aber sehr gepflegt und sonnengebräunt. Sie war immer noch ein beachtliches Stück Weib.

«Ich vermisse dich, Liebling», sagte sie und ließ ein Seufzen folgen. «Ich hoffe, die Frauen sind gut zu dir …», stellte sie lauernd fest.

«Aber du weißt doch, dass ich die Frauen liebe und dass die Frauen mich lieben», sagte Faust mit leiser Stimme und nicht ohne Stolz.

«Weißt du noch …?», fragte sie.

«Ich weiß, Mutter. Ich vermisse es!» Er bemühte sich um einen liebevollen Ton. «Es dauert ja nicht mehr lange.»

«Die Männer hier sind so langweilig», klagte sie.

«Ich weiß», sagte er gehorsam.

«Nun gut, Liebling, pass auf dich auf!», sagte sie mit plötzlicher Kühle. «Ich möchte dich gesund wiederhaben.»

«Klar, Mutter, bis dann.»

«Ich liebe dich!»

«Ich dich auch.»

Faust legte auf. Er ging zurück ins Schlafzimmer und legte sich wieder hin. Er versuchte einzuschlafen, aber das Gurren der Tauben hielt ihn wach. Er erinnerte sich an die Zeiten, als die alte Dame fünfunddreißig gewesen war und er fünfzehn. Er sah sie auf dem Bett liegen, nackt, mit diesem hungrigen Blick in den Augen. Er sah ihre Hand zwischen ihren Beinen und den Seidenschal um ihren Hals. «Mach es!», kommandierte sie. Und Faust nahm die beiden Enden des Schals und würgte sie, bis es ihr kam.

Die Erinnerung trieb Faust von der Matratze hoch. Er wanderte ins Wohnzimmer, trat ans Fenster und betrachtete die Schattenmuster der Feuerleitern auf der gegenüberliegenden Hauswand. Der Tenor übte jetzt auf Italienisch.

Es klingelte an der Wohnungstür. Faust ging in die Diele und rief: «Wer ist es?»

«John», hörte er den Torero sagen.

Er öffnete die Sicherheitsschlösser und zog die Tür auf.

«Hallo!», sagte John. Er hatte einen Drink in der Hand, trug ein grünes Seidenhemd und seine Torerohose. Sein Blick wanderte über Faust.

«Komm rein», forderte der Deutsche den Besucher auf. Ihm wurde bewusst, dass er, bis auf den Slip, nackt war.

«Eigentlich wollte ich dich zu einem Drink bei mir einladen», sagte der Torero weich. Der Blick aus den braunen Augen lastete auf Fausts Unterleib.

«Wollte mich gerade ein bisschen hinlegen.» Faust grinste. Erst jetzt merkte er, dass er eine Erektion hatte. Wie immer, wenn er mit der alten Dame telefoniert hatte.

«Hinlegen ist keine schlechte Idee», sagte John.

«John ...», sagte Faust hart und räusperte sich.

«Ja?»

«Sei mir nicht böse ... aber ich interessiere mich nur für Frauen.»

«Wie schade», sagte der Torero gedehnt. «Was für eine Verschwendung!» Er hob in gespieltem Entsetzen die freie Hand vor den Mund. Dann nahm er einen Schluck aus dem Glas. «Ihr Deutschen seid wirklich sehr direkt», schob er mit leichtem Vorwurf in der Stimme nach und tänzelte über den Flur zurück zu seinem Apartment.

Alter SS-Stil, dachte Faust und schloss die Tür.


Am nächsten Vormittag erschien Faust frühzeitig bei Bloomies. Es war gut, Verabredungen zeitig zu treffen. Kurz vor Feierabend quälten die Damen meist Entscheidungsängste.

Die Angriffe des Sprühtrupps überstand er unbeschadet, und als er die Vitrine ansteuerte, hinter der die afrikanische Prinzessin mit dem Elfenbeinlächeln arbeitete, war er gelöst. Wie immer, wenn er kurz davor stand, sein Feuerwerk abzubrennen. Er hatte seine Methode. Sie war absolut sicher und wirkungsvoll. Brutaler Charme, hatte es die alte Dame immer genannt. Wenn sie auch nichts ahnte und wenig Gespür besaß, damit traf sie den Punkt.

Faust ließ sich etliche Rasierwasser vorführen. Er genoss das Elfenbeinlächeln und berührte in Gedanken den schlanken Nacken. Seine Augen tasteten den Körper seiner Nummer eins ab. Er war in Hochform. Er war witzig. Er war höflich. Er war unwiderstehlich. Er lud sie ein. Aber es tropfte an ihr ab. Er zog alle Register. Aber sie war absolut immun. Es war das erste Mal, dass sein Charme nicht wirkte. Eine herbe Niederlage. Eine völlig neue Erfahrung. Bevor Faust sich lächerlich machen konnte, zog er sich zurück. Er musste passen und ging wie betäubt durch die Drehtür nach draußen.

Faust war angeschlagen. Nummer eins spielte nicht mit. Also musste er auf Nummer zwei zurückgreifen. Er riss sich zusammen und winkte einem Taxi.

Der gelbe Wagen bremste mit lautem Quietschen am Randstein. Faust stieg ein und gab *Macy's* als Ziel der Fahrt an. Der Fahrer startete mit Vollgas und stürzte sich in den Verkehr. Er jagte das Taxi quer über die mehrspurige Fahrbahn, nutzte jede Lücke und lachte hysterisch. Der Bursche spinnt, dachte Faust. Wie zur Bestätigung sah der Fahrer lange über die Schulter zurück und grinste seinen Fahrgast an, ohne das Gas nur einen Millimeter zurückzunehmen. «Ich bin Buddhist», sagte er.

«Wie schön», antwortete Faust kalt.

«Buddhismus ist das Leben an sich», erklärte der Fahrer. Wenigstens sah er auf die Fahrbahn.

Faust hatte sich angewöhnt, solche Freaks mit dummen Fragen zu beschäftigen. Man musste sie in die Defensive zwingen, damit sie nicht übermütig wurden und ihren eigenen Wahnvorstellungen nachhingen. Nach fünf Minuten wusste er, dass der Mann Italoamerikaner war, dass er sich vor vier Monaten von seiner Freundin getrennt hatte, mit der er ein Apartment geteilt hatte, das die beiden sich nicht hatten leisten können, und dass er seit drei Monaten diesem Sektenführer hörig war, der die Unendlichkeit versprach. Das Glück an sich. Die Vollendung.

Vor *Macy's* stieg der Fahrer voll auf die Bremse, und das Taxi rutschte an den Randstein. Noch während Faust ihm die Dollars gab und ausstieg, flirtete der Anhänger Buddhas durch das Seitenfenster mit einer Rotblonden, die er sich als Fahrgast erhoffte.

Auf dem Weg über den Gehsteig zur Eingangstür des Kaufhauses überfiel Faust plötzlich die Angst vor einem erneuten Rückschlag. Was, wenn Nummer zwei heute nicht zur Arbeit gekommen war? Er konzentrierte sich ganz auf seinen zweiten Versuch. Sie musste da sein! Dann hing es nur von ihm ab, zum Erfolg zu kommen.

Drei Stunden später saß ein glücklicher Faust mit seiner Nummer zwei im *Figaro Café* in Greenwich Village und aß Pasta.

Er hatte es geschafft, war unwiderstehlich gewesen und hatte gewonnen. Was den Sieg fast vollkommen machte, war die Tatsache, dass sie einen freien Nachmittag hatte. Das Village als Ziel des kleinen Ausflugs war ihre Idee gewesen. Sie hieß Glenda.

Faust war von ihrem warmen Lächeln fasziniert und von ihrer Offenheit. Sie war vierundzwanzig Jahre alt und hatte das Leben noch vor sich, wie sie betonte.

«Ich möchte was Kreatives machen», sagte sie mit einem Leuchten in den Augen und nippte an ihrem Rotwein. «Der Job als Verkäuferin ist nur eine Übergangslösung. Ich muss Geld verdienen.»

«Natürlich», sagte Faust sanft.

Sie sah ihn mit den großen dunklen Augen an. «Ich mag schlanke Männer», stellte sie fest.

Faust nickte stumm und stocherte hilflos in den Nudeln herum. Glendas Herzlichkeit bereitete ihm Probleme. Er hatte es lieber mit mehr Distanz und einem Schuss Berechnung. Bei dieser jungen Frau fehlte die sportliche Komponente, die ihm Sicherheit verlieh. Nummer zwei hielt sich nicht an die Rituale. Sie schien die Spielregeln nicht zu kennen. Das verunsicherte Faust. Sie hatte darauf bestanden, die Subway zu nehmen und dann ein Stück durch die Straßen zu bummeln. Ein herrliches Abenteuer, wie Faust fand. Und jetzt saß er hier mit ihr beim Essen und konnte sich vorstellen, mit ihr weiter durch die Stadt zu ziehen, zu lachen und herumzualbern. Ihm fehlte die übliche Kälte, um nach Plan zu arbeiten.

«Gehen wir zu dir?», fragte sie unvermittelt.

Es traf ihn wie ein kleiner Elektroschock. So ging es nicht! Er war der Jäger!

«Das wäre schön», hörte er sich sagen.

«Dann lass uns zahlen!», ordnete sie freundlich an.


Die Nachmittagssonne malte die Schatten der Feuertreppen schwach auf die Wand gegenüber, und der Trompeter versuchte sich an einem sehr hohen Ton, den er dem Instrument immer und immer wieder sauber zu entlocken versuchte. Es war die entscheidende Stelle des Solos, mit dem er bereits am Vortag gekämpft hatte.

«Etwas kahl hier», stellte Glenda fest. «Aber du kannst froh sein, so eine Wohnung zu haben. Ich teile mir ein winziges Apartment mit einer Freundin.» Sie streifte langsam durch die Räume und inspizierte alles.

Faust ließ sie gewähren und blieb neben dem Fenster stehen. Da war wieder die feuchte Brise vom Hudson.

«Ich werde duschen!», rief Glenda.

«Okay!» Faust lächelte.

Während das Wasser aus der Dusche in die Wanne prasselte, suchte er im Telefonbuch die Nummer einer Autovermietung heraus und bestellte sich für den nächsten Morgen einen Wagen für die Fahrt zum Flughafen. Dann ging er ins Schlafzimmer, zog sich aus und legte sich auf die Matratze. Als das Rauschen der Dusche abriss, hörte er wieder das Gurren der Tauben.

Sie trug nur die weiße Bluse. Sie war zierlich, aber ihre Brüste wirkten schwer, so, wie sie die offene Bluse auseinander drückten. Sie lächelte ihr warmes Lächeln, und Faust konnte das leise Klimpern der Glasperlen hören, als sie den Kopf nach hinten warf und die Zöpfe ausschüttelte.

Sie zog die Bluse aus und drehte sich zur Tür, schob sie ins Schloss. Faust sah fasziniert auf ihren runden Afro-Hintern. Eine wunderbare Provokation. Wie poliert.

Sie kam zu ihm auf die Matratze. Faust spürte, dass etwas Besonderes geschah, dass seine Pläne in Gefahr waren und alles außer Kontrolle geraten konnte. Sie liebte ihn mit einer Hingabe, die ihn an den Rand eines Abgrunds führte. Faust gab sich ihr hin und passte sich ihrem Rhythmus an. Anstatt vorsichtig einen Schritt zurückzutreten, spürte er den Wunsch, sich ins Leere zu stürzen. Er hatte keine Flügel. Aber dieser Engel konnte fliegen. Er musste sich nur fest genug an ihn klammern.

Die Nacht kam. Die Tauben gurrten behaglich. Der Tenor übte lustlos, und die Oboe gab ein fast vollständiges Konzert. Glenda und Faust schliefen ein. Eng aneinander geklammert, erst Stunden später ruhig nebeneinander.

Das Zischen des Heizkörpers weckte Faust. Es war heiß. Er stand auf. Auf der Suche nach der Wärmequelle sah er auf das dicke Rohr in der Zimmerecke. Er berührte es vorsichtig mit den Fingerspitzen und zuckte zurück. Heiß. Eine seltsame Heizung. Er schüttelte den Kopf, schob das Fenster weiter auf und legte sich wieder hin.

Gegen zwei Uhr morgens stand Faust erneut vorsichtig auf, lauschte den tiefen Atemzügen des Mädchens und schlich ins Badezimmer. Er schaltete das Licht ein und nahm das hellgrüne Seidenhalstuch aus der Toilettentasche. Im kranken Licht der Neonröhre starrte er auf das Tuch in seinen Händen. Zehn Minuten lang stand er neben dem Waschbecken und lauschte in die Nacht. Die Tauben und die Musiker schliefen. Durch die Fenster und über die Häuser hinweg meinte Faust das Rauschen des Flusses zu hören. Deutlich vernahm er den schwachen Atem der Frau durch die Wand zum Schlafzimmer. Er war in den Abgrund gestürzt, befand sich im freien Fall. Er legte das Halstuch sauber zusammen und verstaute es wieder in der Toilettentasche. Dann löschte er das Licht und ging durch die Diele zurück zum Schlafzimmer. Er fiel. Immer tiefer. Frei und ohne Hemmungen. Er kroch zurück auf die Matratze zu ihrem warmen Körper. Sie konnte ihn auffangen.

Glenda ging früh am Morgen. So selbstverständlich, wie sie sich für das Kommen entschieden hatte, verschwand sie aus Fausts Leben. Sie ging zur Arbeit und hinterließ ihm eine Telefonnummer.

Später packte Faust in Ruhe Koffer und Reisetasche, schob die Fenster zu, übergab die Schlüssel einem verschlafenen Torero und stand pünktlich vor dem Eingang auf dem Gehsteig, als der Mietwagen vorfuhr.

Es wurde eine einsame Fahrt durch das kaltgraue Manhattan. Die 125. Straße hinunter. Einer roten Sonne entgegen, die schwer im gelbgrauen Himmel über der Brücke hing.

Das Bild seiner schwarzen Geliebten verblasste, und Faust sah die verschwommenen Konturen seiner Opfer. Die Chinesin und die Japanerin in Hongkong. Die Thai in Bangkok. Die Inderin in Kalkutta. Die Engländerin in London und die Argentinierin in Buenos Aires. Alle mit der hellgrünen Schlange um den Hals. Geliebt und getötet. Eine perfekte Serie. Absolut lückenlos. Hier in New York war sie zu einem Ende gekommen. Es war gut so. Aber die Reise ging weiter. Europa. Monaco.

Faust wusste jetzt, was er zu tun hatte. Er musste es noch einmal tun. Ein einziges Mal. Sie war jetzt fünfzig Jahre alt. Aber sie war zäh. Wer wusste, wie lange sie noch leben würde, nur weil er sich nicht entscheiden konnte. Faust lächelte. Er hatte sich entschieden. Ihr Tod war ihm heilig.

RUTH RENDELL
# Die Venusfliegenfalle

Kaum hatte Daphne ihren Hut abgenommen und ihn auf Merles Bett gelegt, da griff Merle auch schon danach und stülpte ihn sich auf ihre gelben Locken. Es war ein roter Filzhut, und zufällig passte er genau zu Merles rotem Kleid.

«Es ist doch merkwürdig», meinte Merle und betrachtete sich in ihrem Frisierspiegel, «jeder, der uns beide sieht – jeder Außenseiter, meine ich –, würde nie darauf kommen, dass *ich* die Einzelgängerin bin und *du* all die Männer und Kinder hattest.»

«Ich hatte nur zwei Männer und drei Kinder», erklärte Daphne.

«Du weißt schon, was ich meine», sagte Merle, und Daphne, die neben ihre Freundin getreten war, musste zugeben, dass sie es wusste. Merle war so üppig, so rosig und überquellend feminin, während sie selbst – nun ja, sie hatte es aufgegeben zu verhehlen, dass sie eine kleine, vertrocknete Witwe war, der man jeden einzelnen Tag ihrer siebzig Jahre ansah.

Merle nahm den Hut ab und legte ihn neben die Stoffpuppe, unter deren gelbem Satinrock sich ihr Nachthemd und der Beutel mit Lockenwicklern verbarg. «Komm, jetzt zeige ich dir die Wohnung, und dann nehmen wir einen Sherry und machen es uns gemütlich. Ich habe sogar deinen Sweet Sherry besorgt. Du siehst, selbst nach vierzig Jahren habe ich deine Vorlieben nicht vergessen.»

Daphne sagte nicht, dass es trockener Sherry war, den sie damals wie heute bevorzugte. Ergeben ging sie hinter Merle her, und erst jetzt wurde ihr die ungewöhnliche Hitze bewusst. Wahre Wolken von Wärme entströmten den schweren Relieftapeten und den üppigen Flauschteppichen.

«Ich bin ganz hingerissen, dass du hier in dieses Haus ziehst, meine Liebe. Hier, dies ist mein kleines Extrazimmer. Es ist doch gut zu wissen, dass man mal Freunde beherbergen könnte, wenn man wollte. Nicht dass viele kämen. Ganz unter uns, Liebste, die Leute gönnen es mir eben nicht, dass ich es zu etwas gebracht habe, und das so ganz aus eigener Kraft. Die Menschen sind ja so niederträchtig, das habe ich besonders festgestellt, als ich älter wurde. Darum bin ich ja auch so froh, dass du eingewilligt hast herzuziehen, ich meine, dass *einmal* jemand meinem Rat gefolgt ist.»

«Du hast das hier alles sehr hübsch gemacht.»

«Na ja, ich sage immer, das Apartment bot die Möglichkeiten, und ich habe den Geschmack beigesteuert. Deine Wohnung ist natürlich viel beschränkter, und ehrlich gesagt, sie bietet sich kaum an für eine großzügige Ausstattung. Ich an deiner Stelle würde als Allererstes eine Zentralheizung einbauen lassen.»

«Das werde ich wohl auch tun, wenn ich es mir leisten kann.»

«Weißt du, Daphne, es gibt Dinge, bei denen man es

sich einfach schuldig ist, sie sich zu leisten. Aber das musst du ja selbst am besten wissen, ich denke nicht daran, mich da einzumischen. Wenn dir die Kälte zu sehr zusetzt, bist du jedenfalls jederzeit hier oben willkommen. *Jederzeit*, wohlverstanden. So, jetzt kommt mein Wohnzimmer, meine Pièce de résistance.»

Merle machte die Tür auf wie ein junges Mädchen, das den Deckel eines Schmucketuis mit dem Geschenk eines Liebhabers öffnet.

«Oh, was für eine Menge Pflanzen», sagte Daphne beklommen.

«Ich war schon immer verrückt nach Pflanzen. Mein erstes eigenes Unternehmen war ja auch ein Blumenladen. Ich hätte eine kleine Goldmine daraus machen können, wenn meine Partnerin nicht so gemein und rachsüchtig gewesen wäre. Die war von vornherein darauf aus, mich rauszuekeln. Gefällt dir mein Boudoir? Ich habe es erst letztes Jahr vollständig renovieren lassen, und ich finde, dieser Perlmutterglanz ist eine gelungene Sache.»

Es herrschte hier die Atmosphäre eines Treibhauses. Zwei Sessel, ein Sofa und die Lampen daneben auf den von Krimskrams überladenen Beistelltischchen waren in der Mitte des großen Raumes wie auf einer Insel zusammengedrängt. Nein, nicht wie auf einer Insel, dachte Daphne, mehr wie in einer Lichtung in einem tropischen Urwald. Borde, Fensterbänke, weiße Tröge auf schmiedeeisernen Beinen waren überwuchert von üppig sprossendem Pflanzenwuchs, grün, glänzend, voll dichten Blattwerks, eine unbewegliche Wildnis, der ein merkwürdig grüner Geruch entströmte.

«Sie verschlingen all meine Zeit. Es ist ja nicht bloß das

Gießen, die Sorge für die richtige Temperatur und so. Nein, Pflanzen wissen es, wenn man sie liebt. Sie gedeihen nur in einer Atmosphäre der Liebe. Ehrlich, ich glaube nicht, dass du in ganz London ein gelungeneres Exemplar einer Opuntia findest als meine hier. Besonders stolz bin ich auf die Peperomias und natürlich auf die Xygocacti. Ich nehme an, du hast sie in ihrer natürlichen Umgebung wachsen sehen bei all deiner verrückten Herumreiserei?»

«Wir waren meist in Stockholm oder New York, Merle.»

«Ach, wirklich? Es sind eben so viele Jahre vergangen, während du dir nicht die Mühe gemacht hast, einmal zu schreiben. Ich bin gar nicht mehr auf dem Laufenden. *Ich* dagegen habe nämlich sehr viel an dich gedacht. Du musst wissen, dass du wirklich immer mein Mitgefühl hattest bei dieser ewigen Umzieherei und dieser grässlichen Scheidung von – wie hieß er noch gleich? Und dann die Kinder, mit denen du fertig werden musstest, und dann wieder eine neue Heirat und all das! Ich fand immer, es war doch schade, dass ich so viel aus meinem Leben gemacht hatte, während du … Was ist denn los?»

«Diese Pflanze, Merle! Sie hat sich bewegt.»

«Das kommt, weil du sie berührt hast. Wenn du einen ihrer Münder anrührst, dann schließt sie sich. Sie nennt sich Dionaea Muscipula.»

Die Pflanze stand ein wenig abseits in einem Majolicatopf, der in einem kunstvollen weißen Ständer steckte, und aus ihrer Mitte wuchsen fünf rotgoldene Blüten. Als Daphne genauer hinsah, gewahrte sie, dass diese Blüten tatsächlich eher Mündern ähnelten, wie Merle es gesagt hatte, als Blumen. Wie bärtige Münder sahen sie aus, sanft, reif und saftig. Einer davon war jetzt geschlossen.

«Hat sie auch einen gewöhnlichen Namen?»

«Natürlich. Venusfliegenfalle. Muscipula heißt Fliegenfresser, meine Liebe.»

«Was, um alles in der Welt, meinst du damit?»

«Dass sie Fliegen frisst. Ich habe mich jahrelang abgemüht, eine zu züchten. Und als es mir endlich gelang, war ich ganz außer mir.»

«Ja, ja, aber was meinst du damit, sie frisst Fliegen? Sie ist doch kein Tier.»

«In gewissem Sinne doch, Liebling. Das Problem ist nur, es gibt hier nicht viele Fliegen. Darum füttere ich sie mit kleinen Fleischstückchen. Du bist ziemlich blass geworden, Daphne. Hast du Kopfschmerzen? Komm, jetzt trinken wir unseren Sherry, und dann sehe ich zu, dass ich eine Fliege fange. Dann kannst du zuschauen, wie sie sie auffrisst.»

«Das möchte ich wirklich lieber nicht tun, Merle», sagte Daphne und rückte von der Pflanze fort. «Ich will gewiss deine Gefühle nicht verletzen, aber ich kann nicht – also, ich meine, ich verabscheue die Vorstellung, freie Lebewesen zu fangen und sie an – an dieses Ding da zu verfüttern.»

«Freie Lebewesen? Wir reden schließlich von Fliegen.» Merle, üppig und nach Parfum duftend, griff Daphne am Arm und zog sie fort. Ihr Kleid war aus rotem Chiffon mit flatternden Ärmeln, und ihre Fingernägel hatten die gleiche Farbe. «Das Schlimme an dir ist, du bist nichts als ein Nervenbündel, heute noch viel mehr als damals in unserer Mädchenzeit. Ich danke Gott jeden Tag von neuem, dass ich nicht einmal weiß, was das ist, neurotisch zu sein. Komm, hier ist dein Sherry. Ich habe dir ein großes Glas voll gefüllt, damit du wieder zu Kräften kommst. Ich werde es mir zur Aufgabe machen, auf dich aufzupassen, Daphne. Du kennst doch sonst niemanden in London, oder?»

«Nein, kaum jemanden», erwiderte Daphne und setzte sich so, dass sie die Venusfliegenfalle nicht sehen konnte. «Meine Jungens sind in den Staaten, und meine Tochter in Schottland.»

«Gut, dann musst du also jeden Tag hier heraufkommen. O nein, du störst nicht. Als ich erfuhr, dass du tatsächlich herkommen würdest, da habe ich mir gesagt, ich muss dafür sorgen, dass Daphne sich nicht einsam fühlt. Aber glaube bloß nicht, dass du mit den anderen Mietern hier im Haus zurechtkommst. Entweder sind sie hochnäsige Snobs, oder sie sind – na ja, eben nicht gerade die Sorte Menschen, die man kennen lernen möchte. Aber was reden wir über die anderen. Reden wir doch von uns. Es sei denn, du findest deine Vergangenheit zu schmerzlich, um darüber zu sprechen?»

«Das würde ich nicht gerade sagen …»

«Nein, du reißt dich sicherlich nicht darum, unliebsame Erinnerungen wieder aufzufrischen. Jetzt gieße ich dir noch ein Tröpfchen Sherry in dein Glas, und dann erzähle ich dir alles über mein letztes Unternehmen, meine Agentur.»

Daphne lehnte den Kopf gegen ein Kissen, schob eine Efeuranke beiseite und stellte sich aufs Zuhören ein.

Merle schabte von einem Filetsteak breiiges Fleischmus herunter. Sie war heute ganz in durchsichtiges Gold gehüllt und trug eine Bernsteinkette um den Hals, die jedoch halb unter ihrer Rüschenschürze verborgen war.

«Das habe ich immer für meine Babys gemacht, wenn ich anfing, sie auf feste Kost umzustellen», sagte Daphne.

«Babys, Babys – du immer mit deinen Babys! Jetzt kommst du seit drei Wochen tagtäglich hier herauf, und ich glaube, du hast dir keine einzige Gelegenheit entgehen lassen, über deine Babys und deine Männer zu reden. Es tut mir Leid, meine Liebe, ich wollte dich nicht kränken, aber man kriegt es wirklich so satt, diese Frauen wie du, die unentwegt von diesem Aspekt des Lebens reden, als hätte unsereins allen Ernstes etwas versäumt.»

«Warum schabst du eigentlich dieses Fleisch, Merle?»

«Um meine kleine Venus zu füttern. Das ist ihr Frühstück. Komm mal mit. Ich habe auch eine Fliege für sie, die habe ich unter einem Sherryglas gefangen. Mehr als eine konnte ich leider nicht erwischen.»

Die Fliege war sehr klein. Sie krabbelte an der Innenseite des Glases in die Höhe, aber als Merle erschien, begann sie zu fliegen und summte verzweifelt gegen die durchsichtige Glocke ihres Gefängnisses. Daphne wandte sich ab. Sie trat an das große, mit Pflanzen voll gestellte Erkerfenster und tat, als interessiere sie sich für die Aussicht. Sie hörte das kratzende Geräusch des Glases und Merles triumphierend japsenden Atemzug. Ihre Schritte waren sehr schwer, und die Fußbodenbretter unter dem dicken Teppich knarrten. Mit sehr sanfter, mütterlicher Stimme begann Merle, auf die Pflanze einzureden.

«Wirklich eine schöne Aussicht», sagte Daphne betont lebhaft. «Man kann kilometerweit sehen.»

*«C'est Venus toute entière à sa proie attachée.»*

«Wie bitte?», fragte Daphne.

«Du warst ja nie gut in Sprachen, meine Liebe. Komm, tu bloß nicht so, als ob du von der Aussicht begeistert bist. Du bist bloß überempfindlich, wenn es um die wahren Finessen des Gärtnerns geht. Ich kann solche Verlogenheit nicht ausstehen. Außerdem bin ich jetzt fertig. Sie hat ihr Frühstück gegessen, und all ihre Münder sind geschlossen. Wem winkst du da eigentlich zu?»

«Einem netten jungen Paar, das in der Wohnung nebenan wohnt.»

«Also, bitte tu das nicht.» Merle sah ebenfalls hinunter, dann richtete sie sich hoch auf, ganz goldener Faltenwurf und steife, goldene Locken. «Du kannst es ja nicht wissen, Liebes, aber die beiden Leute sind nun wirklich das Letzte. Erstens einmal sind sie kein Paar; sie sind nicht verheiratet, da bin ich mal sicher. Gewiss, mich geht es ja nichts an. Was mich aber sehr wohl was angeht, ist, dass sie hier einen Hund halten – da, sieh mal, diese Töle, dieser Spaniel –, und dabei verstößt es absolut gegen die Hausordnung, in diesen Wohnungen Tiere zu halten.»

«Und was ist mit deiner Fliegenfalle?»

«Komm, sei nicht albern, ja? Wie ich schon sagte, die halten sich diesen Hund, der den ganzen Garten verdreckt. Ich habe schon an die Hausverwaltung geschrieben, aber diese Leute sind ja so lax; die haben vor mir keinen Respekt, wohl, weil ich eine allein stehende Frau bin. Aber gerade vorgestern habe ich noch einmal geschrieben, und soweit ich weiß, werden sie jetzt tatsächlich hinausgesetzt.»

Zehn Meter unterhalb des Fensters, auf dem Parkplatz zwischen dem Haus und dem Garten, hob der junge Mann in Jeans und Lederjacke seinen Hund hoch und verstaute ihn auf dem Rücksitz eines ramponierten Autos. Seine Begleiterin, deren hüftlanges Haar annähernd die Farbe von Merles Kleid hatte, nahm auf dem Beifahrersitz Platz. Aber der junge Mann zögerte mit dem Einsteigen. Merle hatte ihr Gesicht dicht an die Fensterscheibe gebracht, da blickte er hinauf und hob zwei weit gespreizte Finger.

«Ooh!», japste Merle. «Das Einzige, was man mit solchen Leuten machen kann, ist, sie einfach zu ignorieren. Stell dir vor, der lässt den Köter seine Notdurft gegen ein wirklich bezauberndes Exemplar von Cryptomeria japonica verrichten. Ach, vergessen wir ihn und trinken wir lieber eine schöne Tasse Kaffee.»

«Merle, wie lange leben eigentlich diese Blüten an deiner Venus-Dingsda? Ich meine, die verwelken doch bald mal, oder?»

«Nein, das tun sie nicht. Die blühen eine wahre Ewigkeit. Weißt du, Daphne, so gern ich dich auch habe, aber ich würde dich um keinen Preis allein in dieser Wohnung lassen. Du hast ja geradezu einen persönlichen Hass auf meine Muscipula. Du würdest sie am liebsten umbringen, was?»

«Ich setze jetzt mal den Kaffee auf», entgegnete Daphne. Merle telefonierte nach einem Taxi. Dann verstaute sie ihr kleines rotes Notizbuch mit all den Telefonnummern darin in ihre scharlachfarbene Kunstledertasche, ebenso ihren Lippenstift, den gold getönten Kompaktpuder, ihre Schlüssel, ihr Scheckbuch und vier Fünfpfundnoten.

«Wir hätten doch zu Fuß gehen können», meinte Daphne.

«Nein, das hätten wir nicht, meine Liebe. Wenn ich

meinen Einkaufstag habe, dann möchte ich mich frisch fühlen und mich nicht schon durch den Fußmarsch halb totmachen. Es ist ja wohl nicht die Geldausgabe, die dir Kopfzerbrechen macht, wie? Denn du weißt ja, dass *ich* das bezahle. Ich bin mir des Unterschieds zwischen unseren Einkünften durchaus bewusst, Daphne, und wenn ich ihn sonst nicht weiter erwähne, so nur weil ich mich bemühe, taktvoll zu sein. Ich möchte dir heute etwas kaufen, irgendetwas wirklich Hübsches zum Anziehen. In meinen Augen ist es eine wahre Schande, dass deine werten Ehemänner sich nicht besser darum gekümmert haben, dass du anständig versorgt bist.»

«Ich habe vollkommen genug zum Anziehen, Merle.»

«Ja, aber alles grau und schwarz. Das einzige helle Stück, das du besitzt, ist dieser rote Hut, und den trägst du auch gar nicht mehr.»

«Ich bin eben alt, meine liebe Merle. Ich mag mich nicht mit grellen Farben aufdonnern. Ich habe mein Leben hinter mir.»

«Nun, *ich* habe meins nicht hinter mir! Ich meine, ich …» Merle biss sich auf die Lippen und verschmierte dabei tiefroten Lippenstift auf ihre Zähne. Sie marschierte durch den Raum, nahm ihren Ozelotmantel von der Lehne des Sofas und blieb vor der Venusfliegenfalle stehen. Ihre flammendfarbenen Mäuler standen offen. Sie tippte mit den Fingerspitzen dagegen, und sofort schnappten sie zu. Merle kicherte. «Weißt du, woran du mich erinnerst, Daphne? An eine Fliege. Genauso siehst du nämlich aus mit deinem grauen Mantel und dem komischen Schleierfummel an deinem Hut. Wie eine Fliege!»

«Da ist das Taxi», sagte Daphne.

Vor dem riesigen, überheizten Kaufhaus stiegen sie aus. Merle schleppte Daphne durch die Schmuckabteilung, durch die Parfümerie, an runden Ständern mit Gürteln und Plastikmodellen für Miederwaren vorüber. Mit dem Lift fuhren sie aufwärts. Merle erstand ein Modellkleid aus orangefarbenem Chiffon mit Ziermünzen am Rock. Dann ging es wieder abwärts mit dem Lift und ins nächste Warenhaus. Merle kaufte eine exklusive Gesichtslotion, Eau de Cologne und einen goldenen Parfumzerstäuber. Wieder ging es mit der Rolltreppe nach oben. Merle kaufte einen glänzenden Messinggürtel und versuchte, für die Freundin einen grünblauen Seidenschal zu kaufen. Daphne willigte schließlich ein, sich ein paar Strümpfe schenken zu lassen, elastische Stützstrümpfe für ihre Krampfadern.

«Jetzt essen wir auf dem Dachgarten Mittag», erklärte Merle.

«Ich hätte nur gern eine Tasse Tee.»

«Und ich nehme erst mal einen gewaltigen Sherry. Aber zuerst muss ich mich frisch machen. Ich muss dringend einen Penny ausgeben und mir mein Gesicht zurechtmachen.»

Sie mussten Schlange stehen mit ihrem Penny. Der Vorraum der Damentoilette hatte an der einen Seite Ablagen aus grünem Marmor mit Spiegeln darüber und auf der gegenüberliegenden Seite eine Reihe grüner Wasserbecken. Daphne setzte sich. Ihre Füße waren geschwollen. Es waren wohl zwanzig oder dreißig Frauen hier, die ihre Gesichter herrichteten, falsche Augenwimpern neu befestigten und dergleichen mehr. Ein Mädchen, dessen Gesicht

ihr irgendwie bekannt vorkam, bürstete sich das lange, rot-
blonde Haar. Merle stellte ihre Handtasche auf einem
freien Plätzchen der grünen Marmorplatte ab. Sie wusch
sich die Hände, entnahm dem Duftspender ein Wölkchen
Calèche und fächelte sich, während sie zurückkam, Luft zu,
indem sie ihren Mantel hastig abwechselnd auf- und zu-
machte. Hier war es noch heißer als in ihrer Wohnung.

Sie setzte sich nieder und drehte ihren Hocker zum
Spiegel.

«Wo ist meine Handtasche?», schrie sie plötzlich. «Ich
habe meine Handtasche hier abgestellt. Jemand hat meine
Handtasche gestohlen. Daphne, Daphne, jemand hat
meine Handtasche gestohlen!»

Das perlmutterfarbene Satinsofa bog sich unter Merles
Gewicht. Daphne strich sanft die goldenen Locken zurück
und legte einen neuen, mit Kölnisch Wasser getränkten
Wattebausch auf die rote, von Falten durchzogene Stirn.

«Na, schon ein bisschen besser?»

«O ja, ich bin völlig in Ordnung. Schließlich gehöre ich
nicht zu diesen neurotischen Weibern, die wegen so etwas
Zustände kriegen. Gott sei Dank hatte ich ja einen zweiten Schlüssel beim Portier hinterlegt, und das Sicherheitsschloss war nicht abgesperrt.»

«Du wirst beide Schlösser auswechseln lassen müssen,
Merle.»

«Natürlich werde ich das gelegentlich tun. Ich werde
mich nächste Woche darum kümmern. Schließlich kann
hier wohl kaum jemand reinkommen, nicht wahr? Sie
wissen ja nicht, wer ich bin. Ich meine, sie wissen doch
nicht, wessen Schlüssel sie erwischt haben.»

«Aber sie haben deine Handtasche.»

«Daphne, Liebling, hör doch auf, ewig wiederzukäuen, was wir längst wissen. Ich weiß doch, dass sie meine Handtasche haben. Der springende Punkt ist aber, es war nichts in der Tasche, woraus ersichtlich wird, wer ich bin.»

«Es war zum Beispiel dein Scheckbuch mit deinem Namen drin.»

«Mein Name, Liebes, ist – falls es deiner Aufmerksamkeit entgangen sein sollte – Mrs. Smith. Schließlich habe *ich* meinen Namen nicht mein Leben lang dauernd geändert wie du.» Merle richtete sich auf und nahm einen Schluck Sweet Sherry. «Der Kaufhausdirektor war sehr charmant, nicht wahr? Und die Polizisten auch. Ich glaube fast, sie finden sie wieder, weißt du. Es ist ja auch eine sehr besondere Tasche, nicht so etwas wie das grauschwarze Ding, das du mit dir herumschleppst. Meine kleine rote hätte glatt in deine hineingepasst. Ein Jammer, dass ich nicht daran gedacht habe, sie wirklich hineinzutun.»

«Ja, hättest du nur», meinte Daphne.


Daphnes Telefon klingelte. Es war halb zehn Uhr. Sie saß vor ihrem elektrischen Öfchen und beendete eben ihr Frühstück.

Merle klang ganz aufgeregt. «Was sagst du bloß! Ist es nicht wunderbar! Eben ruft der Kaufhausdirektor an, um mir zu sagen, dass sie meine Tasche gefunden haben. Na ja, es war nicht er persönlich, es war seine Sekretärin, so ein dümmliches Mädchen mit affektierter Sprache. Aber das geht mich ja nichts an. Sie haben meine Tasche im Vorraum der Damentoilette gefunden. Sie war hinter einen Heizkörper gerutscht. Ist das nicht ein wahres Wunder? Natürlich war das Geld weg, aber mein Scheckbuch und meine Schlüssel waren noch drin. Ich bin bloß froh, dass ich gestern nicht deinen Rat befolgt und sofort die Schlösser habe auswechseln lassen. Es ist eben nie gut, impulsiv zu handeln, Daphne.»

«Nein, wahrscheinlich nicht.»

«Ich habe verabredet, dass ich um elf Uhr komme und meine Tasche abhole. Sobald ich also aufgelegt habe, telefoniere ich nach einem Taxi; und ich möchte, dass du mitkommst, Liebes. Ich nehme nur noch schnell ein Bad und versorge meine Pflanzen – übrigens ist es mir geglückt, eine Schmeißfliege für Venus zu fangen –, dann wird das Taxi hier sein.»

«Ich fürchte, ich kann nicht mitkommen, Merle.»

«Was soll denn das heißen? Und warum, um alles in der Welt, nicht?»

Daphne zögerte, dann sagte sie: «Ich habe zwar gesagt, ich kenne kaum jemanden in London, aber diesen einen kenne ich doch, diesen … Nun ja, er war ein Freund meines zweiten Mannes, und er kommt heute zum Lunch zu mir, Merle. Er kommt um zwölf. Ich muss also hier bleiben und alles vorbereiten.»

«Ein *Mann*?», fragte Merle. «Schon *wieder* ein Mann?»

«Ich halte dann eben nach deinem Taxi Ausschau, Merle, und wenn ich sehe, dass du zurück bist, dann komme ich rasch hinauf, und du erzählst mir alles, ja? Tut mir Leid, dass ich nicht …»

«Leid? Was tut dir Leid? Ich kann meine Handtasche schließlich auch alleine abholen. Ich bin ja daran gewöhnt, auf eigenen Füßen zu stehen.» Krachend wurde der Hörer aufgelegt.

Merle nahm ein Bad und zog das orangefarbene Kleid an. Ein ziemlich auffälliges Gewand für den Vormittag mit all seinen Rüschen und Goldmünzen, aber sie konnte nicht anders, als ein neu erstandenes Kleid auch sofort anzuziehen. Der Ozelotmantel würde ja auch das meiste verdecken. Dann wässerte sie die Peperomias und strich ein wenig Blätterwachs auf den Efeu. Die Schmeißfliege war während der Nacht gestorben, aber dem Dionaea Muscipula schien das nichts auszumachen. Sie reckte Merle ihre offenen, orangefarbenen Schlünde entgegen und verschlang die tote Schmeißfliege ebenso gierig wie die Filetstückchen.

Merle setzte ihren Turban aus cremefarbener Seide auf und legte einen langen, leuchtend roten Chiffonschal um. Ihr Ersatzschlüssel für das Sicherheitsschloss lag wie immer unter dem Topf mit der Sansevieria. Also sperrte sie beide Türschlösser ab. Dann brachte das Taxi sie zum Warenhaus. Merle segelte hochgemut ins Direktionsbüro, und als der Manager ihr erklärte, er habe keine Sekretärin und weder habe er in ihrer Wohnung angerufen noch habe man leider ihre Tasche gefunden, da fiel sie in sich zusammen wie ein großer, orangefarbener Luftballon, in den jemand eine Nadel gepikt hatte.

«Da hat man Ihnen wohl leider einen Bären aufgebunden, Miss Smith.»

Merle riss sich zusammen. Das schaffte sie noch allemal, sie mit ihrer hervorragenden Selbstdisziplin! Die lächerlichen Hilfsangebote des Managers für ihr inneres Gleichgewicht jedenfalls – Aspirin, einen Cognac, Benachrichtigung der Polizei und dergleichen – hatte sie nicht nötig. Sie sagte ihm gehörig ihre Meinung, nämlich,

*wenn* hier eine Verschwörung gegen sie im Gange sei –
und davon sei sie überzeugt –, dann sei *er* bestimmt mit
von der Partie. Dann rauschte sie die Treppen hinunter
und verschaffte sich mit rudernden Armen und lauthals
schreiend ein Taxi.

Das Erste, was ihr merkwürdig vorkam, als sie zu
Hause anlangte, war, dass die Tür nur mit dem Sicherheitsschloss abgesperrt war. Sie hätte schwören können,
dass sie beide Schlösser verriegelt hatte, aber ihr Gedächtnis hielt sie wohl zum Narren, kein Wunder nach dem
Schock, den sie erlitten hatte. Auf dem Teppich in der
Diele lag ein wenig Erde. Merle mochte das gar nicht, Erde
auf ihrem goldenen Velours! Sie schwitzte in ihrem Ozelotmantel, also zog sie ihn aus und öffnete die Tür zum
Wohnzimmer.

Daphne sah das Taxi kommen und Merle daraus hervor-
schießen wie die orangefarbene Orchidee aus der schwarzen Hutschachtel des Zauberers. Sie schien außer sich vor
Aufregung, ihr Turban war total verrutscht. Daphne lächelte in sich hinein und schüttelte den Kopf. Sie deckte
den Tisch und machte den Salat, von dem sie wusste, dass
der Freund ihn gern aß, für den Lunch fertig, dann ging
sie nach oben zu Merle.

Auf jedem Treppenpodest hing ein Spiegel. Daphne war
so klein und dünn, dass sie durch das Steigen kaum außer
Atem geriet. Jedes Mal, wenn sie einen Treppenabsatz erreicht hatte, sah sie eine kleine, graue Frau sich entgegen-
kommen, eine Frau mit weichem weißem Haar und großen, ein wenig schüchternen grauen Augen, die ein
graues Wollkleid trug, halb verdeckt durch eine zarte

Spitzenstola. Sie lächelte ihrem Spiegelbild zu. Gewiss, sie war jetzt alt, aber sie hatte ihre großen Augenblicke gehabt, ihre Freuden, ihre Genugtuungen, ihre innigen Glücksmomente. Und jetzt stand ihr ein neuerliches Vergnügen bevor, eine Begegnung, auf die sie sich schon seit Wochen freute. Und wer wusste, was sich daraus entwickeln würde? Mit einem letzten Lächeln für ihr flatterndes Spiegelbild stieß sie die angelehnte Tür zu Merles Wohnung auf.

Jemand hatte in Merles grüner Laube, in diesem Garten des Paradieses, eine Bombe geworfen. Nein, das konnte es nicht gewesen sein, denn die Zimmerdecke war noch da, ebenso der Teppich und die perlmutterfarbene Satingarnitur, wenn auch zerrissen und über und über mit Erde beschmiert. Jede einzelne Pflanze war umgeknickt und auseinander gerissen worden. Blätter lagen zuhauf auf dem Boden wie herbstliches Laub, bloß diese waren grün, üppig, zerquetscht. Und inmitten dieser Verwüstung zwischen zerrissenen Blättern und gekappten Stengeln, aus denen der Saft troff, zwischen Scherben von Porzellan lag die Venusfalle. Ihre Wurzeln waren aus dem Ballen gerissen und ihre Münder für immer geschlossen.

Merle versuchte zu schreien, aber sie brachte nur ein gurgelndes Geräusch zustande, den von Entsetzen zu einem Röcheln erstickten Aufschrei aus einem Alptraum. Sie fiel auf die Knie und kroch blindlings umher. Keuchend und unverständliche Worte murmelnd grub sie in der verstreuten Erde herum, griff nach zerfetzten Blättern und versuchte, sie zusammenzusetzen wie Teile eines Puzzles. Sie kauerte sich über die Fliegenfalle, nahm sie liebkosend in die Arme und wiegte sie unter Wehklagen hin und her.

Sie hörte nicht, dass die Tür ins Schloss fiel. Es dauerte lange, ehe sie Daphne gewahrte, die neben ihr stand und stumm auf sie herunterblickte. Merle hob ihr rotes, tränenüberströmtes Gesicht. Daphne hatte die Hand über den Mund gepresst, die Hand mit den beiden Eheringen. Und Merle meinte, Daphne müsse sich den Mund zuhalten, um nicht in lautes Lachen auszubrechen.

Langsam und schwerfällig erhob sie sich. Sie hielt ihren langen, orangefarbenen Schal in den Händen und drehte ihn, drehte ihn ... Und sie war überrascht, wie gut ihre Stimme ihr gehorchte, wie ruhig und normal sie klang.

«Du hast es getan», sagte sie, «*du* hast es getan. Du hast meine Handtasche gestohlen, und du hast meine Schlüssel genommen. Und dann hast du mich hier fortgelockt, und dann bist du hier hereingekommen und hast es gemacht.»

Daphne begann zu zittern und schüttelte nur den Kopf. Sie flog am ganzen Körper, und die Hand schlug schlotternd gegen ihren Mund. Sie wusste nicht, sprach Merle zu sich selbst oder zu ihr, sie wusste nur, dass es stimmte: «Du hast mich gehasst, du warst so neidisch! Du hattest nichts, aber ich, ich hatte Erfolg, Liebe und Glück.» Ihre Stimme hob sich, und mit ihr der Schal. «O ja, wie du mich hasst, immer schon ...!», schrie Merle. «Hass, Hass, giftiger, neidischer Hass!» Riesig, rot und ausufernd wuchs sie über Daphne her, umfing sie mit Moschusduft, mit Blütenranken, umschlang mit dem Schal den fragilen Insektenhals und überwältigte die Fliege. Bis die Fliege aufhörte zu zittern und stille war.

Ein älterer Herr mit einem schwarzen Homburg hatte den Vorplatz überquert und stieg die Stufen hinauf, einen Strauß Blumen in der Hand. Der junge Mann in der Lederjacke beachtete ihn nicht. Er wischte sich Erde und klebriges Grün von den Händen und sagte zu dem Mädchen mit den langen Haaren: «Rache ist süß.» Dabei warf er die scharlachfarbene Handtasche in seinen Wagen. Dann stiegen sie ein, er, das Mädchen, der Hund, und fuhren davon.

## ELLIOTT MURPHY
# Curry

Hallo, Mr. Mendez? Hier spricht Claire.»

«*Bonjour*, Claire. Wie steht's mit deinem Französisch? Machst du Fortschritte? Und wann möchtest du zum Abendessen kommen? Ich werde ein Currygericht kochen.»

«Ja, also, ich würde gern heute Abend kommen, weil ich da noch was mit Ihnen besprechen ...»

«Leider geht es heute Abend überhaupt nicht, Claire. In der indischen Botschaft findet mal wieder so ein langweiliger Empfang statt, und ich muss leider hingehen.»

«Tja, wie wäre es dann mit morgen? Darf ich morgen Abend zu Ihnen kommen, Mr. Mendez?»

«Das passt mir gut. Morgen Abend also.»

«Ja, gut. Aber, Mr. Mendez ... ich muss jetzt wirklich dringend in die Wohnung einziehen. Ich warte schon eine ganze Woche, und es ist ...»

«Ich weiß, ich weiß, Claire. Ich sitze selbst auf heißen Kohlen, aber gegen die indische Regierung bin ich machtlos. Diese Beamten sind so unbeweglich wie störrische Elefanten. Ich hatte ja keine Ahnung, dass sich meine Abreise im letzten Moment verzögern würde. Du kannst mir glauben, ich bin wirklich sehr ungehalten.»

«Aber ich habe Ihnen schon viertausend Francs bezahlt, Mr. Mendez – die Miete für zwei Monate, und ich habe es Ihnen bar gegeben, wie Sie gewollt haben. Das ist jetzt schon zwei Wochen her.»

«Ich versichere dir, Claire, dass ich das zu viel gezahlte Geld zurückerstatten werde wie versprochen. Ich hoffe nur, dass du nicht so bist wie diese rassistischen Franzosen, die glauben, alle dunkelhäutigen Menschen sind Verbrecher und Diebe.»

«Natürlich bin ich nicht so, aber …»

«Dann ruf mich morgen an, Claire. Und ich verspreche dir noch etwas: Du wirst mein Curry über alles lieben.»

Sie hatte im Dunkeln telefoniert, bekleidet mit einem großen Mickymaus-T-Shirt, eine Zigarette in der Hand. Sie saß in einem kleinen Hotelzimmer, das nur vom flimmernden Bildschirm des Fernsehapparats beleuchtet wurde. Sie hatte gehofft, die Dunkelheit würde ihr helfen, den nötigen Mut aufzubringen, um Mr. Mendez gegenüber hart zu bleiben. So ähnlich wie ein Kind glaubt, wenn es die Augen geschlossen hält, wird man es beim Versteckspiel nicht entdecken. Der Fernseher sorgte für eine Atmosphäre der Geborgenheit, obwohl sie die Sprache, die dort gesprochen wurde, kaum verstand. Zu Hause lief ständig der Fernseher, während des Abendessens wurden Fußballspiele oder Nachrichten geschaut, und so konnte sie sich der Illusion hingeben, sie wäre ihrer Heimat in Irland etwas näher.

Nachdem sie die Zigarette aufgeraucht hatte, zog sie ihre Jeans an. Sie wollte hinunter zur Rezeption gehen und erklären, dass sie mindestens eine Nacht länger bleiben würde. Vielleicht müsste sie dann ja nur den günsti-

geren Wochentarif zahlen. Aber als sie den Zettel bemerkte, der in Augenhöhe an die Zimmertür gepinnt war,
hielt sie inne. In Druckbuchstaben stand dort auf Französisch zu lesen: «*Prix de Chambre – un person 340 F, Petit
Dejeuner 35 F*».

Sie las es wieder und wieder durch, obwohl sie den
Zimmerpreis längst kannte. Und je öfter sie die Schrift auf
dem Zettel las, desto elender fühlte sie sich. Schließlich
wurde sie so wütend, dass sie den Zettel abriss, zusam-
menknüllte, auf den Boden warf und darauf herumtram-
pelte. Dann drehte sie sich um, nahm ihren Geldbeutel
vom Stuhl und leerte seinen gesamten Inhalt so heftig auf
dem Bett aus, dass die Münzen beinahe in die Bettritzen
rollten. Sie schichtete alles Geld, das sie noch hatte, auf einem Haufen zusammen, kniete sich vor das Bett und
zählte es durch: 1550 Francs und ein paar lächerliche Cen-
times. Keine Kreditkarte, keine Schecks. Das einzig Wertvolle, was sie sonst noch besaß, war das Rückflugticket
nach Dublin mit dem festen Flugtermin in sechs Monaten.

In ihren Augen sammelten sich Tränen, und sie war
versucht, zu Hause anzurufen, um … ja, um was zu tun?
Ihrem Vater konnte sie diese Situation nicht erklären; sie
wusste sowieso ganz genau, was er sagen würde. Nach Paris zu gehen, um Kunstgeschichte zu studieren und Französisch zu lernen, war ihre Idee gewesen. Ihr Vater hatte
schließlich zugestimmt, nachdem Claire tagelang auf ihn
eingeredet und ihm erklärt hatte, dass sie mit zwanzig
Jahren alt genug war, um selbst auf sich aufzupassen. Sie
würde einen Job in Paris finden und sich eine kleine Wohnung mieten. Seit sie sechzehn war, hatte sie in einer

Bäckerei gearbeitet und genug Geld gespart, um den Flug selbst zahlen und noch etwas in Reserve behalten zu können. Natürlich hatte sie zu Hause nicht ihr allergrößtes Geheimnis gelüftet: dass sie noch Jungfrau war und in Paris einen Liebhaber finden wollte. Vielleicht würde sie sogar mit einem französischen Ehemann zurückkommen, wer weiß? Jeder wäre besser gewesen als die Jungs, die sie aus Dublin kannte und die sich nur für Fußball und laute Bands wie Oasis interessierten. Claire wusste, dass sie was Besseres verdient hatte. Ihr Lieblingswort war *Destiny* – Schicksal, aber als sie mal versucht hatte, ihre Freundinnen zu überreden, ihr diesen Spitznamen zu geben, hatten die nur laut gelacht. Aber sie hatten nicht mehr gelacht, als sie ihnen das Flugticket gezeigt hatte. Am Flugplatz hatten sie zum Abschied sogar ein bisschen geweint.

Wenn dieser Mr. Mendez sein Wort gehalten hätte, würde sie längst in einer Wohnung in Paris leben, Französisch studieren, Museen besuchen und ganz bestimmt jede Menge französischer Jungs kennen lernen. Sie war zwar eher klein, aber genauso hübsch wie alle anderen Mädchen in ihrem Alter, hatte schönes kurz geschnittenes schwarzes Haar und eine Haut so weiß und makellos wie Milch. Mit ihrem neuen französischen BH, der, wie die Verkäuferin sich ausgedrückt hatte, ihren «Balkon» auf maximale Höhe hob, und den neuen Plateau-Boots, mit denen sie garantiert sechs bis sieben Zentimeter größer wirkte, hätte sie jedem schöne Augen machen können, der ihr beim Spaziergang auf den Champs Élysées entgegenkam oder in einem der Cafés in der Nähe der Sorbonne herumsaß.

Stattdessen hockte sie in diesem heruntergekommenen

Zwei-Sterne-Hotel und überlegte, ob sie noch sechs Francs übrig hatte, um sich frischen Kaugummi leisten zu können. An alledem war nur dieser verdammte Mr. Mendez schuld, dieser ekelhafte kleine Kerl, der nicht größer war als sie selbst. Sie hatte ihm fast ihr ganzes Geld gegeben und rein gar nichts dafür bekommen. Ein furchtbarer Gedanke kroch plötzlich in ihr hoch: Er hat mein Leben ruiniert! Sie konnte gar nicht aufhören, darüber nachzudenken, und schließlich versteckte sie ihren Kopf unter zwei Kissen und begann zu weinen.

Seit ihr vor zwei Wochen die Anzeige am schwarzen Brett der American Church aufgefallen war, hatte sich furchtbar viel geändert. Sie konnte kaum glauben, was sie da las: «1-Zimmer-Wohnung, Rive gauche, nahe der Universität, gut geeignet für Student/in, sofort frei, für 2000 FF pro Monat zu vermieten.» Sie rief sofort an, und er schlug ihr vor, gleich vorbeizukommen, wenn sie wirklich interessiert sei, denn er müsse Paris in ein oder zwei Tagen verlassen. Um keine Zeit zu verlieren, leistete sich Claire sogar ein Taxi.

Es war ein hübscher Altbau hinter dem Gare Montparnasse, nicht weit von dem berühmten Café Select, das sie aus «Paris, ein Fest fürs Leben» kannte, Hemingways Ode an seine Zeit als hungernder junger Schriftsteller in Paris. Claire hatte das Buch dreimal gelesen und war inzwischen der festen Überzeugung, dass sie bestimmt auch bald einen großen Paris-Roman beginnen würde. Es schien so einfach zu sein: Man musste nur ein «gut beleuchtetes, beheiztes Café» finden wie das, in dem Hemingway gesessen hatte. Dann brauchte man noch Papier und Bleistift, starken Kaffee, und die Ideen kamen von allein. Das war bestimmt ganz leicht.

Als sich die Tür zu der Wohnung öffnete, drang der beißend scharfe Geruch von Curry in den Flur. In der Türöffnung erschien ein kleiner, braunhäutiger Mann in einem langen, weißen kragenlosen Hemd, das ihm beinahe bis zu den Knien reichte. Von drinnen drangen leise Sitarklänge nach draußen. Der Mann stellte sich als Mr. Mendez vor und küsste Claire auf beide Wangen, bevor er ihr die kleine Wohnung zeigte. Auf dem Boden lagen Bastmatten, die Tapete hatte ein aufgedrucktes Bambusmuster, und eine große Palme stand vor dem Fenster, das zum Hof hinausging. Es gab eine Kochnische, und auf dem Herd stand ein riesiger Topf, in dem ein Currygericht brodelte.

«Ich werde das alles hier lassen müssen», sagte Mr. Mendez, als er den breiten Schrank unter dem Ausguss öffnete und auf die großen Säcke mit Currypulver deutete, die dort lagen. «Ich würde dir gern beibringen, wie man mit Curry kocht, wenn ich mehr Zeit hätte.» Wenn er mit seiner hohen Stimme lachte, starrte Claire auf eine Reihe kleiner, strahlend weißer Zähne in seinem Mund.

«Ich habe noch nie so viel Currypulver auf einem Haufen gesehen», sagte Claire. Eigentlich hatte sie in ihrem ganzen Leben noch nie Currypulver gesehen. «Warum kaufen Sie denn solche großen Säcke davon?»

«Du wirst sehr schnell herausfinden, Claire, dass Paris eine sehr teure Stadt ist. Also muss man sparen, wo man kann. Wenn ich Currypulver in großen Mengen kaufe, liegt der Kilopreis nur noch bei einem Viertel. Hier, ich will dir was zeigen.» Er ging zu der großen Palme hinüber, bückte sich und hob ein schweres Stück Eisen hoch, das aus drei seltsam geformten Haken zu bestehen schien. «Weißt du, was das hier ist?»

«Sieht aus wie ein Wagenheber oder so», sagte Claire.

«Das ist ein Amboss. Den benötigt man, um Schuhe zu reparieren. Kostet nur fünfzig Francs. Sieh mal hier, wie die Sohle und der Schuh draufpassen.» Er zog seine Halbschuhe aus und demonstrierte die Funktionsweise des Ambosses. «Ich habe mal hundert Francs bezahlt, als ich meine Schuhe besohlen ließ. Jetzt mache ich das selbst. Ich kann sogar die Schuhe von Tarikavalli reparieren, Tanzschuhe.»

«Oh, äh, wer ist Tarikavalli?»

Mr. Mendez führte sie in eine kleine Nische, wo das Bett stand. Darüber hing ein großes Plakat an der Wand. Es zeigte eine indische Tänzerin in extremer Körperhaltung, den einen Fuß weit über den Kopf gestreckt. Sie trug Fußkettchen und hatte einen schwarzen Punkt auf der Stirn. Am unteren Rand des Plakats stand eine handgeschriebene Widmung.

«Ist das eine Freundin von Ihnen?», fragte Claire.

«Tarikavalli wird bald die berühmteste indische Tänzerin von Paris sein. Ja, ich darf wohl behaupten, dass wir sehr gut befreundet sind.» Er trat näher an Claire heran. Seine weißen Zähne blitzten auf. «Kannst du ein Geheimnis für dich behalten?»

«Ja, wieso? Klar kann ich das.»

«In Wirklichkeit heißt sie gar nicht Tarikavalli, sondern Ribiero. Sie ist Portugiesin. Mit Indien hat sie eigentlich gar nichts zu tun, sie ist da noch nie gewesen. Aber niemand in Paris weiß etwas davon, außer mir und dir, Claire.»

«Keine Sorge, ich werde es niemandem erzählen.»

«Nicht mal deinen Freunden? Ihre Karriere wäre ruiniert, wenn es herauskommt. Ich tue alles, um sie zu unterstützen.»

«Ich hab hier gar keine Freunde, denen ich etwas erzählen könnte. Ich bin ja gerade erst angekommen.»

«Und deine Familie? Denen wirst du doch auch nichts erzählen, nicht wahr?»

«Meine Familie lebt in Dublin, und denen erzähle ich sowieso nichts. Wir haben nicht mehr so viel miteinander zu tun», log sie und bemühte sich, erwachsen zu klingen.

«Oh, das ist gut!», sagte Mr. Mendez. «Wirklich sehr gut. Ich glaube, ich kann dir vertrauen, Claire. Du bist die perfekte Untermieterin für mich.»

«O ja, mir können Sie ganz bestimmt vertrauen!»

Mr. Mendez bot ihr einen echten englischen Frühstückstee an und goss sogar die Milch zuerst in die Tasse, bevor er den Tee einschenkte, genauso wie es die Engländer machten. Er erklärte ihr, dass er für die indische Botschaft arbeite. Nichts Wichtiges, er sei bloß ein Angestellter, aber wegen irgendwelcher diplomatischer Probleme müsse er für einige Monate nach Sri Lanka wechseln. Er schien sehr traurig darüber zu sein.

«Wer tauscht schon gerne das schöne Paris gegen Sri Lanka, wo es nichts weiter gibt als Schlangen und Terroristen?», fragte er. «Du vielleicht?»

«Oh, ich kenne mich eigentlich nirgendwo aus», sagte sie lachend. «Ich bin das erste Mal in meinem Leben außerhalb von Irland.»

«Um zu studieren, nehme ich an, und Französisch zu lernen?»

«Ich versuch's jedenfalls», sagte sie. «Aber irgendwie kann ich das R nicht so aussprechen, wie man es hier tut ... Sagen Sie, Mr. Mendez, kann ich die Wohnung nicht sofort haben? Ich suche ganz dringend etwas.»

«Nun, dann hast du wohl das, was man das Glück der Iren nennt. Du kannst die Wohnung schon ab morgen bekommen. Aber du musst mir drei Monate Miete im Voraus bezahlen, in bar, wenn du die Wohnung so lange haben willst.»

Claire erklärte ihm, dass sie nur so viel Geld hätte, um zwei Monate vorab zu bezahlen. Aber sobald sie einen Job gefunden hätte, würde sie ihm die dritte Rate zusenden. Mr. Mendez verzog das Gesicht und schüttelte den Kopf.

«Aber Sie können mir wirklich vertrauen», sagte Claire. «Das haben Sie doch selbst gesagt.»

Schließlich stimmte er zu, und sie überreichte ihm viertausend Francs in bar, gab ihm die Hand und ging. Im Treppenhaus pfiff sie laut einen Song von U2 vor sich hin. Sie ging in eine Telefonzelle und rief ihren Vater an, um ihm zu beweisen, wie gut sie in der Fremde zurechtkam.

«Nun, ich hoffe, du weißt, was du tust, Claire», antwortete er auf ihren begeisterten Bericht. «Für dein Alter bist du viel zu weit von zu Hause weg.»

«Ich bin kein kleines Mädchen mehr, Dad.»

«Für mich bist du immer noch Daddys kleines Mädchen, Claire.»

«Gut, Dad. Ich mach jetzt besser Schluss, ich will ja nicht mein ganzes Geld vertelefonieren. Man muss sparen, wo man kann, stimmt's?»

Aber jetzt, zwei Wochen später, saß sie immer noch in ihrem engen Hotelzimmer, und alle Versuche zu sparen waren zum Scheitern verurteilt. Das bisschen Geld, das sie noch übrig hatte, verflüchtigte sich rasch. Außerdem hatte sie das grässliche Gefühl, dass Mr. Mendez sie hinhielt und anlog. Womöglich hatte er sie ausgetrickst und lachte heimlich über ihre Dummheit. Sie malte sich aus, wie ihr Vater sie auslachen würde, wenn sie ihn um Geld für ein früheres Flugticket nach Hause anbetteln müsste, und wie sie dann zu Hause ankommen würde, geschlagen, gescheitert, blamiert. Sie hörte ihn schon sagen: «Na, wenn das nicht Daddys kleines Mädchen ist. Reumütig kehrt sie aus Paris zurück.» Nein, es durfte niemals so weit kommen.

Am nächsten Morgen aß sie alle Croissants und das ganze Baguette auf, das man ihr zusammen mit dem starken Café au lait und der Konfitüre als Frühstück aufs Zimmer gebracht hatte, und verließ das Hotel, weil sie nicht wusste, was sie sonst hätte tun sollen. Sie nahm die Metro zum Gare Montparnasse und ging von dort zum Haus, in dem Mr. Mendez wohnte.

Mr. Mendez hatte ihr den Türcode genannt, also ging sie gleich hinein, stieg hinauf in den dritten Stock und klopfte vorsichtig an. Diesmal strömte kein Currygeruch heraus, als die Tür geöffnet wurde, und statt des Inders stand dort eine Frau. Sie war etwa Mitte vierzig, trug einen blassblauen Sari, hatte einen schwarzen Punkt auf der Stirn und eine Zigarette im Mund. Sie sah Claire erstaunt an.

«*Oui?*»

«Äh, sprechen Sie Englisch?»

«*Oui*, genug. Was wünschen Sie?»

«Ich möchte zu Mr. Mendez.»

«Der ist fort», sagte sie schnell und zog heftig an ihrer Zigarette. «Er ist nicht hier.» Und als Claire nichts darauf erwiderte, wiederholte sie: «Er ist fort.»

«Fort?» Claire fühlte sich plötzlich gar nicht gut. Sie schloss die Augen, sank gegen die Wand und war kurz davor, ohnmächtig zu werden.

«Was ist mit Ihnen?», fragte die Frau. «Geht's Ihnen nicht gut?»

«Könnte ich bitte ein Glas Wasser haben?», fragte Claire. «Mir dreht sich alles.»

«Ja, sicher … kommen Sie herein.» Die Frau ließ die Tür offen und ging in die Küche, um ein Glas Wasser zu holen. Claire bemerkte, dass sich in der Wohnung nichts verändert hatte. Das Plakat hing immer noch an der Wand, und die Palme stand auch noch da. Die Frau reichte ihr das Glas, bot ihr aber keinen Platz zum Sitzen an.

«Danke», sagte Claire. «Jetzt geht's schon wieder besser.»

«Das ist gut. Sie können nämlich nicht hier bleiben. Ich muss gleich zur Probe.»

Claire blickte zu dem Plakat. «Das sind Sie, nicht wahr? Sie müssen Tarikavalli sein, die Tänzerin.»

Die Frau wurde wütend. «Hat er Ihnen von mir erzählt? Dieser Idiot. Er weiß nichts von mir, gar nichts, verstehen Sie?»

«Hören Sie, ich muss unbedingt mit Mr. Mendez sprechen, weil ich diese Wohnung hier gemietet habe.»

«Das ist unmöglich. Ganz unmöglich», sagte Tarikavalli.

«Aber warum? Ich hab ihm doch schon die Miete bezahlt. Ich sollte schon vor zwei Wochen einziehen. Aber dann hat sich seine Versetzung verzögert.»

«Diese Wohnung gehört mir, meine Liebe, und Mr. Mendez hat sie von mir gemietet, während ich mit meiner Tanzgruppe auf Tournee war. Er hat überhaupt nicht das Recht, diese Wohnung an irgendjemanden weiterzuvermieten. Er ist ein Idiot.» Wieder zog sie heftig an ihrer Zigarette. «Mir gehört diese Wohnung», wiederholte sie. «Mir, Tarikavalli, nicht diesem Mr. Mendez.»

«Aber ich habe ihm doch viertausend Francs Miete für zwei Monate im Voraus gegeben.»

«Können Sie das beweisen? Zeigen Sie mir mal die Quittung», sagte die Frau, hob ihren Fuß hoch und kratzte sich daran.

Claire musste zugeben, dass sie keine Quittung hatte. Sie hatte Mendez in bar bezahlt und einfach vergessen, eine zu verlangen.

Die Frau lachte. «Gehen Sie doch zur Polizei. Die amüsieren sich bestimmt genauso über Ihre Geschichte wie ich. Und jetzt, meine Liebe, möchte ich Sie bitten, mich zu verlassen. Meine Probe wartet nicht.»

Claire stand ungefähr eine Stunde lang orientierungslos vor dem Haus herum. Schließlich überquerte sie die schmale Straße und trat in ein türkisches Imbiss-Restaurant. Ein riesiges Fleischstück drehte sich dort an einem aufrechten Spieß, Fett tropfte und zischte in der Auffangpfanne. Sie bestellte eine Cola, und der große türkische Junge, der achtzehn oder neunzehn Jahre alt sein musste und sogar Englisch sprach, brachte ihr ein Glas. Als sie es ausgetrunken hatte, sah sie ihn an.

«Mehr kann ich nicht bestellen», sagte sie. «Ich hab kaum noch Geld.»

Er ging fort und kam kurz darauf mit einem in Papier eingewickelten Döner-Kebab zurück.

«Aber ich kann nicht bezahlen. Hast du verstanden?»

«Mein Onkel ist beim Rennen, wo er bestimmt viel mehr Geld verliert, als das hier kostet», sagte der Junge. «Ein Geschenk des Hauses.»

«Oh … ich weiß gar nicht, was ich sagen soll.»

«Ich wette, du bist auf der Suche nach Mr. Mendez», sagte der Junge lächelnd.

«Wie meinst du das? Was weißt du von Mr. Mendez?»

«Ich hab ihn noch nie getroffen, aber er würde mich schon interessieren. Muss ein ziemlich cleverer Bursche sein.»

«Wie kommst du darauf?»

«Weil er seine Wohnung an mindestens fünf Leute vermietet hat, die ihm alle drei Monate im Voraus bezahlt haben.»

«Ich hab ihm nur zwei Monate bezahlt.»

«Dann bist du schlauer als die anderen. Die kommen schon die ganze Woche hierher, erzählen mir ihre Leidensgeschichte und suchen nach ihm. Wenn einer mich so betrogen hätte, würde ich mir ein Messer nehmen und ihm die Eier abschneiden.»

Claire umklammerte den Rand der Tischplatte. Ihr war plötzlich übel, kalter Schweiß stand auf ihrer Stirn. Dann brach sie in Tränen aus.

«Alles in Ordnung?», fragte der Junge. «Willst du nicht lieber was essen?» Er schob ihr den Döner hin. «Erst essen, dann überlegen.»

Als sie aufgegessen hatte, bedankte sie sich und versprach, dass sie es irgendwann bestimmt bezahlen würde.

«Ich heiße Kemal», sagte er lächelnd. «Irgendwann kannst du mir ja einen Kuss geben.»

«Aber nicht heute», sagte sie, stand auf und verließ das Lokal.

Am Abend kam sie zurück und ging vor dem Haus, in dem sich Mr. Mendez' Wohnung befand, auf und ab. Sie hoffte, dass sie ihn treffen würde, denn sie musste ihn unbedingt sprechen, und deshalb würde sie ihn auch treffen. Sie fragte sich, ob er sich wohl dort oben in der Wohnung versteckte und ob diese Tänzerin namens Tarikavalli mit ihm unter einer Decke steckte. Aber wenn das so wäre, hätte Tarikavalli sie niemals in die Wohnung gelassen, nicht mal, um ihr ein Glas Wasser zu geben. Claire stand neben dem Hauseingang und stellte sich vor, wie Mr. Mendez herauskommen würde und sie ihn dann … ja, was? Sie hatte keine Ahnung. Wieso war sie nur so dämlich gewesen und hatte vergessen, eine Quittung zu verlangen? Sie war so stolz darauf gewesen, dass sie ihn dazu gebracht hatte, mit zwei Monatsmieten zufrieden zu sein, dass sie überhaupt nicht an eine Quittung gedacht hatte. Dabei hatte sie noch nie in ihrem Leben irgendjemandem so viel Geld gegeben. Vielleicht hatte ihr Vater doch Recht: Sie war bloß Daddys kleines Mädchen und kam alleine nicht zurecht.

Schließlich war es schon nach Mitternacht, und sie gab auf. Sie machte sich auf den Weg zurück zum Hotel und malte sich in Schreckensfarben aus, wie sie am nächsten Tag zu Hause anrufen würde, weil es keine andere Möglichkeit mehr gab. Gerade als sie um die Ecke zur Metro-Station gehen wollte, bog ein kleiner Peugeot in die Straße ein und hielt vor dem Gebäude. Hinter dem Steuer saß Mr. Mendez.

Claire duckte sich hinter einen großen, grünen Mülleimer und beobachtete, wie Mr. Mendez aus dem Wagen stieg und hastig auf den Hauseingang zulief. Er trug eine Basecap der New York Yankees, die er tief in die Stirn gezogen hatte. Als er im Gebäude verschwunden war, rannte sie zu seinem Wagen und warf einen Blick auf den Rücksitz. Sie hegte tatsächlich die verrückte Hoffnung, das Geld würde dort herumliegen, in einem Koffer oder unter einem Mantel. Aber es war nichts zu sehen, und der Wagen war sowieso abgeschlossen.

Sie wartete eine halbe Stunde neben dem Peugeot und überlegte, was sie tun sollte. Dann stieg sie hinauf in den dritten Stock und klopfte leise. Kurz darauf wurde die Tür einen Spaltbreit aufgezogen, und Mr. Mendez spähte über die Sicherungskette hinweg.

«Hallo, Claire», sagte er. «Was machst du denn hier? Es ist schon sehr spät. Ein junges Mädchen wie du sollte nicht so spät nachts durch Paris laufen.» Er lächelte ein bisschen.

«Nein, ist schon okay, ich wollte nur … ich dachte …»

«Bitte, Claire, ich bin sehr in Eile.»

«Ich wollte nur sagen, dass ich eine gute Nachricht für Sie habe.»

«Gute Nachricht? Was für eine?»

«Äh … die gute Nachricht ist die, dass ich noch eine weitere Woche auf die Wohnung warten kann. Ich kann für eine Weile bei einer Freundin unterkommen.»

«Ich dachte, du hättest keine Freunde in Paris.»

«Na ja, ich hab jemanden an der Uni kennen gelernt. Sie kommt aus Irland wie ich, ist das nicht toll? Außerdem kann ich jetzt die dritte Monatsmiete bezahlen. Meine Eltern haben mir Geld geschickt.»

Mr. Mendez zögerte, dann erschien wieder das breite Grinsen auf seinem Gesicht. «O ja, das wäre wunderbar. Ich wollte dich sowieso gleich morgen früh anrufen, denn ich stehe kurz vor der Abreise. Komm doch rein, Claire, komm rein.»

In der Wohnung roch es wieder nach Curry, und wieder stand ein riesiger Kochtopf auf dem Herd. Mr. Mendez blickte sie nervös an. «Entschuldige bitte, ich koche mir gerade mein Abendessen.»

«Kein Problem. Ich suche Ihnen nur schnell Ihr Geld raus.»

Das Currygericht im Topf begann überzukochen. Mr. Mendez rannte zum Herd, drehte die Flamme ab und begann mit einem großen Löffel umzurühren. Claire drehte sich um, entdeckte den Amboss auf dem Boden, griff danach, holte mit beiden Händen weit aus und traf Mr. Mendez am Hinterkopf. Er grunzte und fiel vornüber. Dann lag er stöhnend auf dem Boden, hielt immer noch den Löffel in der Hand, und aus der Wunde an seinem Hinterkopf floss Blut. Er schlug ein Auge auf und sah Claire über sich stehen, die jetzt ein weiteres Mal mit dem Amboss ausholte.

«Nein, Claire …», ächzte er.

«Sie haben mein Leben ruiniert, Mr. Mendez», schrie sie und schlug immer und immer wieder mit dem Amboss zu, rammte ihn mitten in sein Gesicht, zerschlug ihm die

Nase, zermatschte ein Auge und ließ das Gerät abschließend auf seinen Mund krachen. Fast alle seine kleinen,
weißen Zähne zersplitterten und hinterließen glänzende
Partikel auf seinen blutgetränkten Lippen.

Danach taumelte Claire zum Bett und ließ sich erschöpft in die Laken fallen. Ehe sie wusste, wie ihr geschah, fiel sie für eine halbe Stunde in einen tiefen Schlaf.
Sie träumte davon, mit Hemingway zu schlafen, oder
wenigstens mit jemandem, der Hemingway ähnlich sah.
Dann wachte sie vom Currygeruch auf. Sie ging um die
Leiche von Mr. Mendez herum, holte sich einen Teller aus
dem Schrank und tat sich eine kleine Portion aus dem Topf
auf.

Es schmeckte großartig.


Als Claire den Kebab-Imbiss betrat, hielt Kemal einen
Spieß in der Hand und schnitt Scheiben vom Lammfleisch
ab. Er war gerade dabei, das Lokal zu schließen, und lächelte sie an, während er das saftige Fleisch durchschnitt.
Dann wischte er das Messer an seiner Schürze ab und
wusch sich die Hände.

«Und? Hast du deinen Mr. Mendez gefunden?», fragte
er.

«Ja, hab ich.»

«Und was ist passiert? Hat er dir das Geld zurückgegeben?»

«Nein. Ich hab ihn gar nicht danach gefragt.»

«Du hättest mich mit ihm reden lassen sollen. Ich hätte
ihm ganz schön was erzählt …»

«Ich hab mir mein Geld genommen», sagte Claire ruhig. «Und alles, was sonst noch in seinem Geldbeutel

war.» Sie trat zu Kemal und öffnete ihre Handtasche, damit er hineinsehen konnte. Sie war voll gestopft mit Francs-Scheinen. «Sieh mal, da ist bestimmt auch das Geld von den anderen dabei.»

«Wie hast du das denn gemacht?», lachte Kemal. «Ihn umgebracht?»

Claire sah zu Boden, dann blickte sie ihn an und sagte: «Genau.»

Kemal sah ihr tief in die Augen und blinzelte kein bisschen. Sie standen ganz allein im vorderen Teil des Kebab-Lokals. Aus dem hinteren Raum, wo sein Onkel saß und die Wettverluste des Tages zählte, drang türkische Popmusik. Dann kam Kundschaft: drei junge Algerier mit Nike-Klamotten und Basecaps, die sich laut über Fußball unterhielten. Kemal machte ihnen drei Döner, schlug sie in Alufolie ein und reichte sie ihnen über den Tresen hinweg. Dann wartete er, bis sie ihr Geld abgezählt hatten, sah ihnen nach, als sie fortgingen, und schloss die Tür ab.

«Das hast du doch nicht wirklich getan?», sagte er zu Claire. «Oder etwa doch?»

«Hab ich», sagte Claire.

«Wahnsinn ... Wo ist er jetzt?»

«Dort oben.» Claire deutete zu dem Wohnhaus und trat näher zu ihm hin. «Komm doch mit, ich zeig's dir.»

«Warum willst du's mir denn zeigen?»

«Ich kenne doch sonst niemanden in Paris.»

Kemal stand da, ließ die Handgelenke knacken, ging nach hinten und sprach kurz mit seinem Onkel. Dann kam er zu Claire zurück.

«Alles klar.» Mehr sagte er nicht. Sie verließen das Lokal.

Als sie vor der Wohnungstür standen, schnüffelte Kemal und sagte: «Riecht ja wie in einem indischen Restaurant hier.»

«Das ist Curry», sagte Claire.

Sie gingen rein. Mr. Mendez lag noch immer genau da, wo er hingefallen war. Die Blutlache um seinen Kopf begann zu gerinnen.

«*Putain de merde*», flüsterte Kemal. Er ging zur Leiche und beugte sich zu ihr hinunter. «Was liegt denn da auf seinem Gesicht?», fragte er und tippte mit dem Finger auf den Amboss. «Ein Hammer?»

«Den braucht man, um Schuhe zu reparieren», sagte Claire.

Kemal richtete sich auf, sah Claire an und dann wieder die Leiche von Mendez. «Schätze, er hat's nicht besser verdient.»

Claire setzte sich aufs Bett. «Willst du mich immer noch küssen?»

«Weiß nicht», sagte Kemal. «Ja, ich glaube schon, warum nicht ...»

«Mach was mit mir», sagte sie. «Und mach es jetzt, bevor ich anfange, darüber nachzudenken.»

«Während er da rumliegt? Ich weiß nicht ...»

Claire sprang auf und öffnete den Schrank unter dem Ausguss in der Kochnische. Sie zerrte an den Fünf-Kilo-Säcken mit Curry, die dort verstaut waren.

«Hilf mir», ächzte sie.

Gemeinsam holten sie alle Curry-Säcke heraus. Dann fassten sie die Leiche an den Armen und zogen sie in die Kochnische, wo sie sie in dem Schrank verstauten, was nicht ganz einfach war. Sie mussten ein bisschen Gewalt anwenden, um die Beine so zu verdrehen, dass sie rein-passten. Dann schob Kemal die Tür mit dem Fuß zu.

«Gut, dass er nicht besonders groß ist», sagte er.

Er nahm Claires Hand und führte sie zum Bett. Sie zogen sich gegenseitig aus, legten sich hin, und Kemal vergrub seinen Kopf zwischen ihren Schenkeln und blieb da eine ganze Weile, bevor er sich auf sie drauflegte.

«Ich war noch Jungfrau», sagte Claire, als es vorbei war, und er rutschte von ihr herunter.

«Du meinst, ich war der Erste?», fragte er.

«Na ja, mein Vater hat's mal versucht.»

«Dein Vater? Was ist das für ein Schwein, dass er es mit der eigenen Tochter treibt?»

«Eigentlich ist er bloß mein Stiefvater. Außerdem war er betrunken, und ich lag im Bett und schlief. Ich hab ihn geschlagen und dann ist er wieder gegangen. Am nächsten Tag hat er so getan, als wäre nichts passiert. Ich weiß gar nicht, warum ich dir das alles erzähle. Ich weiß auch nicht, warum ich jetzt nicht schreie oder weine oder die Polizei rufe. Ich sollte mich schuldig fühlen. Tue ich aber nicht.»

«Mach dir nichts draus», sagte Kemal. «Ich arbeite in diesem verdammten Kebab-Schuppen, seit ich zehn bin. War nie in der Schule oder so. Immer nur mit meinem Onkel zusammen, und der hat gewettet und gespielt. Früher hat er mich geschlagen, aber jetzt bin ich zu groß. Wie viel Geld hast du ihm abgenommen?»

«Hab's gar nicht richtig gezählt ... vielleicht 20 000 Francs, vielleicht mehr.»

Kemal stand auf, griff nach seiner Hose und zog eine Zigarette heraus. Er zündete sie an und sagte: «Lass mich mal nachdenken.»

Sie saßen abwechselnd am Fenster des Kebab-Restaurants und beobachteten den Eingang des Hauses, in dem sich Mendez' Wohnung befand.

«Ich glaube, da kommt sie», sagte Claire. «Die Frau dort in dem langen Mantel. Ich glaube, das ist sie.»

Sie beobachteten, wie Tarikavalli ihre Einkaufstaschen abstellte, um den Türcode zu drücken, die Taschen wieder hochhob und in das Haus ging.

«Bist du sicher?», fragte Kemal.

«Ja, ganz sicher», sagte Claire.

«Hoffentlich hat sie auch Hunger.»

«Hoffentlich mag sie Curry.»

Sie warteten eine gute Stunde lang, dann gingen sie ins Haus und stiegen zur Wohnung hinauf. Claire schloss die Tür mit dem Schlüssel auf, den sie Mendez abgenommen hatte. Tarikavalli lag zusammengekrümmt auf dem Bett. Die Bettdecke war mit Erbrochenem verschmiert, es roch unangenehm. Kemal ging zu ihr und hob ein Augenlid mit dem Finger.

«Sie ist tot», stellte er fest. «Die Ratten im Keller meines Onkels werden sich bei ihr bedanken. Für die ist kein Gift mehr übrig.»

Sie holten Mendez' Leiche aus dem Schrank und legten sie wieder genau da hin, wo sie vorher gelegen hatte.

«Meinst du, so sieht es echt aus?», fragte Claire.

«Wir können ja noch einen Abschiedsbrief schreiben», meinte Kemal. «Sie war untröstlich, dass sie ihn umgebracht hat. Deshalb tötete sie sich selbst. Los, du musst das machen!»

«Geht nicht», sagte Claire. «Ich mache zu viele Fehler, das fällt gleich auf.»

Als sie Paris hinter sich gelassen hatten und in Mendez' Wagen auf der Autobahn Richtung Süden fuhren, musste Claire plötzlich laut lachen. Kemal sah sie an und lachte ein bisschen mit, brach dann aber ab, als er merkte, dass Claire sich überhaupt nicht mehr unter Kontrolle hatte. Tränen liefen ihr übers Gesicht, sie schnappte nach Luft, und das Lachen wurde immer heftiger. Schließlich hörte sie abrupt auf, blieb ganz ruhig sitzen und starrte durch die Windschutzscheibe nach draußen in die Dunkelheit.

«Was war denn eben so witzig?», fragte Kemal.

«Weiß ich auch nicht. Ich habe mir nur gerade überlegt, dass sich mein Leben an einem einzigen Tag völlig verändert hat. Ich hab einen Mann umgebracht, den ich kaum kannte, und meine Unschuld an einen anderen verloren, den ich kaum kenne. Und nun fahren wir hier entlang und wissen nicht wohin und was sein wird und was wir eigentlich tun wollen.»

«Und das findest du witzig?»

«Nein, das ist nicht witzig. Witzig ist, dass ich eines ganz sicher weiß.»

«Und das wäre?»

«Ich kann keinen Curry mehr riechen», sagte Claire.

## MARGERY FINN BROWN
# In den Wäldern von Riga

Glaube mir blind, nimm unter Freunden die Hand drauf: Ich bin eine ganz normale Frau, unauffällig nach Aussehen und Lebenswandel. Niemand ist mir je nach Hause gefolgt. Ich habe nie einen Preis in einer Tombola gewonnen. Als ich einmal in einem Bus am offenen Fenster saß, flog ein abgenagter Apfel herein und gab mir eins auf die Nase. Später heiratete ich, hatte vier Kinder, wohnte in zwanzig Häusern rund um den Globus, gab Partys, säumte Vorhänge, träumte, begegnete Gott, achtete das Schöne und kochte an Thanksgiving einmal mit geschienter linker Hand ein Essen für dreißig Leute.

Mein Leben verlief «gewöhnlich, einfach und daher überaus schrecklich». Tolstoi? Dostojewski? Unwichtig. Wichtig ist, dass ich seit einem schweren Infarkt vor acht Monaten Quarasin nehmen muss. Man spricht es offen aus; es reimt sich auf «cousine», ein Wort, das mir in den Sinn kommt, weil sich auf dem Plattenspieler drüben im Wohnzimmer *Der Rosenkavalier* dreht und Ochs gerade «ma cousine» in den Ohren liegt. Jede Note, jedes Vierundsechzigstel, perlt kristallklar. Mich lässt es kalt.

Bis vor acht Monaten war Musik ein integraler Bestandteil meines Lebens. Ebenso Bücher, für mich so unerlässlich wie Einatmen und Ausatmen. Wenn ich jetzt den Blick auf die Regalreihen an den Wohnzimmerwänden richte – große Bücher, mittelmäßige Bücher, Dichter, Scheherazaden, Chronisten, Schaumschläger, Pflastertreter, Freunde –, überkommt mich eine schreckliche Traurigkeit. Heute Morgen versuchte ich mich noch einmal an Yeats. «Wo soll ich noch nach Schönheit streben, nun, da meine alte Metze tot?» Die Worte ziehen erhaben über die Seite. Ihr Sinn furzt mir wie ein feuchter Knallfrosch im Kopf herum.

Na schön, sagst du jetzt vielleicht. Du kannst also nicht mit Vergnügen Musik hören oder Yeats lesen. Du gehst am Stock, einem abscheulichen weißen, und ein Schatten von Zigarettenrauch liegt auf deinen Träumen. Na und? Bitte ein wenig Geduld. Wir haben gerade erst von der Startbahn abgehoben, die Sicherheitsgurte sind noch geschlossen. Um wieder auf Quarasin zurückzukommen, sein Hauptbestandteil ist Bellumgeron. (Seltsamerweise ist Bellumgeron auch ein Hauptbestandteil von Rattengiften.) Quarasin ist ein Antikoagulans. Je dünner das Gemisch, desto leichter kann das Blut durch die Arterien nach oben und unten, in und aus der Pumpe fließen, wodurch ein «neuerlicher Vorfall», um Dr. Chiclets zu zitieren, weniger wahrscheinlich wird.

Wie viel Quarasin ich nehme? Das ist unterschiedlich. Jeden Mittwoch gehe ich zu Chiclets' Praxis in der Sutter Street und lasse einen Bluttest zur Feststellung der Gerinnungswerte machen. Jeden Donnerstag zwischen eins und drei ruft Miss Franklin an, ein älteres Fräulein, und sagt: «Mrs. George Manning? Katherine Manning? Ihre neue Dosis bis nächsten Mittwoch beträgt elf Milligramm.

Wiederholen Sie, Mrs. Manning, elf Milligramm.» Elf, spreche ich ihr nach. Elf, schreib dir's hinter die Ohren. Elf, kritzel es auf die Aschenputtel-Tapete im Bad.

Das Quarasin bewahre ich in zwei Fläschchen im Spiegelschrank meiner Hausapotheke auf. Die lavendelfarbenen Pillen sind zwei Milligramm, die pfirsichfarbenen fünf. Elf Milligramm macht zwei Pfirsich und einen halben Lavendel. «He, Towarischtsch, du da drin», sage ich. «Du mit den Falten und Spalten unter den verweinten Glotzäugelchen, du hast dein Quarasin für heute genommen. Nicht wiederholen. Wiederhole, nicht wiederholen.»

Wozu das Ritual?

In dünnem Blut kann man ertrinken. Wie die Ratten.

Ausgestreckt auf dem mit malvenfarbenem Taft überzogenen Bett in meinem Zimmer, warte ich jetzt auf Miss Franklins Anruf. Das Kopfbrett ist ein verquältes Rokokostück aus Venedig. Die Boulle-Kommode, für die ich auf Butterfields Versteigerung zu viel ausgab. Darauf eine aus einem Waterford-Kerzenständer gefertigte Lampe, ein stoffüberzogenes Telefon und ein Buch in blauem Einband, Yeats.

Gestern, Mittwoch, ging ich zum Arzt. Ich muss mich nicht daran erinnern, was gestern geschah. Ich bin kein Stein, keine Eidechse. Ich habe einen freien Willen. Ich werde daran denken, wie schön gestern das Licht der Abenddämmerung war, das Streifen in Hiroshige-Blau auf das Wasser zeichnete. «Habt ihr schon mal einen so schönen Sonnenuntergang gesehen?», frage ich. «Mir ist ganz komisch im Kopf.»

Ehe ich die Augen schloss, sah ich, wie mein Mann und

mein Sohn einen zu Tode gelangweilten Blick wechselten. (Herzlos sind sie nicht, damit wir uns recht verstehen, sie wissen gar nicht, was das ist.) Auch ich langweile mich mit mir. Aber solange ich Quarasin nehme, kann ich nicht das Geringste dagegen tun. Es hat alles zerstört, was in meinem Kopf war. Jetzt ist dort ein Wald. Er ist dicht und schwarz. Nichts rührt sich in dem Wald. Nie scheint die Sonne. Die Gewächse wuchern weiter, ersticken alles andere. Kennst du das Gemälde von Rousseau, auf dem der Löwe den Leoparden mit dem Kopf voraus verschlingt? Rousseaus Bäume, Blätter und Zweige sind leuchtend grün, wie emailliert. Raub ihnen den Glanz. Pinsel sie schwarz, der Löwe hat den Leoparden aufgefressen, die Stille ist ewig ... das ist mein Kopf.

Ich schäme mich, jemandem von dem Wald zu erzählen. Es gibt ihn. Dessen bin ich mir absolut sicher. Die Gewissheit stammt direkt vom «Nullbein». Emily Dickinson? Whitman? Das Nullbein verrät einem, ob man eine Begegnung hatte. Ein flüchtiger Blick kann eine Begegnung sein, oder ein Wort, eine spontane Körpergeste, die Form einer Wolke, brennendes Herbstlaub. Begegnungen vergisst man nie, und man sucht sie auch nicht: Sie stürzen auf einen ein, ohne Vorwarnung. Eine Begegnung kann wie ein Sonnenbrand sein. Die eine Hautschicht schält sich ab, und unter ihr kommt eine rötliche andere zum Vorschein, die verletzlich ist, schmerzt und sich allmählich verhärtet. Eine Begegnung kann irritieren, erhellen oder erschrecken. Nur oberflächlich kann sie nie sein.

Geht es dir auch so? War dein Leben voller Menschen wie meines? Dennoch hatte ich nur wenige Begegnungen, und mit Freude verbunden waren noch weniger. Eine glühend heiße Nacht in Santiago, lange vor der Erfindung der Klimaanlage. Mein Rücken brannte prickelnd heiß. Die Frau im Kreißsaal nebenan schrie mit jedem Atemzug: «Madre de Dios. Madre de Dios.» Mein Arzt hielt nichts von Narkose, und so kam mein erstes Kind *au naturel* zur Welt. Es dauerte zwei Tage.

Als ich Jamey zum ersten Mal sah, lag er mit dem Kopf nach unten, ein winziges Fischchen, schimmernd unter einem wachsartigen Überzug. Der Arzt sagte: «Mrs. Manning, Sie waren eine wunderbare Patientin. Ehe ich Sie wieder zusammennähe, gebe ich Ihnen ein bisschen was gegen die Schmerzen.» Das könne er sich sparen, widersprach ich. Ich wollte keine Sekunde dieser Begegnung versäumen – ein Kopf stehendes Baby mit einem Piratengrinsen und unverschämt funkelnden Augen.

Eine andere heiße Nacht, Jahre später in Rom, auf einem Botschaftsempfang für R., eine berühmte Sopranistin. Ich hatte sie schon singen hören, bisher aber noch nicht kennen gelernt. Sie trug eine chromgelbe Kreation von Balenciaga, unter deren Achseln sich Schweißringe abzeichneten. Im Gegensatz zu ihrer hochmütig selbstsicheren Bühnenhaltung wirkte sie scheu, wie ein Habmichliebchen auf seiner ersten Party. Ganz Rom war auf den Beinen, um sie kennen zu lernen. Direkt vor uns in der Schlange stand der britische Handelsattaché. Sein Schnauzbart und die Hasenzähne sind mir noch gut in Erinnerung. «In dön Wäldörn von Rrrrriga», sagte er anlässlich irgendeiner Bemerkung, «sind die wilden Tiere wirklich wild.»

Als ich R. vorgestellt wurde, sagte ich guten Abend. Sie sah mir direkt in die Augen. «Beten Sie für mich», erwiderte sie. Ich war verblüfft und sagte obenhin: «Jetzt oder zu einer bestimmten Zeit?» Meine Worte ernteten kein Lächeln. «Die ganze Zeit über», antwortete sie. «Ab jetzt.»

Warrenton, Virginia. Ein heruntergekommenes Bauernhaus mit splittrigen Böden und Heerscharen von Feldmäusen. Ein Jahr lang wohnte ich dort mit den Kindern, ehe wir meinem Mann nach Jakarta folgen konnten.

Ein Jahr hat zwölf Monate. Neun Wochen ließ er nichts von sich hören. Ich fand heraus, dass ich zwei Tage ohne Schlaf auskommen konnte. In der dritten Nacht wimmelte es in meinem Zimmer von Menschen, die zu mir sprachen, doch als ich Antwort gab, hallte meine Stimme schrill durch das leere Dunkel. Eines Nachts begegnete ich Gott. Er sagte fünf Worte. Habe ich ihn mir eingebildet? Hat Er sich mich eingebildet? Die Worte leben noch fort.

Ein Tusch für Warrenton, gedämpfte Töne in Jarkarta. Ein blutroter Riesenmond, ein Jägermond, wie es mein Mann ausdrückte. Unter dem Fenster neigte sich der Bambus und wogte hin und her. Ich weiß nicht einmal mehr den Namen des Mädchens. Nur der Geruch von DDT taucht wieder in meiner Erinnerung auf. (Kennen Sie die Geschichte von dem Papagei, dem Paderewski beibrachte, sich auf das Klavier zu setzen und zu rufen: «Du bist der Größte, du bist der Größte, der Größte»?)

Nach jener Vollmondnacht in Jakarta eiferte George nie mehr Paderewskis Papagei nach, und ich spielte nie mehr den Wasserträger für ihn, der ihm seine Gegner vom Leib hielt und ihm ein Leben wie Gott in Frankreich ermöglichte. Was keinen von uns überlegen macht. Dadurch entfiel lediglich einer der hundert Gründe, weshalb wir

Tisch und Bett miteinander teilen. Tatkraft jedenfalls
zählt nicht zu den Kardinaltugenden einer Frau. Wenn ich
eine neue Fassade für mich errichten könnte, wäre ich
gern so faul, schön und liebenswert wie die Klettertrom-
pete an meinem Geburtshaus.

Durham, New Hampshire, ein braunes Haus mit
Schindeldach, eingerahmt von wild wucherndem Grün.
Emmett, mein Stiefbruder – sein Vater heiratete meine
Mutter –, gerät ungefähr alle zehn Jahre einmal in Wut.
Wehtun würde er mir nie. Wir waren wie Zwillinge. Ich
brachte ihm Radfahren bei. Er verdiente sich als Caddie
das Geld für meine erste Dauerwelle. Als Vater starb, fiel
das Haus an Emmett. Ich kam nach Hause, um ihm beim
Beseitigen der Erinnerungsstücke zu helfen, die sich im
Verlauf eines über achtzigjährigen Lebens angesammelt
hatten.

Wir beide allein, am Abend nach dem Begräbnis, auf
der Kellertreppe.

«Du weißt ja, wie ungern Vater Steuern zahlte», sagte
Emmett. «Letzten Winter hat er mich eines Nachts aus
dem Bett gezerrt und im Weinkeller ein Bündel Schatz-
briefe vergraben lassen. Dann musste ich Zement über
das Loch gießen. Du kommst mit und bleibst bei mir,
während ich sie ausgrabe. Ich brauche einen Zeugen.»

Mein Nacken war wie aus Eis. Ich ging weiter die Stufen hinunter, zum Umkehren hatte ich zu viel Angst.
«Wir müssen Vaters Axt finden, Kate. Aber du weißt
wohl kaum, wo er sie aufbewahrt hat, oder? Ich bin in
Durham geblieben. Ich habe mir jahraus, jahrein den ganzen Scheiß von ihm anhören müssen, während du dich in
der großen weiten Welt herumgetrieben hast … Wir fin-

den jetzt diese Axt, und wenn es die ganze Nacht dauert, nicht wahr, Kate?»

Erinnerte Begegnungen. Getane Taten. Gesagte Worte. Leuchtspursalven ziehen in hohem Bogen über den Wald. Kate taufte man mich nach meiner irischen Großmutter. Sie färbte sich mit Teesatz das Haar und hämmerte mit ihrem Schlehenstock auf den Boden, wenn das Personal nicht spurte oder es nicht nach ihrem Kopf ging. Bleib bissig, pflegte sie zu sagen, bleib schlank, Kate, lass dir von niemandem etwas vormachen.

Aufgedunsen und zahnlos vegetiere ich in einem malvenfarbenen Schlafzimmer dahin und warte auf das Klingeln des Telefons. Wenn ich doch nur nicht Quarasin nehmen müsste. «Wenn doch nur» ist eine schmierseifenglatte Stange ins Nichts. Es gibt nur, was es gibt. Mich. Diesen Augenblick. Meine linke Hand. Wie kann ich meine linke Hand beschreiben? Abgekaute Nägel, ein zu groß gewordener Ehering, dunkle Flecken, wurmartige blaue Venen, am Handgelenk ein Erste-Hilfe-Armband, am Zeigefinger eine Narbe von einer Schüssel rote Bete, die ich vor zwanzig Jahren zerbrach. Das Gerüst besteht aus fünf fächerförmigen Knochen, bedeckt von käsiger Haut. Die Knochen sind in fünf ungleiche Streifen zerteilt, von denen jeder in einem ovalen, durchscheinenden Fenster ausläuft. Als ich einmal vom Heuboden eines Stalls nach unten blickte, dachte ich: Das ist kein Pferderücken, das ist ein Cello.

Hör mal: das ist Quarasin.

Hör mal: die Hummerscheren meiner Schwiegermutter packten einen am Handgelenk, damit man nicht eher wegging, bis sie eine ihrer endlos langen, nichts sagenden

Geschichten abgespult hatte. Meine Schwiegermutter, eine kräftige, verhärmte Frau. Wackliges Gebiss, zerlaufener Lippenstift im Gefältel rings um den Mund, wund gearbeitete Nikotinfinger. Sie vergötterte George, «mein einziges Kind, mein Sohn, der Diplomat». George schämte sich ihrer. «Lieber Gott, Ma, wenn du mich schon irgendwie bezeichnen musst, sag einfach, ich arbeite beim Außenministerium.»

Jeden Sommer kam sie auf Besuch. Morgens um fünf Uhr rumpelte es in den Wasserrohren: Sie nahm ein Bad. Die Bügelwäsche war fix und fertig, als wir spätabends von einer Party nach Hause kamen. Nein, sie wollte nicht mitkommen, nein, sie «würde nicht zu den Leuten passen. Außerdem vertrage ich das mexikanische Essen nicht.» Alles Quatsch, meinte George. Also ging sie mit uns zu den Troups nach Mexico City. Sie aß Tortillas und trank Sangria, bis ihr schlecht war, und oh, oh, *con fuoco* alles in die Troup'sche Toilette.

Mitten in der Nacht wachte ich auf. Die Tür des Gästezimmers war aufgerissen worden, und ich hörte, wie meine Schwiegermutter leise versuchte, ein Streichholz anzuzünden. (Mein Gott, dachte ich, eines Tages werde ich alt sein und eines meiner verheirateten Kinder besuchen, und sie werden im Bett flüstern: «Wann geht sie denn endlich wieder? Himmel, ich halte das nicht mehr lange aus.») Nicht aus Liebe oder Mitleid ging ich in das Gästezimmer. Ich brauchte einen Talisman, um gegen eine ähnliche Zukunft gefeit zu sein. «Mrs. Manning», fragte ich, «kann ich Ihnen etwas bringen?» Ein krächzendes Reibeisenlachen. Die Hummerschere schnappte zu. «Pass mal auf», sagte sie. «Ich weiß, dass ich eine alte

Nervensäge bin, aber ich kann einfach nicht aus meiner Haut.» Am nächsten Morgen war sie wieder die Gleiche – verschmierter Lippenstift, Dampforgellachen – und umbuhlte ihren Sohn, ihr einziges Kind, den Diplomaten. Die Gleiche und doch nie wieder die Gleiche. Martin Buber würde sagen, das Ich-Es-Verhältnis hatte sich zu einem Ich-Du verwandelt. Alan Watts würde sagen, ihr Ego traf auf mein Ego.

Was sage ich?

Ich sage, unsere Reise ist gleich zu Ende, wir schweben über dem Flughafen ein, das Fahrwerk ist ausgefahren und eingerastet. Gestern ging ich zum Arzt. Der Kürze halber und aus Bosheit rede ich ihn mit Chiclets an.

Warum ich ihn verachte? Angst, was sonst. Er hat windfarbene Augen, stark behaarte Fingerknöchel, und wenn er einen mit den Händen anfasst, geschieht dies mit derselben Geschicklichkeit und Verachtung, wie ein Metzger mit Fleisch umgeht. Warum wird jemand Arzt, dem es so an Einfühlungsvermögen mangelt? Wegen dem Zaster, höchstwahrscheinlich, und dem Prestige. Zu Gott Herr Kollege sagen können. Ehre den Arzt, o ja, aber vergiss Aufrichtigkeit, Gekränktsein und Fröhlichkeit. Laut und spöttisch bildet sich seine Stimme im Unterleib, aber bis sie sich über Schleichwege durchs Fett und breite Fernstraßen zu seinem Rosenknospenmund quält, ist ein unmännliches Fistelstimmchen aus ihr geworden, irgendwie lächerlich, wie ein Dreirad, das mit wirbelnden Pedalen die Schnellstraße entlangtrudelt.

«Ah, Sie haben nicht wieder mit Rauchen angefangen», sagt er und bläst mir Rauch ins Gesicht. «Ah, Sie haben Mut.» (Nicht genug, wollte ich sagen, nicht genug, du billiger Jakob. Ich habe gehört, wie du das alte Wrack im Krankenhaus heruntergemacht hast, bloß weil es den Urin nicht mehr halten konnte.) «Wie ich schon sagte, Mrs. Manning, Quarasin ist ein starkes Medikament, und Ihre Gerinnungswerte sind so gut wie unberechenbar, aber in meiner ganzen Zeit als Arzt ist mir eine Reaktion wie Ihre noch nie untergekommen.» (Hör schon auf, Kindskopf, blauäugiger Hansguckindiewelt, lass dich einsalzen, bei dir ist Hopfen und Malz verloren.) «Meine Sprechstundenhilfe heiratet heute. Ich nehme Ihnen selbst Blut ab, machen Sie bitte eine Faust.» (Wie kindisch ich war, als ihm mein Blut aufs Hemd spritzte, so kindlich entzückt, dass ich den Nerv dazu hatte, jene gallenbittere Frage zu stellen.)

*«Mrs. Manning, Sie werden vielleicht Ihr ganzes Leben lang Quarasin nehmen müssen. Darauf wird es vermutlich hinauslaufen, Sie müssen sich also mit dieser Möglichkeit abfinden.»*

Abfinden?

Ich fahre mit dem Aufzug ins Erdgeschoss des Ärztehauses. Der blinde Stifteverkäufer erkennt mich am Schritt. «Sie treten heute aber schwach auf, Mrs. Manning.» – «Nein, Mr. Holliday, mir geht's prima», sage ich. «Wie stehen denn bei Ihnen die Aktien?» – «Mies … Aber man kann's eben nicht erzwingen.» Abfinden.

Nie im Leben. Lieber tot als resignieren. Mein Nacken schmerzt, weil der Wald auf ihm lastet. Ich bin zerstreut. Ich habe Alpträume. Dinge schrecken mich ab und ziehen mich gleichzeitig an.

Die Verkehrsinsel vor mir. Ich muss die Straße überqueren, um ein Taxi nach Hause zu erwischen. In der

Mitte der Kreuzung steht eine Fußgängerinsel, ein kleines erhöhtes Dreieck. Wenn ich Glück habe, schaffe ich es über die Straße, ohne dass die Ampel umspringt.

Heute bin ich nicht so schnell auf den Beinen. Ich stehe auf der Verkehrsinsel und sehe zu, wie schwindsüchtige Autos vorbeiröcheln, Lastwagen dröhnen und höhnen und wild dreinschauende Busse so dicht an mir vorüberfahren, dass sie mir den Atem von den Lippen rauben. Ich schaue auf meine schwarzen Krokoschuhe hinunter. Reintreten und wohl fühlen. Blöder Werbespruch. Trete nur rein, nur ein paar Zentimeter, Kate, dann ist alles aus und vorbei.

Nicht schubsen. Wer immer in den Rücken schubst, *lass das.* Kein Grund, mich umzudrehen. Ich weiß, dass ich allein auf der Verkehrsinsel stehe. Ich habe keine Garantie, dass es schnell, schmerzlos und endgültig wäre. Ich könnte am Leben bleiben, durch den Fleischwolf gedreht und wieder zusammengeflickt. Wär das nicht fein? Sobald die Ampel umschaltet, humpele ich über die Straße zum Taxistand. Eile mit Weile. Dulden und *Ge*dulden. Rode den Wald, aber lass mich nicht warten.

Ich warte jetzt schon den ganzen Nachmittag. Ein Blick auf die Uhr, zehn nach drei. Die Kinder aus der Nachbarschaft kommen aus der Schule, Pulloverärmel um die Hüften geschlungen. Elias, ein altersschwacher Dalmatiner, krabbelt unter der Hecke hervor und heißt sie halbherzig willkommen.

«Hallo, Elias.» Ich erkenne die Stimme. Das neue kleine Mädchen. Noch nicht fünf, trägt eine Netzstrumpfhose und hat die ganze Straße fest in der Hand. «Lias, weißt du was?»

Ich nehme den Hörer noch vor dem zweiten Klingeln ab. Es *ist* Miss Franklin. Ich höre zu, wiederhole die neue Dosis, sage danke schön, lege auf.

Lias, weißt du was? Ich muss jetzt zweiundzwanzig Milligramm nehmen. *Madre de Dios.* Im Krankenhaus waren es vier Milligramm. Dann sechs, neun, elf, vierzehn, fünfzehn, achtzehn. Zweiundzwanzig. Ich werde mich auflösen. In Fetzen geh ich.

Auf den weißen Spazierstock gestützt, gehe ich ins Bad. Die Tapete will ich schon seit Jahren wechseln. Sie widert einen an – Aschenputtel in Reifröcken, die aus Kürbiskutschen steigen. Ich öffne den Spiegelschrank. Zweiundzwanzig. Das macht sechs Pfirsich. Sechs mal fünf macht zwanzig. Ein Lavendel ist zwei. Zwanzig und zwei macht zweiundzwanzig. Ich fülle Wasser in einen Becher aus dem Spender. Die Pillen rutschen glatt hinunter. Ich schließe die Hausapotheke. Hör mal, sage ich zu dem Spiegel, hör mal, alter Freund, du mit den Falten und Spalten, du hast dein Quarasin für heute genommen, also nicht wiederholen. Wiederhole, nicht wiederholen.

Ich sage es.

In dem Spiegel ist kein Gesicht.

Ich sehe den Kragen eines verwaschen-blauen Morgenrocks. Ich sehe einen gerippten Hals. Und über dem Hals? Nichts. Luft. Ein viereckiges Stück Aschenputtel-Tapete, wo das Gesicht sein müsste.

Eine optische Täuschung?

Ich kippe den Lichtschalter um. Ich höre das summende Vorspiel, das dem Aufflackern der Leuchtstofflampen immer vorausgeht. Ich höre, wie das letzte Trio aus dem *Rosenkavalier* drüben im Wohnzimmer verklingt. Meine

Zunge ist nass. Wir haben gutes Wasser, es ist leicht säuerlich und schmeckt nach frischen Meerjungfrauen. Das Keramikwaschbecken fühlt sich wie ein Keramikwaschbecken an – kalt und ewig.

Alles okay.

Ich schaue noch einmal in den Spiegel. Der Morgenrock, der Hals, die Luft, die Tapete. Zitternd beuge ich mich vor. Ich schlinge mir die Arme fest um den Bauch. Das Herz donnert mir wie Brandung in den Ohren. Quarasin verwandelte meinen Kopf in einen Wald, jetzt hat es mein Gesicht aufgelöst. Persönlichkeit heißt Maske. Erst der Kopf, dann das Gesicht, was kommt als Nächstes? Das Herz? Das Nullbein, das Begegnungen anzeigt, vorausschaut und sich Gedanken macht. Wie werde ich mit dem Rest meiner Tage fertig werden?

Im Haus ist es kalt. Ich sollte die Heizung anschalten. Den Zug des Teppichs unter meinen Pantoffeln spürend, gehe ich in mein Schlafzimmer zurück, meine kleine malvenfarbene Gummizelle. Wenn die Gefühle weg sind, werde ich nur noch vor mich hinvegetieren, wie ein Stück Gemüse. Karotten, Brokkoli, o bekränze mich mit Petersilie. Es ist zum Schlimmsten gekommen. Ich begegnete mir. Aber da war niemand.

Erinnerungen setzen mir zu, zupfen mich am Ärmel. Eine ungeheuer stürmische Überfahrt zu den Araninseln, wir waren uns fremd, aber so klatschnass vom Regen, dass wir uns alle in dem behaglichen Schankraum zusammendrängten, während im Laderaum Kühe verängstigt muhten und mit den Hufen trampelten. Das Guinness floss in Strömen. Ein kleiner, zwergenhafter Dubliner mit einer Tweedmütze und vorstehendem Unterkiefer entschuldigte sich, als das Schiff zum ersten Mal schlingerte und Guinness aus seinem Glas auf meinen Schoß schwappte. Das Schiff schlingerte weiter, das Guinness schwappte weiter. Zum Ausweichen war kein Platz, und ich ließ mir durch nichts Verärgerung anmerken. Von Mal zu Mal fiel seine Entschuldigung barscher und unfreundlicher aus, bis ihm schließlich der Kragen platzte und er brummte: «Gnädige Frau, Sie müssen sich eben den Launen der Natur beugen.»

Das muss ich. Die Natur macht keine Freudensprünge, klagt nie, lobt nie und tadelt nie. Die Natur geht weiter. Zu weinen habe ich nicht die Kraft. Ich seufze stattdessen, ein lang gezogener Seufzer, der gegen die Wände stupst wie eine federleichte Löwenzahnkrone. Irgendwie hilft es, wenn man allein ist und niemand einen hört, tief zu seufzen und zu sagen: «Ach du, du Arme.»

Du Arme?

Du Niemand.

## PETRA HAMMESFAHR
# Der Hausmeister

Natürlich habe ich Vanessa geliebt. Und ich gehöre nicht zu den Menschen, denen solch eine Behauptung leicht über die Lippen kommt. Von der ersten Minute an habe ich sie geliebt bis zum Wahnsinn, das ist mir nur erst später bewusst geworden. Ob Vanessa für mich ebenso empfunden hat, weiß ich nicht genau. Darüber haben wir nie gesprochen. Man darf bei einem so jungen Mädchen wohl auch nicht zu viel erwarten. Aber was mich angeht, ich habe für sie getan, was ich konnte. Alles auf eine Karte gesetzt, meine Ehe, meinen Beruf, meinen guten Namen, alles habe ich für sie riskiert. Wenn das nicht Liebe ist, was ist es dann?

Vanessa hat mir vom ersten Augenblick an mehr bedeutet, als man mit Worten verständlich machen kann. Daran haben die letzten Tage nichts geändert. Sie war nicht unbedingt mein Leben oder die Luft, die ich zum Atmen brauche. Sie war mehr. Dieser gewisse Kick im Hirn, der plötzlich alles um hundertachtzig Grad dreht, dieses Feuer im Herzen, das sich zuerst nur hinter den Rippen ausbreitet, dann in den Bauch hinabsteigt und schließlich sogar Arme und Beine ausfüllt. Und den Kopf, den Kopf nicht zu vergessen.

Ich hatte gelegentlich schon von solchen Fällen gehört, dass es einen Mann um den Verstand bringt und er an gar nichts anderes mehr denken kann, seine Pflichten vernachlässigt, seine Familie von heute auf morgen im Stich lässt, nur um mit einer anderen Frau zu leben. Weil diese andere Frau etwas hat, was der betreffende Mann sonst nirgendwo findet.

Aber ich selbst kannte das nicht, und ich hielt solche Schilderungen immer für leicht übertrieben. Bis zu dem Tag, an dem ich Vanessa traf, war bei mir eigentlich alles normal, ein Durchschnittsleben ohne besondere Aufregungen.

Mit 24 Jahren habe ich Gerti geheiratet. Es war immer eine ruhige Beziehung, friedlich und harmonisch. Wir haben uns gut verstanden, in jeder Hinsicht. Kein Streit ums Geld und um Sex erst recht nicht.

In dem Punkt ist Gerti ziemlich anspruchslos. In den ersten Jahren schlief ich regelmäßig mit ihr. Zweimal die Woche, es war immer ganz nett, nichts Besonderes, nichts Außergewöhnliches, aber Gerti war zufrieden damit. Und ich war es auch. Mir ist früher nie der Gedanke gekommen, dass ich meine besten Jahre verschleudert habe.

Dann kamen die Kinder, und es ließ nach. Damit muss man sich abfinden, dachte ich immer. Wir werden älter, wir kennen uns in- und auswendig. Und abends sind wir eben müde. Natürlich habe ich mich manchmal gefragt, ob das alles sein soll. Aber ich war nie scharf auf Abenteuer.

Gut, ich weiß, was hier über mich erzählt wird. Dass ich den jungen Mädchen nachgestiegen bin, dass ich sie im Aufzug belästigt oder ihnen draußen in den Grünanlagen aufgelauert habe. Wir hatten da einen Fall, das ist jetzt zwei Jahre her, da behauptete so ein junges Ding, ich sei in ihre Wohnung eingedrungen und hätte sie unter der Dusche überfallen. Das ist purer Unsinn, einfach Wichtigtuerei, das hätte sie wohl gerne so gehabt.

In Wahrheit war es so, dass ich zufällig an der Wohnung vorbeikam und Wasserrauschen hörte. Da dachte ich natürlich gleich an einen Rohrbruch. Sollte ich da etwa abwarten, bis das Wasser im Stockwerk drunter durch die Decke kommt? Ich habe geklingelt, nicht nur einmal, zweimal mindestens. Geklopft habe ich wahrscheinlich auch, weiß ich nicht mehr so genau, ist ja auch unwichtig. Es machte keiner auf, aber ich hatte zufällig den passenden Türschlüssel dabei, also bin ich rein. Dass das Mädchen gerade unter der Dusche steht, konnte ich doch nicht ahnen.

Ich meine, wenn ich wirklich was von ihr gewollt hätte, dann wäre ich da nicht tagsüber so reingeplatzt, da hätte sich schon noch eine andere Möglichkeit gefunden. Und gerade die, die hatte es nötig, das Maul aufzureißen. Sie sah niedlich aus, richtig harmlos und naiv. Aber sie hatte es faustdick hinter den Ohren. In dem Sommer vor zwei Jahren habe ich selbst beobachtet, wie sie mit zwei Männern im Hausflur verschwand.

Das war zu der Zeit, als die Fassade einen neuen Anstrich bekam. Da bin ich so gegen zehn auf das Gerüst und habe mich mit eigenen Augen davon überzeugen können. Die trieb es mit zwei Männern gleichzeitig. Da ging es mit Juchhei über Tisch und Bett. Danach habe ich sie ein bisschen im Auge behalten. Vor der war keiner sicher, der Hosen trug.

Bei mir hat sie es auch versucht, hat sich dann wahrscheinlich rächen wollen, weil sie bei mir nicht landen konnte. Brüllt gleich los, als ich in ihrem Badezimmer auftauche. Ich bin ganz ruhig geblieben. Über so was rege ich mich doch nicht auf. Und mich mit so einer einlassen, das war bei mir nie drin.

Ich meine, ich habe wohl mal der einen oder anderen Frau nachgeschaut, auch mal gedacht, dass sie eine tolle Figur hat, eine bessere Figur jedenfalls als Gerti. Nach den Kindern war sie doch etwas in die Breite gegangen. Rein körperlich reizte sie mich kaum noch. Ist ja auch kein Wunder nach fast zwanzig Ehejahren. Ich schlief schon noch mit ihr. Aber zwei-, dreimal im Monat war in den letzten beiden Jahren schon oft.

Doch es ist nicht so, dass ich etwas vermisst hätte, jedenfalls habe ich nie bemerkt, dass mir etwas fehlt. Bis ich Vanessa traf. Ich sehe es noch so deutlich vor mir, als wäre es keine Stunde her. Sie war gerade eingezogen in eine kleine Wohnung im dritten Stock, und am Briefkasten musste noch das Namensschild ausgetauscht werden.

Wir haben da so kleine Messingschilder, die ich selbst graviere. Deshalb haben sie mich vor Jahren ja für den Hausmeisterposten genommen, weil ich fast alles selbst machen kann, all die kleinen Reparaturen, die in solch einer Wohnanlage täglich anfallen.

Das kann sich vermutlich kaum einer so richtig vorstellen, aber ich bin tatsächlich von morgens um sechs bis abends um acht im Einsatz. Dass ich bei so viel Arbeit keine Zeit habe, mich auch noch an jungen Mädchen zu vergreifen, ist doch klar, oder? Und ich habe ja um acht nicht Feierabend. Oft genug klingelt mich nach zehn noch einer raus, weil der Aufzug irgendwo festhängt oder weil er den Wohnungsschlüssel verloren hat. Das sind noch Kleinigkeiten. Den Aufzug bringe ich meist in wenigen Minuten wieder auf Touren, und wir haben Ersatzschlüssel für jede einzelne Wohnung.

Das sehen manche Mieter zwar nicht so gerne. Die denken vermutlich, ich würde dann während ihrer Abwesenheit herumschnüffeln. Aber so einer bin ich nicht. Ich sage immer zu Gerti: «Was die Leute privat machen, geht uns nichts an. Solange sie ihre Miete pünktlich überweisen und andere sich nicht belästigt fühlen, können sie von mir aus bis morgens feiern.»

Und wenn mal einer verreist ist, und es platzt ein Wasserrohr, ist alles schon vorgekommen, dann sind sie doch ganz dankbar, dass ich mir Zutritt verschaffen und den Schaden gering halten kann.

Das fällt alles in meine Zuständigkeit, spart Zeit und die Handwerker. Wasser, Strom, klemmende Türen und Heizkörperventile oder eben die kleinen Messingplatten für die Briefkästen.

Da stand ich gerade im Hausflur und wollte die Platte anschrauben, als Vanessa hereinkam. Ich hatte wie üblich vom Vornamen nur den ersten Buchstaben genommen. Das mache ich immer so, damit allein lebende Frauen nicht belästigt werden.

Ist alles schon vorgekommen. Es gibt ja solche Schweine, die suchen sich die Namen aus dem Telefonbuch und quälen die armen Frauen mit obszönen Anrufen. Mit unseren Briefkastenplatten kann das nicht passieren.

Da kam Vanessa also ins Haus, sah, was ich tat, und

blieb natürlich bei mir stehen. Sie trug Schuhe ohne Absätze, so ganz flache, deshalb war sie sogar noch etwas kleiner als ich. Sie fragte, ob ich der Hausmeister sei, und als ich nickte, lächelte sie.

Guter Gott, solch ein Lächeln hatte ich noch nie gesehen, es ging mir durch und durch. Wenn ich sage: Vanessa war eine Schönheit, dann ist das in keiner Weise übertrieben.

Es hat wohl jeder seine eigene Vorstellung von schön, aber ich kann mir nicht denken, dass ein anderer an ihr irgendeinen Makel gefunden hätte. Und wenn sie lächelte, war das fast so, als ob ein Engel vor einem steht. Langes Haar, hellblond und so weich wie Seide, die Augen von einem Blau, um das der Himmel sie beneiden musste, ein kleiner Mund. Er schimmerte immer ein bisschen feucht, nur ein bisschen, gerade so viel, dass man sich nicht satt daran sehen konnte. Dann der Hals, die Figur, Arme, Beine, es war wirklich alles perfekt an ihr.

Sie schaute sich die Platte mit ihrem Namen an, fragte, warum denn der Vorname abgekürzt sei. Ich erklärte es ihr, und sie lächelte wieder, vielleicht nur, weil meine Stimme ein bisschen belegt klang und ich mich zweimal räuspern musste, ehe ich überhaupt eine Antwort geben konnte. Wahrscheinlich kannte sie ihre Wirkung auf Männer genau. Und sie wusste auch, dass sie von Männern so ziemlich alles haben konnte, wenn sie nur lächelte. Und wenn sie einen Mann dann noch berührte, bekam sie das letzte Hemd von ihm. Und die Hose gleich dazu.

Sie legte mir die Hand auf den Arm, nicht aufs Hemd, ich hatte die Ärmel aufgerollt, es war ziemlich warm an dem Tag. Da brach mir der Schweiß aus, und ich merkte auch genau, dass sich da bei mir etwas rührte. War mir richtig peinlich, sie musste schließlich auch sehen, dass sich meine Hose plötzlich ausbeulte. Und sie lächelte immer noch, strich mit der Hand ganz leicht meinen Arm hinauf und wieder hinunter.

Sie hätte doch lieber ihren ganzen Vornamen auf der Platte, sagte sie. Es sei doch ein schöner Name, ob ich nicht auch fände, dass Vanessa ein schöner Name sei.

Da hätte ich sie beinahe gefragt, ob es denn irgendetwas an ihr gäbe, was nicht schön sei. Ich konnte mir die Frage gerade noch verkneifen. Und dann habe ich für sie eine neue Platte graviert.

Bei der Abrechnung mit der Hausverwaltung gab ich einfach an, mir sei bei der ersten Gravur ein kleiner Fehler unterlaufen. Das war mir zwar bis dahin noch nie passiert, aber sie haben es anstandslos geglaubt und nicht weiter nachgefragt. Normalerweise sind sie ja ein bisschen kleinlich, und die Messingplatten sind nicht billig.

Ich kam erst abends dazu, die Platte anzuschrauben. Es war bestimmt keine Absicht, dass ich gerade damit beschäftigt war, als Vanessa heimkam. Zu der Zeit wusste ich doch noch gar nicht, wo und was sie arbeitet und wann sie Feierabend hat. Jedenfalls stand ich gerade wieder im Hausflur, als sie zur Tür hereinkam. Sie bewunderte die Arbeit. Und als ich ihr sagte, dass ich die Namen selbst eingraviere, sagte sie ein paar nette Worte, von wegen Geschicklichkeit und künstlerischer Arbeit.

Dann fragte sie, ob ich auch die Wohnungen abnehme, wenn ein Mieter auszieht. Ich hätte natürlich einfach ja sagen können, aber meine Stimme war wieder so belegt, also nickte ich nur. Und da fragte sie, ob mir denn nicht aufgefallen sei, dass das Waschbecken in ihrem Bad einen kleinen Sprung habe. Das sehe so hässlich aus, sagte sie.

Ich konnte mich gar nicht an einen Sprung erinnern. Und ich bin immer noch sicher, er wäre mir aufgefallen. Und wenn nicht mir, dann Gerti. Wir nehmen die Wohnungen immer gemeinsam ab, weil vier Augen mehr sehen als zwei. Und manche Mieter sind ja so gerissen, die stellen sich genau so hin, dass sie die Flecken im Teppich oder die Kratzer an den Türen verdecken. Einer wollte uns mal einen zerbrochenen Klodeckel unterjubeln, gab sich großzügig, hatte einen Frotteebezug drüber gespannt, den wollte er uns dalassen. Aber Gerti durchschaut die Leute immer schnell und kam ihm auf die Schliche.

Ich weiß noch, ich stand da mit Vanessa im Hausflur und fragte mich, was Gerti ihr wohl antworten würde. Dass sie selbst etwas in das Becken hat fallen lassen, vermutlich. Aber Gerti ist manchmal sehr hart, vor allem bei jungen Mädchen. Da hat sie immer ein bisschen Angst, wenn die mich anhimmeln, und dann wird sie eben manchmal grob. Ist vielleicht verständlich.

Ich konnte mir nicht vorstellen, dass Vanessa so gerissen war. Sie machte einen so unschuldigen Eindruck, allein ihr Lächeln. Ich wollte gleich mit ihr hinaufgehen und mir das Waschbecken anschauen. Das habe Zeit, meinte sie, sie bekäme noch Besuch, und sie wollte es mir eben nur gesagt haben, damit es später nicht hieße, sie selbst habe den Schaden verursacht.

Danach habe ich die halbe Nacht wach gelegen. Es war entsetzlich heiß und stickig in unserem Schlafzimmer. Gerti schnarchte leise vor sich hin. Und ich kam einfach nicht zur Ruhe, wälzte mich von einer Seite auf die andere, schwitzte wie ein Bauarbeiter im Hochsommer. Jedes Mal, wenn ich gerade eingenickt war, sah ich Vanessa vor mir stehen. Wieder auf ganz flachen Schuhen, sodass sie noch kleiner war als ich. In einem dünnen Hemdchen, unter dem sich ganz deutlich ihre Brüste abzeichneten. Wie kleine rosige Knöpfe standen die Warzen vor, und dann die schmale Taille, die langen, schlanken Beine. Und immer, wenn ich gerade eindöste, sagte sie, dass sie noch Besuch bekäme.

Besuch! Und das Waschbecken hatte einen Sprung. Wenn da nun ihr Vater oder ihre Mutter oder ein anderer älterer Verwandter gekommen war, mal ins Bad gehen musste, was mochte der von uns gedacht haben? Dass wir unschuldigen Kindern eine horrende Miete aus der Tasche ziehen und als Gegenleistung zersprungene Waschbecken bieten.

Gleich am nächsten Morgen ging ich in Vanessas Wohnung. Ich musste das tun. Das war so, als ob mich eine Faust im Rücken dorthin schiebt. Ich ging natürlich ohne Gerti, der hätte ich diesen inneren Zwang nicht erklären können. Und ich kam mir dabei auch ein bisschen wie ein Verbrecher vor, weil ich mich heimlich einschlich. Aber das verging, als ich dann die Tür hinter mir schließen konnte und sicher war, dass mich kein Mensch gesehen hatte.

Man sah noch deutlich, dass Vanessa gerade erst eingezogen war. Im Schlafzimmer standen Kartons herum. Das Bett war nicht gemacht, und davor lag das dünne Hemdchen auf dem Boden, das Vanessa am Vortag getragen hatte. Es roch intensiv nach einem leichten, süßlichen Parfüm und ein ganz kleines bisschen nach Schweiß. Und daneben lag ein winziger Slip, nur so ein Dreieck aus schwarzer Spitze mit ein paar Fäden, bei dem die Pobacken frei bleiben. Der machte mich schon ein bisschen kribbelig.

Auch im Wohnzimmer herrschte ein ziemliches Durcheinander. Auf dem Tisch standen ein voller Aschenbecher und zwei Gläser. Biergläser, an einem davon waren deutliche Spuren von Lippenstift. Das gleiche Rosa, das Vanessa am Vortag auf den Lippen gehabt hatte. Und auf dem Boden lagen ein paar leere Flaschen. Eine davon war wohl nicht ganz leer gewesen, als sie dahingelegt wurde, unter der Öffnung war jetzt ein Fleck auf dem Teppich. Er war sogar noch feucht.

Zuerst stellte ich die leeren Flaschen auf den Tisch, dann ging ich in die Küche, fand eine angebrochene Flasche mit Spülmittel, eine Schüssel und ein Tuch. Ich machte eine warme Lauge und rieb so lange, bis der Fleck verschwunden war.

Vielleicht hätte ich das nicht tun sollen, aber der Teppich war neu, erstklassige Qualität, darauf achtet die Hausverwaltung. Und solange ein Fleck frisch ist, kann man ihn meist noch leicht entfernen. Vanessa hatte den Fleck vermutlich nicht bemerkt. Es war anzunehmen, dass ihr Besuch die Flasche umgeworfen hatte. Denn nach einer Schlampe sah sie nun wirklich nicht aus. Danach ging ich dann ins Bad.

Das Waschbecken hatte tatsächlich einen Sprung, einen ganz frischen, er war noch nicht dunkel gefärbt. Und er war so winzig, dass man schon sehr genau hinsehen musste. Aber das Becken war ohnehin von einer älteren Sorte, ziemlich unmodern von der Form her.

Ich bin dann ins Lager und habe ein anderes geholt, ganz neue Lieferung, modische Form. Ich habe es auch gleich angebracht. Und dann habe ich abends gewartet, eigentlich nur, um Vanessa zu sagen, dass der Schaden bereits behoben sei. Damit sie keinen Schrecken bekommt und keine falsche Meinung. Sie sollte doch nicht denken, ich hätte während ihrer Abwesenheit herumgeschnüffelt und das neue Waschbecken nur als Vorwand benutzt. Aber sie kam nicht zur gewohnten Zeit.

Um acht musste ich zum Essen in unsere Wohnung. Danach beschäftigte ich mich noch eine Weile in den Grünanlagen. Wenn es so heiß ist, kann man den Rasen ja erst spätabends sprengen. Es ging schon auf zehn Uhr zu, das weiß ich genau, als Vanessa endlich kam. Nicht allein, da war so ein junger, schlaksiger Bursche bei ihr.

Sie bemerkten mich gar nicht. Ich stand halb hinter der Fichte links vom Hauseingang. So hatte ich Gelegenheit, mir den Burschen genau anzuschauen. Auf mich machte er nicht den besten Eindruck. Er hatte einen Arm um Vanessas Taille gelegt, sah aus, als wolle er sie jeden Augenblick vom Boden hochheben. Und den Kopf hielt er vorgebeugt, weil sie mehr als einen Kopf kleiner war als er. Er redete ununterbrochen auf sie ein. Was er sagte, konnte ich nicht verstehen. Ich sah nur, dass sie nickte. Dann suchte sie in ihrer Tasche nach dem Schlüssel. Ich wollte schon rufen, aber dann dachte ich, dass es auch Zeit hätte bis morgen.

Und dann lag ich wieder die halbe Nacht da. Gerti schnarchte, und ich kam nicht zur Ruhe. Immer wieder fragte ich mich, ob Vanessa das neue Waschbecken wohl bemerkt hatte und was sie jetzt von mir dachte. Und wie ich ihr am Besten erklären konnte, dass ich keinerlei böse Absichten gehabt hatte.

Ich hatte den Slip und das Hemdchen wieder genauso auf den Boden gelegt, wie sie vorher gelegen hatten, da war ich mir ziemlich sicher. Aber ich hätte die Flaschen nicht auf den Tisch stellen dürfen. Vielleicht hielt Vanessa mich jetzt für einen Pedanten, vielleicht befürchtete sie, dass ich sie wegen des Teppichs zur Rede stellen würde, falls sie den Fleck doch selbst verursacht oder ihn zumindest schon bemerkt hatte.

Es ging auf drei Uhr zu, als ich es nicht länger aushielt. Ich schlich in die Küche, rauchte eine Zigarette und versuchte dabei, mit mir selbst ins Reine zu kommen. Ich weiß nicht, was mit mir los war. Mir ging dieser Bursche nicht aus dem Kopf. Vielleicht ihr Bruder, dachte ich die ganze Zeit und glaubte es selbst nicht. Aber wenn es nicht ihr Bruder gewesen war, dann vielleicht einer, der sich jetzt bei ihr einnisten wollte. Solche Fälle haben wir hier schon zuhauf gehabt, wirklich. Man soll gar nicht glauben, wie naiv manche Mädchen sind. Die nehmen jedes Wort für bare Münze, fallen auf jeden Tagedieb rein, der ihnen nur Honig um den Mund schmiert. Bis sie dann eines Tages aus allen Wolken fallen.

Um halb vier konnte ich die Ungewissheit wirklich nicht mehr ertragen. Wenn sie diesen Kerl nun mit in ihre Wohnung genommen hatte? Wenn der dort zudringlich geworden war, am Ende noch handgreiflich? So ein junges Mädchen traut sich doch kaum, laut um Hilfe zu rufen, vor allem dann nicht, wenn es gerade erst eingezogen ist. Was macht denn das für einen Eindruck auf die Nachbarn, nicht wahr? Dann lag sie jetzt vielleicht hilflos da.

Ich nahm die Treppen, der Aufzug macht nachts so viel Lärm. Licht machte ich auch nicht im Treppenhaus. Dort finde ich meinen Weg auch im Dunkeln. Und die Tür öffnen, das geht bei mir völlig geräuschlos. In der Wohnung war es auch nicht dunkler als im Treppenhaus. Außerdem weiß ich ja genau, wie die Wohnungen geschnitten sind. Erste Tür rechts das Bad, zweite Tür rechts das Schlafzimmer.

Vanessa war allein, und sie schlief. Es war sehr heiß im Zimmer, obwohl das Fenster weit offen stand. Sie hatte sich wohl ursprünglich mit einem dünnen Laken zugedeckt. Das lag jetzt am Fußende. Und Vanessa wirkte so rührend grazil, so zerbrechlich. Sie lag auf der Seite, trug nur einen dieser winzigen Slips. Ihre Haut schimmerte dunkel wie brauner Samt.

Ich blieb zuerst bei der Tür stehen, mir wurden die Knie weich. Als ich dann langsam zum Bett ging, drehte sie sich auf den Rücken. Ich werde das nie vergessen, mein Lebtag nicht. Die Beine leicht angewinkelt und zur Seite gekippt, lag sie da. Dieses Stückchen Stoff zwischen den Schenkeln, das war wie ein Versprechen. Und die Fäden waren an den Seiten nur mit einer Schleife gebunden. Ich musste nur einmal ziehen, da gaben sie schon nach.

Zuerst hatte ich natürlich Angst, dass sie aufwacht. Wahnsinnige Angst, wirklich, dass sie schreit und die ganze Nachbarschaft rebellisch macht. Da sind ja doch ein paar darunter, die mir alle Schlechtigkeit zutrauen.

Gerade im dritten Stock, da ist eine, Anfang vierzig, schätze ich, ein richtiger Donnerbrocken. Die bringt gut und gerne ihre zweieinhalb Zentner auf die Waage. Und dann läuft sie den ganzen Sommer über in Shorts rum. Im letzten Jahr hat sie sich bei Gerti über mich beschwert. Ich hätte sie im Aufzug belästigt. Als ob ich meine Finger nach einem Stück Speck ausstrecke.

Das habe ich nicht nötig, das nicht. Ich meine, hier laufen speziell im Sommer genug junge Dinger herum, bei denen es noch ein Genuss ist, genauer hinzusehen. Gerade wenn sie dann auf den Balkonen liegen. Da wird Gerti auch schon mal misstrauisch, wenn ich etwas an der Hausfassade zu reparieren habe, weil doch dieses junge Ding vor zwei Jahren so einen Blödsinn behauptete. Aber bei dieser Vettel, da hat Gerti nur gelacht. Nur würde ihr bei Vanessa wohl das Lachen vergehen.

Ich wollte wirklich keine Scherereien. Deshalb habe ich auch nur die beiden Schleifen aufgezogen. Angerührt habe ich Vanessa nicht. Angesehen, das ja, vielleicht eine Viertelstunde lang, war nur im Dunkeln nicht viel zu erkennen. Und dann bin ich wieder raus aus dem Schlafzimmer. Es wird sich jeder vorstellen können, was es mich an Überwindung und Selbstbeherrschung gekostet hat, aber die habe ich aufgebracht. Ich bin doch kein Wüstling, der nachts über ein unschuldig schlafendes Mädchen herfällt.

Im Wohnzimmer war ich noch kurz, das liegt genau gegenüber dem Schlafzimmer. Und die Tür stand offen. Ich wollte nur rasch nach dem Teppich sehen, ob der Fleck auch ganz rausgegangen war. Dazu musste ich natürlich Licht machen. Ich machte extra die Tür hinter mir zu, damit Vanessa nicht von dem Lichtschein aufgeweckt wird und am Ende noch denkt, es wäre ein Einbrecher in der Wohnung.

Die Kartons standen jetzt hier herum, das sah ich auf den ersten Blick. Aber wenn ein Mensch den ganzen Tag seinem Beruf nachgeht, und das tat sie ja, sonst hätte sie sich die Miete hier nicht leisten können, dann ist dieser Mensch abends froh, wenn er Feierabend hat. Und dann noch Kartons ausräumen und Ordnung machen, dazu fehlt dann vielleicht die Energie. Für so etwas muss man einfach Verständnis haben, gerade bei jungen Leuten. Ich gehe als Hausmeister ja viel mit jungen Leuten um, und ich habe immer Verständnis für sie.

Ich weiß auch nicht, wie es kam. Ich meine, ich war hellwach, ziemlich nervös, aufgeregt, und die Beule an meiner Hose machte mir schwer zu schaffen, da beschäftigt man sich eben, um sich abzulenken. Ich dachte, ach nein, ich habe nicht darüber nachgedacht, es ging ganz automatisch.

Ich habe aufgeräumt. Zwei umgekippte Bierflaschen vom Boden genommen und auf den Tisch gestellt. Auf der Couch lagen ein paar Kleidungsstücke herum. Ein blaues T-Shirt, mit einem Hauch von Parfüm und Schweiß. Das habe ich ins Badezimmer getragen. Da stand ein Korb für schmutzige Wäsche, den hatte ich schon gesehen, als ich das neue Waschbecken anbrachte.

Dann habe ich noch die Bierflaschen in die Küche gebracht, einen Aschenbecher ausgeleert. Ich war so leise, wie ich konnte, aber ganz ohne Geräusche geht es natürlich nicht. Als Vanessa plötzlich vor mir stand, da bin ich zu Tode erschrocken. Ich hatte gerade die leeren Flaschen von der Küche raus auf den Balkon gestellt. Kam wieder rein, zog die Balkontür zu. Da stand sie bei der Küchentür, vom Hals bis zu den Füßen in das dünne Laken gehüllt.

Sie nahm die Sache mit Humor. Na, sie kannte mich ja inzwischen auch gut genug, und wahrscheinlich hat sie vom ersten Augenblick an gespürt, dass zwischen uns beiden etwas Besonderes ist. Sie habe zuerst geglaubt, sie träume nur, sagte sie. Und ob ich hier überall nachts den Heinzelmann spiele, da hätte ich aber sehr viel zu tun.

Ich wusste gar nicht, was ich ihr darauf antworten sollte. Dann ließ sie auch noch das Laken runter, drehte sich ein bisschen hin und her und wollte wissen, ob sie mir gefällt und ob ich vielleicht nur deswegen gekommen bin. Da konnte ich nur nicken und gleich darauf den Kopf schütteln, wirklich, keinen Ton habe ich rausgebracht.

Ob ich sie anfassen möchte, wollte sie wissen. Was hätte ich darauf noch antworten sollen? In die Arme habe ich sie genommen und ein wenig gehalten, damit sie begreift, dass ich ihr nichts Böses will. Sie war so weich, die Haut so glatt und warm. Und ich konnte deutlich fühlen, wie sehr sie das vermisst hatte. Einfach nur so gehalten werden, ein bisschen den Rücken gestreichelt und den Po. Für solche Zärtlichkeiten nehmen sich die jungen Burschen ja gar keine Zeit mehr, nicht wahr? Die haben es immer so eilig, denen fehlt noch die Erfahrung und die Geduld, die man im Laufe der Jahre gewinnt.

Ja, und dann hat Vanessa mir gezeigt, was in den Kartons war, die noch im Wohnzimmer standen. Sie hat mir gesagt, wo ich die Sachen einräumen konnte. Es waren in der Hauptsache Bücher, sie studierte nämlich noch. Arbeitete nebenher, weil ihre Eltern nur einen kleinen Beitrag zu ihrem Unterhalt leisten konnten. Sie selbst hat sich dann wieder ins Bett gelegt, während ich einen Karton ausräumte. Daran sieht man, wie sehr sie mir vertraute.

Vom Bett aus hat sie mir noch ein paar Minuten lang

zugeschaut und mich gebeten, dass ich die Bücher schön übersichtlich hinstelle, damit sie nicht so lange suchen muss, wenn sie ein bestimmtes Buch braucht. Deshalb konnte ich auch den zweiten Karton nicht gleich ausräumen. Für den Inhalt war einfach kein Platz mehr. Sie hatte da nur so ein kleines Regal an der Wand. Da hätte ich die Bücher doppelt und dreifach stapeln müssen. Da hätte sie ja im Leben keines wiedergefunden.

Als ich ging, schlief sie schon wieder. Sie lag auf dem Bauch. Ich küsste sie nur ganz leicht auf den Nacken und streichelte noch einmal ihren Rücken und ihren Po. Den leeren Karton nahm ich mit, damit er ihr nicht im Weg rumsteht.

Am nächsten Tag habe ich im Baumarkt ein schönes Regal gekauft. Ich hab's auch gleich angebracht. Das musste ich tagsüber machen, weil da ja Löcher gebohrt werden mussten. Aber bis auf die Dübel und die Regalbretter habe ich nichts angerührt, nur den Teppich noch schnell abgesaugt. Das hätte nachts zu viel Lärm gemacht, aber den Rest, den habe ich mir aufgehoben.

Gut, wir kannten uns zu dem Zeitpunkt noch nicht lange, aber das war fast schon wie eine stille Vereinbarung zwischen uns. Wir hätten ja nichts voneinander gehabt, wenn ich tagsüber aufgeräumt hätte. Nachts bin ich wieder hinauf zu Vanessa. Wartete nur noch, bis Gerti fest eingeschlafen war. Vanessa schlief noch nicht.

Sie stand unter der Dusche, als ich in die Wohnung kam. Während sie duschte, sorgte ich schnell für ein bisschen Ordnung in der Küche. Da stapelte sich das schmutzige Geschirr von mindestens drei Tagen. Aber wann hätte Vanessa es denn abspülen sollen? Studium, Arbeit, ein bisschen Erholung brauchte sie schließlich auch. Im Wohnzimmer war nicht so viel zu tun, nur ein paar Sachen wegräumen.

Als sie dann aus dem Bad kam, tat sie ein bisschen erschrocken. Sie spiele anderen gerne etwas vor, hat sie mir nachher erzählt, damit eine Beziehung nicht so eintönig und langweilig wird. Dann machten wir es uns auf der Couch gemütlich.

Sie hatte sich nur ein Handtuch umgewickelt. Auf den Schultern, den Armen und den Beinen perlten noch die Wassertröpfchen. Die durfte ich wegküssen, eines nach dem anderen. Danach war sie müde und ging ins Bett. Von da aus schaute sie mir noch ein paar Minuten lang zu, als ich die Bücher ins zweite Regal räumte.

Die ganze erste Woche ging es so, zu tun gab es immer etwas. Und ich habe es gern getan, ich habe jede Minute genossen, die ich in Vanessas Nähe verbringen durfte. Gerti hat es nicht mitbekommen, dass ich jede Nacht aus der Wohnung schlich. Auch sonst hat keiner was bemerkt. Zuerst hatte ich ja noch Angst, dass mir mal im Treppenhaus einer über den Weg läuft. Aber andererseits hätte ich da wohl schnell eine Ausrede gefunden, schließlich bin ich hier der Hausmeister. Da kann ich zu jeder Zeit in jedem Stockwerk sein, um irgendwas zu kontrollieren oder zu reparieren.

Es war eine herrliche Zeit. Da war so viel Spannung zwischen uns. Immer wenn ich kam, spielte Vanessa mir was vor. Zuerst tat sie, als ob sie mich noch gar nicht bemerkt hätte, obwohl sie genau wusste, dass ich bereits hinter der Tür stand oder hinter der Couch hockte. Dann gab sie sich erschreckt oder sogar entsetzt, stammelte irgendwas und machte Anstalten, aus dem Zimmer zu laufen.

Ich musste sie dann immer jagen, dreimal um den Tisch herum, bis ich sie packen und auf die Couch werfen konnte. Anschließend unterhielten wir uns dann lange darüber, dass sie gerne zum Theater gegangen wäre. Wenn ich ihr sagte, sie sei eine gute Schauspielerin, fühlte sie sich immer sehr geschmeichelt.

Und wenn ich sie nur anfasste, und mehr habe ich ja in der ersten Woche wirklich nicht getan, dann war das wie elektrischer Strom unter den Fingerspitzen. Ich glaubte, dass es immer so weitergehen würde mit uns, und natürlich noch weiter. Auf Dauer wollte ich schon etwas mehr. Aber das braucht Zeit, gerade bei einem Mädchen wie Vanessa. Ich stellte mir das so richtig schön vor. Wie ich mich an einem Abend der zweiten Woche mit dem Abwasch ein bisschen beeilen würde. Wie ich sie dann in ihr Bett tragen würde, wenn sie aus der Dusche kam. Die Wassertröpfchen nicht nur von den Schultern und den Beinen küssen.

Aber in der zweiten Woche hatte Vanessa Nachtschicht. Sie arbeitete in einem Schnellimbiss, um sich ihr Studium und den Lebensunterhalt zu verdienen, und nahm die Schichten immer so, wie sie sich am Besten mit den Vorlesungen vereinbaren ließen, hat sie mir erzählt. Und tagsüber war sie ja an der Universität, vormittags jedenfalls, und nachmittags traf sie sich dann noch regelmäßig mit ein paar Kommilitonen. Sie hat mir sogar erklärt, dass das ebenfalls Studenten sind, weil ich mit dem Ausdruck nichts anfangen konnte und doch ein kleines bisschen eifersüchtig wurde.

Aber ich hatte natürlich Verständnis dafür, dass wir uns in der zweiten Woche nicht sehen konnten. Um ehrlich zu sein, es kam mir nicht völlig ungelegen. Ein paar Nächte wieder richtig durchschlafen, nicht nur die paar Stunden gegen Morgen, das konnte ich schon gebrauchen. Ich war doch etwas erschöpft.

In den ersten fünf Nächten hätte mich nicht einmal eine Kanone aufwecken können. Gerti wunderte sich und meinte, das käme von der Hitze. Ich grinste nur und gab ihr Recht. Vielleicht hatte sie sogar Recht. Es war sehr heiß, und obwohl ich mich nicht für Vanessa verausgabte, war es eine harte Woche.

Drei Auszüge von langjährigen Mietern. Da musste ich gleich in drei Wohnungen die alten Teppiche komplett entfernen und neue verlegen. Und in zwei Bädern waren die Wandkacheln beschädigt, die mussten auch erneuert werden. Abends war ich so müde, dass ich wie ein Stein ins Bett fiel und an gar nichts mehr denken konnte, auch nicht an Vanessa. Aber dann traf ich sie zufällig.

Das war am Donnerstag. Ich kam gerade mit einem Karton neuer Kacheln aus dem Lager, da trat sie aus dem Aufzug. Sonst war niemand in der Nähe. Da hatten wir zwei Minuten für uns. Aber Vanessa beherrschte sich meisterhaft. Sie warf nur einen Blick auf die Kacheln. Das Muster gefiel ihr so gut, auch die Farbe fand sie toll. Die würden sich bestimmt auch in ihrem Bad gut machen, meinte sie. Ich nahm sie noch kurz mit hinauf in eine der Wohnungen, damit sie sah, wie das Muster an der Wand wirkte. Vanessa war hellauf begeistert.

Dann überlegte ich mir, dass ich für das kleine Bad in ihrer Wohnung ja nur ein paar Kartons brauchte, dass sich da bestimmt etwas machen ließe. Ich wollte sie damit überraschen. Noch am gleichen Nachmittag maß ich nach, sie war ja nicht daheim. Gegen sieben, als es im Treppenhaus ruhig wurde, schaffte ich die Kartons in Vanessas Wohnung. Ich stellte sie hinter einen der Sessel im Wohnzimmer, damit sie nicht gleich so ins Auge fielen. Am nächsten Tag wollte ich dann anfangen.

An dem Abend war ich wirklich so kaputt. Gleich nach dem Essen legte ich mich auf die Couch, aber später lag ich neben Gerti im Bett und kam einfach nicht zur Ruhe. Die ganze Zeit geisterten mir die neuen Kacheln durch den Kopf, und wie Vanessa sich darüber freuen würde, und wie sie sich dann bei mir bedankte. Dass sie es vielleicht zum Anlass nehmen würde, mir zum ersten Mal wirklich alles zu geben, mir einmal richtig zu zeigen, wie sehr sie mich liebte. Das ließ mich nicht los, ich konnte nicht liegen bleiben.

Ich hatte mir vorgenommen, die alten Kacheln einfach zu überkleben, aber dafür mussten sie sauber sein. Und da dachte ich, dass ich sie vielleicht in der Nacht schon abwaschen könnte. Macht ja keinen Lärm, nicht wahr? Und dann wäre morgen früh schon die Vorarbeit geleistet.

Und da bin ich dann hinauf in ihre Wohnung. Mir hatte sie gesagt, sie habe Nachtschicht und sei auch tagsüber nicht da. Aber schon als ich die Wohnung betrat, hörte ich sie reden. Die Tür zum Schlafzimmer war angelehnt, sehen konnte ich sie nicht, aber deutlich verstehen, was sie sagte.

Von wegen, Überraschung. So gut kannte sie mich inzwischen schon, sie wusste genau, dass ich alles für sie tun würde. Sie sprach über die neuen Kacheln für ihr Bad und dass sie alle Hebel in Bewegung setzen wollte, auch noch einen neuen Teppich für das Schlafzimmer herauszuschinden. Und dass sie sich das nicht selbst erzählte, war mir schon klar. Dieser schlaksige Typ war bei ihr. Dem hatte ich ja gleich nicht getraut.

Wenn ich jetzt so in Ruhe darüber nachdenke, dann weiß ich natürlich, warum Vanessa mich in der zweiten Woche nicht treffen wollte. Sie musste wohl erst einmal für klare Verhältnisse sorgen und diesen Jüngling abwimmeln. Ich weiß auch, warum sie diesem Burschen gegenüber ein paar abfällige Bemerkungen über mich und unsere Gefühle füreinander machte.

Sie behauptete, anfangs hätte sie panische Angst gehabt, weil doch auch die Nachbarn ein paar üble Geschichten über mich verbreitet hätten. Speziell die Dicke von nebenan hätte sie gewarnt. Sie solle sich ein anderes Schloss einbauen lassen oder eine Sperrkette montieren. Sonst könnte es passieren, dass ich plötzlich nachts in ihrem Schlafzimmer stehe. Und als ich dann tatsächlich aufgetaucht sei, sei sie vor Angst fast gestorben.

Aber sie würde nicht umsonst Psychologie studieren. Sie hätte die Situation genau richtig bewältigt. Und irgendwie würde es sie reizen, mit einem Psychopathen umzugehen. Sie hätte mich jetzt auch gut im Griff, weil ich einen Hang zur Pedanterie hätte. Natürlich sei ein gewisses Risiko für sie dabei, doch damit käme sie schon klar. Für den Notfall hätte sie ein Messer unter dem Kopfkissen.

Der Typ wollte, dass sie ihm das Messer zeige. Natürlich hatte sie keines. Sie sagte, sie würde es gleich holen, wenn er geht. Es war wirklich bitter, sich das alles ruhig

mit anhören zu müssen. Aber sie konnte diesem Blöd-
mann schließlich nicht die Wahrheit über unser Verhältnis sagen. Er drängte ohnehin darauf, dass sie die Wohnung wieder kündigte. Sie sei hier ihres Lebens nicht
mehr sicher, behauptete er. Der Bursche hätte ja glatt für
einen Skandal gesorgt. Am Ende hätte ich noch meinen
Posten verloren. Vanessa wusste das.

Im ersten Augenblick kam ich gar nicht darauf, dass sie
nur überaus klug taktierte, um den lästigen Bengel abzu-
wimmeln. Da war ich schon wütend, wie vor den Kopf ge-
stoßen, weil sie mich mit der Nachtschicht belogen hatte
und dann solche Sachen über mich sagte. Psychopath!

Ich setzte mich ins Wohnzimmer und wartete, bis der
Typ ging. Das tat er erst kurz vor sechs. Wirklich ein
aufdringlicher Mensch. Bevor er endgültig die Tür hinter sich zuzog, musste ihm Vanessa noch dreimal versichern, dass sie auf sich aufpasste und bei jeder Art von
Handgreiflichkeit die ganze Nachbarschaft zusammen-
brüllen würde. Als ob ich ihr jemals ein Haar gekrümmt
hätte.

Sie ging ins Bad, nachdem der Bursche endlich verschwunden war. Ich folgte ihr. Sie war so schön, so grazil
und unschuldig, wie sie da vor dem Spiegel stand. Ein wenig erschrocken, als ich plötzlich in der Tür auftauchte.
Aber ich wollte ihr doch nur sagen, wie sehr ich sie liebe
und dass ich wirklich alles für sie tun würde. Aber dass sie
nie wieder solche Dinge über mich sagen darf und dass sie
mir jetzt einmal zeigen muss, was sie wirklich für mich
empfindet, dass auch sie mir das Letzte geben muss. Das
hat sie dann getan.

Sie konnte wohl selbst nicht mehr länger darauf warten, war so leidenschaftlich, wie ich es mir nie zu träumen gewagt hätte. Wir liebten uns gleich auf dem Fußboden im Bad. Vanessa glühte förmlich, krallte ihre Finger in meinen Nacken, trommelte mit den Fäusten auf meinen Rücken, stemmte die Fußsohlen auf den Boden und drückte sich mir entgegen, dass ich Schwierigkeiten hatte, mich auf ihr zu halten.

Sie schlug in ihrer Erregung sogar immer wieder mit dem Kopf auf den Boden. Und dabei gab sie Töne von sich, also wirklich. Gerti hat das ja nie gemacht, nicht mal ein bisschen gestöhnt. Dabei hätte ich das gerne gehört. Es zeigt doch, dass die Frau auch ihren Spaß an der Sache hat.

Na ja, Vanessa hatte jedenfalls Spaß. Ich dachte schon, sie wolle das ganze Haus aufwecken, und hielt ihr vorsichtshalber den Mund zu. Musste ja nicht gleich alle Welt erfahren, dass wir uns liebten.

Danach war sie so erschöpft, dass sie alleine gar nicht aufstehen konnte. Ich trug sie hinüber in ihr Schlafzimmer. So wie ich es mir immer vorgestellt hatte, legte ich sie auf ihr Bett und liebte sie gleich noch einmal, bis zur völligen Erschöpfung. Vanessa schlief danach gleich ein. Sie erwachte auch nicht, als ich die Wohnung verließ. Und als ich am nächsten Tag kurz nach ihr schaute, schlief sie immer noch.

An dem Freitag wollte ich eigentlich mit ihrem Bad anfangen, aber ich wollte sie nicht stören. Nach einer so leidenschaftlichen Nacht brauchte sie ihren Schlaf. Deshalb legte ich mich auch nicht dazu, obwohl es mich schon gereizt hätte. Und was das Bad anging, aufgeschoben ist ja nicht aufgehoben. In der Nacht wollte ich dann noch einmal in ihre Wohnung gehen.

Aber ausgerechnet in der Nacht hat Gerti etwas gemerkt. Ich war noch nicht aus dem Schlafzimmer, als sie sich im Bett aufrichtete. Sie begann ein richtiges Kreuzverhör. Wo ich denn um die Zeit hinwill? Ich soll mir nur nicht einbilden, sie hätte bisher nichts bemerkt. Wo ich mich denn immer herumtreibe, ob ich denn gar nicht merke, wie die Leute hinter meinem Rücken über mich herziehen, weil ich angeblich hinter den jungen Mädchen her bin wie der Teufel hinter der armen Seele. Und ob mir die Sache vor zwei Jahren denn nicht reiche. Ob es denn erst noch ein Unglück geben müsse. Und immer so weiter.

Das ist jetzt schon ein paar Tage her. Und ich musste natürlich ein bisschen vorsichtig sein. Obwohl mir das wahrhaftig nicht leicht gefallen ist und ich zeitweise das Gefühl hatte, die Sehnsucht nach Vanessa bringt mich noch völlig um den Verstand, habe ich ein paar Nächte lang treu und brav neben Gerti gelegen.

Auch mit dem Bad in Vanessas Wohnung habe ich leider noch nicht anfangen können. Aber es wird allerhöchste Zeit. In der vergangenen Nacht war ich kurz bei ihr. Da habe ich gesehen, dass die Kacheln ziemlich dreckig sind. Alles voll dunkler Spritzer, sehen fast schon schwarz aus.

Nun, ich werde sie abschrubben, überkleben und neu verfugen, dann sieht kein Mensch mehr etwas davon. Den Fußboden muss ich auch gründlich reinigen. Wo sie mit dem Kopf aufgeschlagen ist, sind ein paar sehr hässliche dunkle Flecken und drumherum alles voller Spritzer, manche reichen bis zur Tür. Nach der ganzen Zeit sind die auch längst getrocknet, die größten werde ich wohl mit einem Messer abkratzen müssen, ehe ich aufwischen kann. Und allmählich wird es auch Zeit, dass ich Vanessa zudecke. In der vergangenen Nacht fiel mir auf, dass es im Schlafzimmer doch schon stark riecht.

# Das Winseln geprügelter Hunde

Am Spätabend des Tages, an dem sie die Fensterläden ihrer neuen Wohnung in der East 52nd Street übergebeizt hatte, sah Beth, wie eine Frau auf langsame und grässliche Art im Innenhof ihres Wohnblocks erstochen wurde. Sie war einer der sechsundzwanzig Zeugen dieser grauenhaften Szene, und sie tat, genau wie die anderen, nichts, um ihr ein Ende zu bereiten.

Sie sah alles, jeden einzelnen Augenblick, ohne Unterbrechung und ohne dass ihr Blick durch irgendetwas behindert gewesen wäre. Als sie in vor Schreck erstarrter Faszination dort stand und schaute, schoss ihr ein irrwitziger Gedanke durch den Kopf: Sie nahm genau den idealen Beobachtungsstandpunkt ein, den Napoleon sich gewünscht hatte, als er in der *Comédie Française* die Einrichtung einer mit einem Vorhang versehenen Loge veranlasste, die so plaziert war, dass er sowohl das Publikum als auch das Geschehen auf der Bühne beobachten konnte. Die Nacht war klar, der Mond war voll, sie hatte gerade nach dem zweiten Werbespot den 11-Uhr-30-Film auf Kanal 2 abgeschaltet, *Karawane der Frauen* mit Robert Taylor, nachdem ihr klar geworden war, dass sie ihn schon einmal gesehen und er ihr damals schon nicht gefallen hatte, und so war es in ihrer Wohnung vorübergehend vollständig dunkel.

Sie trat zum Fenster, um es für die Nacht etwa eine Handbreit in die Höhe zu schieben, als sie die Frau in den Hof taumeln sah. Sie rutschte, Halt suchend, an der Hauswand entlang, wobei sie ihren linken Arm mit der rechten Hand festhielt. Die Elektrizitätsgesellschaft hatte an den Leitungsmasten Quecksilberdampflampen installiert, weil es in sieben Monaten sechzehn Überfälle gegeben hatte, und so war der Hof von einem kalten, purpurrot glühenden Licht erhellt, in dem das Blut, das den linken Arm der Frau herunterfloss, schwarz aufglänzte. Beth sah jede Einzelheit mit äußerster Klarheit, wie unter einem Mikroskop tausendfach vergrößert; die Szenerie schien überbelichtet, so als ob eine Werbesendung im Fernsehen ablief.

Die Frau warf den Kopf zurück, als versuche sie zu schreien, aber es drang kein Ton aus ihrem Mund. Nur der Verkehr auf der First Avenue, späte Taxis auf der Pirsch nach Singles, die sich in *Maxwell's Plum* oder *Friday's* oder *Adam's Apple* für die Nacht zusammengefunden hatten. Aber das war dort drüben, weit weg. Dort, wo *sie* war, sieben Stockwerke tiefer, unten im Hof, schienen alle Dinge geräuschlos in einem unsichtbaren, magnetischen Kraftfeld zu schweben.

Beth stand in der Dunkelheit ihrer Wohnung, und es wurde ihr bewusst, dass sie das Fenster ganz nach oben geschoben hatte. Ein winziger Balkon befand sich unmittelbar hinter der niedrigen Fensterbank; jetzt befand sich nicht einmal mehr die Fensterscheibe zwischen ihr und dem, was sie sah; nur noch das schmiedeeiserne Balkongitter und sieben Stockwerke bis zu dem Hof dort unten.

Die Frau torkelte von der Hauswand zurück, den Kopf immer noch nach hinten geworfen, und Beth konnte sehen, dass sie Mitte dreißig war, mit dunklem krausem Haar; man konnte unmöglich sagen, ob sie hübsch war: Das Entsetzen hatte ihre Gesichtszüge verzerrt; ihr Mund war eine zuckende, schwarzklaffende Wunde, weit geöffnet, die aber keinen Ton herausließ. An ihrem Hals traten deutlich die Sehnen hervor. Sie hatte einen Schuh verloren und humpelte; sie drohte auf dem Pflaster hinzuschlagen.

Der Mann kam um die Ecke des Hauses in den Hof. Das Messer, das er hielt, war riesig – oder vielleicht schien es auch nur so: Beth erinnerte sich an ein mit einem beinernen Griff versehenes Fischmesser, das ihr Vater während eines Sommers an dem See in Maine benutzt hatte: Es war ein Schnappmesser mit einer acht Zoll langen, sägeförmig gezackten Klinge. Das Messer in der Hand des Mannes im Hof schien jenem zu ähneln.

Die Frau sah ihn und versuchte zu rennen, aber mit einem Sprung überwand er den Zwischenraum zwischen ihnen und packte sie bei den Haaren und riss ihren Kopf zurück, so als ob er ihr mit der nächsten Bewegung, der Bewegung eines Schnitters, die Kehle durchschneiden wollte.

*Dann* schrie die Frau.

Schrill stieg der Ton in dem Innenhof empor, wie Fledermäuse, die sich in eine Echokammer verirrt haben; die den Weg nicht mehr herausfinden und zum Wahnsinn getrieben werden. Es hörte und hörte nicht auf …

Der Mann rang mit ihr, sie stieß ihm die Ellbogen in die Seite, und er versuchte, sich zu schützen, wirbelte sie an den Haaren herum, während der furchtbare Schrei weiter und weiter emporstieg und nicht mehr aufhörte. Sie riss sich los, und er blieb zurück mit einem Büschel Haare in der Hand, das er ihr ausgerissen hatte. Als sie zu Boden taumelte, fetzte er mit dem Messer einmal quer über ihren Körper und schlitzte sie unmittelbar unterhalb der Brüste auf. Blut spritzte aus der Wunde und durchtränkte nun auch die Kleidung des Mannes; dies schien ihn eher noch rasender zu machen. Er wandte sich ihr von neuem zu, als sie versuchte, ihre Wunde zusammenzuhalten, während ihr das Blut an den Armen herunterströmte.

Sie wollte davonlaufen, wankte an der Hauswand entlang, glitt seitlich ab, und der Mann traf die Oberfläche der Ziegelsteinmauer. Sie entkam, stolperte über ein Blumenbeet, fiel hin, rappelte sich wieder auf; und er warf sich von neuem auf sie. Das Messer schwang empor, in einem blitzenden Bogen, der die Klinge in ein fremdartiges purpurrotes Licht tauchte. Und sie schrie immer noch.

Lichter gingen in einem Dutzend Wohnungen an, und Menschen erschienen in Fenstern.

Er stieß ihr das Messer bis zum Heft in den Rücken, unterhalb der rechten Schulter. Er hatte es mit beiden Händen gepackt.

Beth nahm das Bild wie in dem zerhackten Licht aufzuckender Blitze wahr – der Mann, die Frau, das Messer, das Blut, der Ausdruck auf den Gesichtern derer, die von den Fenstern her alles beobachteten. Dann erlosch das Licht in den Fenstern, aber die Menschen standen immer noch dort, beobachteten.

Sie wollte schreien, laut und gellend: «Was tun Sie da mit dieser Frau?» Aber ihre Kehle war gelähmt, zwei eiserne Hände, die zehntausend Jahre lang in trockenem Eis versenkt gewesen waren, schlossen sich wie ein Schraubstock um ihren Hals. Sie fühlte, wie die Klinge in ihren eigenen Körper eindrang.

Irgendwie – es schien eigentlich unmöglich, aber dort geschah es, dort unten, es ging irgendwie vor sich – rappelte sich die Frau hoch, richtete sich gerade auf und *zog* das Messer aus ihrem Körper. Drei Schritte, sie machte drei Schritte und fiel wieder in das Blumenbeet. Der Mann brüllte jetzt auf, wie ein Tier, unartikulierte Laute, aus seinem Magen hinaufgegurgelt. Er fiel über sie, und das Messer schwang hoch und tauchte herab, dann noch einmal und noch einmal, und schließlich war es eine einzige, verwischende Bewegung, und ihr Schrei, der Schrei wahnsinnig gewordener Fledermäuse, setzte sich fort, bis er allmählich abklang und plötzlich verstummt war.

Beth stand in der Dunkelheit, zitternd und schreiend; der Anblick füllte ihre Augen mit Entsetzen. Und als sie es nicht mehr ertragen konnte, mit anzusehen, was er dort unten mit dem bewegungslosen Stück Fleisch tat, über das er sich gebeugt hatte und an dem er arbeitete, blickte sie hoch, ringsum zu den dunklen Fenstern, hinter denen die anderen immer noch standen – so wie sie selbst auch –, und irgendwie vermochte sie ihre Gesichter zu erkennen – in dem trüben Licht der Quecksilberlampen nahm sich jedes einzelne rotviolett wie ein Bluterguss aus –, und es lag ein Ausdruck in ihnen, der allen gemeinsam schien. Die Frauen standen, die Nägel in die Oberarme ihrer Männer gekrallt, und fuhren sich mit der Zunge langsam über die Lippen, von einem Mundwinkel zum anderen; die Männer blickten wild und lächelten. Sie machten alle zusammen den Eindruck, als befänden sie sich bei einem Hahnenkampf. Sie atmeten schwer; sogen Nährkraft aus der schauerlichen Szene dort unten. Ein hörbares Ausatmen, tief, tief, wie aus Höhlen, weit unten in der Erde. Fahles und feuchtes Fleisch.

Und jetzt bemerkte Beth, dass sich der Innenhof mit Dunst angefüllt hatte, so als ob Nebel vom East River die 52nd Street hinaufgequollen wäre und die Einzelheiten dessen unter einem Dunstschleier verschluckte, was das Messer und der Mann dort immer noch vollführten ... endlos vollführten ... lange, nachdem keine Freude mehr darin lag ... es immer noch vollführten ... wieder und wieder ...

Aber der Nebel war unnatürlich, dick und grau und angefüllt mit winzigen Lichtpünktchen. Sie starrte darauf, wie er in dem leeren Raum des Hofes emporwallte. Bach in der Kathedrale, kosmischer Staub in einem luftleeren Raum.

Beth sah Augen.

Dort, dort oben, auf der Höhe des neunten Stockwerks, und noch höher, zwei große Augen; dort waren, so sicher wie die Nacht und der Mond, *Augen*. Und – ein Gesicht? War das ein Gesicht, konnte sie sicher sein, war es Einbildung ... ein Gesicht? In den wabernden Schwaden kalten Nebels lebte etwas; irgendetwas dumpf Brütendes und Hartnäckiges und im höchsten Grade Feindseliges war aufgerufen worden, um Zeugnis abzulegen von dem, was dort unten im Blumenbeet geschah. Beth versuchte, den Blick abzuwenden, aber es gelang ihr nicht. Die Augen, diese aus dem Urgrund brennenden Augen, und alterslos, unergründlich, aber auch von einem erschreckenden

Glanz und voll zitternder Furcht, wie die Augen eines Kindes; Augen, grabestief, uralt und blutjung, voller Abgründe, brennend, gewaltig und bodenlos wie ein Schlund; Augen, die sie festhielten und die sie unterwarfen. Das Schattenspiel wurde nicht nur für die Hausbewohner inszeniert, die die Szene von ihren Fenstern aus beobachteten und gierig in sich einsogen, sondern es wurde für ein *anderes* Wesen aufgeführt. Und zwar nicht in der eisigen Tundra oder auf öden Mooren, nicht in unterirdischen Höhlen oder auf irgendwelchen fernen Himmelskörpern, die eine sterbende Sonne umkreisen, sondern hier, in der Stadt, hier beobachteten die Augen dieses *anderen* die Szene.

Beinahe gewaltsam riss Beth den Blick von jenen brennenden Tiefen dort oben über dem neunten Stock los, nur um von neuem dem Schrecken zu begegnen, den dieses *andere Wesen* gebracht hatte. Und ihr wurde zum ersten Mal die Furchtbarkeit dessen bewusst, was sie mit angesehen hatte, sie wurde aus der Erstarrung erlöst, die sie wie ein vorsintflutlicher Fisch im Schiefergestein festgenagelt hatte; sie war ganz und gar erfüllt von dem Rauschen des Blutes, das gegen die Membrane ihres Gehirns anbrandete: sie hatte dort *gestanden!* Sie hatte nichts getan, nichts! Eine Frau war abgeschlachtet worden, und sie hatte nichts gesagt, nichts getan. Tränen waren nutzlos gewesen, das Zittern war sinnlos gewesen, sie *hatte nichts getan!*

Dann hörte sie hysterische Laute, Laute zwischen Lachen und Kichern, und als sie in dieses große Gesicht hinaufstarrte, das in dem Nebel und dem Kaminrauch der Nacht emporstieg, hörte sie sich *selbst* diese entstellten

Tierlaute ausstoßen, während der Mann dort unten klägliche Töne aus sich herauspresste, Töne wie das Winseln geprügelter Hunde.

Sie starrte wieder in das Gesicht. Sie hatte gehofft, es nicht mehr zu sehen – niemals mehr. Aber sie wurde von diesen glühenden Augen festgehalten, überwältigt von dem Gefühl, dass es die Augen eines Kindes waren, obgleich sie *wusste*, sie waren unendlich alt.

Dann tat der Schlachter dort unten etwas unbeschreiblich Entsetzliches, und Beth schwankte, von Schwindel ergriffen, und hielt sich am Fensterrahmen fest, um nicht auf den Balkon zu fallen; sie richtete sich wieder auf und rang nach Atem.

Sie fühlte, wie jemand sie ansah, und während eines langen Augenblicks voller Schrecken, der alles gefrieren ließ, fürchtete sie, sie könne die Aufmerksamkeit jenes Gesichts dort oben im Nebel erregt haben. Sie klammerte sich an das Fenster und fühlte, wie alle Gegenstände zurückwichen und undeutlich wurden; und sie starrte quer hinüber, auf die andere Seite des Hofes. Sie *wurde* beobachtet. Intensiv. Von dem jungen Mann im Fenster der Wohnung im siebenten Stock, die ihrem eigenen Apartment genau gegenüber lag. Unentwegt sah er zu ihr herüber. Durch den dichten Nebel, mit seinen brennenden Augen, die sich an dem Anblick dort unten weideten, starrte er sie an.

Als sie fühlte, wie ihr schwarz vor den Augen wurde, in dem Augenblick vor der Ohnmacht, durchzuckte sie der Gedanke – und verschwand dann ebenso schnell wieder –, es läge etwas erschreckend Vertrautes in seinem Gesichtsausdruck.

Am nächsten Tag regnete es. Die 52nd Street war glitschig und glänzte in öligen Regenbogenfarben. Der Regen spülte die Kothaufen der Hunde in den Rinnstein und trieb sie weiter und weiter bis hin zu den Öffnungen der Gullys. Die Menschen stemmten sich gegen den schräg herunterprasselnden Regen; verborgen unter Regenschirmen, sahen sie aus wie dahinhastende riesige schwarze Pilze. Beth ging hinaus, um Zeitungen zu holen, nachdem die Polizei gekommen und wieder gegangen war.

Die Zeitungsberichte hielten sich mit liebevoller Emphase bei den sechsundzwanzig Bewohnern des Hauses auf, die mit kaltem Interesse beobachtet hatten, wie Leona Ciarelli, 37, aus der Nr. 455, Fort Washington Avenue, Manhattan, von Burton H. Wells, 41, einem arbeitslosen Elektriker, systematisch zu Tode gemetzelt worden war, und der danach von zwei Polizisten, die gerade dienstfrei hatten, erschossen wurde, als er in *Michael's Pub* auf der 55th Street stürmte, blutbesudelt und mit einem Messer herumfuchtelnd, das die Untersuchungsbehörden später als Tatwaffe identifizierten.

Sie hatte sich an diesem Tag zweimal übergeben. Ihr Magen schien unfähig, etwas Festes bei sich zu behalten, auch konnte sie diesen Geschmack von Galle nicht loswerden. Sie konnte auch die Szenen der vergangenen Nacht nicht aus dem Gedächtnis löschen; jede Bewegung von diesem Arm des Schnitters lief wieder und wieder vor ihrem inneren Auge ab, wiederholte sich immer von neuem, so als ob sie auf einer zu kleinen Windung des Gedächtnisses aufgespult sei. Der Kopf der Frau, zurückgeworfen im stummen Schrei. Das Blut. Jene Augen im Nebel.

Es zog sie wieder und wieder zum Fenster, und sie starrte hinunter auf den Hof und auf die Straße. Sie versuchte, den trüben Anblick der Betonmauern von Manhattan zu vergessen und dafür an den Blick aus ihrem Fenster in Swann House in Bennington zu denken: den kleinen Hof und das andere weiße Fachwerkhaus mit den Schlafräumen; die bizarren Apfelbäume; und aus dem zweiten Fenster sah man die sich weit hinstreckenden Hügel und die üppige Landschaft Vermonts; vor ihrem inneren Auge ließ sie den Wechsel der Jahreszeiten an sich vorüberziehen. Aber der Beton und die regenglatten Straßen blieben; der Regen auf dem Pflaster war schwarz und glänzend wie Blut.

Sie versuchte zu arbeiten und zog den Rolladen des alten Schreibpultes hoch, das sie auf der Lexington Avenue erstanden hatte. Sie beugte sich über das Papier mit den Diagrammen von verschiedenen Choreographien. Aber die Linien der Labanotation-Methode waren heute nur ein Wirrwarr von geheimnisvollen Hieroglyphen für sie, wie auf einem Gemälde von Jackson Pollock, und nicht die sorgfältige Darstellung harmonischer Tanzbewegungen, die sie vier Jahre lang bis zur Perfektion geübt hatte. Das war nach der Farmington-Zeit.

Das Telefon klingelte. Es war der Sekretär der Taylor Dance Company, der sich danach erkundigte, wann sie frei wäre. Sie musste ihm absagen. Sie betrachtete ihre Hand, die auf den Schaubildern der Figuren lag, die Laban ersonnen hatte, und sie sah, wie ihre Finger zitterten. Sie musste absagen. Dann rief sie Guzman bei der Downtown-Ballett-Truppe an, um ihm zu sagen, sie würde sich mit den Diagrammen verspäten.

«Mein Gott, Lady, bei mir sitzen zehn Tänzer in einem Probesaal herum, und ihre Trikots werden schweißnass! Was glauben Sie denn, soll ich tun?»

Sie erklärte ihm, was in der vergangenen Nacht passiert war. Und als sie es ihm erzählte, wurde ihr bewusst, dass die Vorwürfe der Zeitungen gegen die sechsundzwanzig Zeugen des Sterbens von Leona Ciarelli berechtigt waren. Paschal Guzman hörte zu, und als er weiterredete, war seine Stimme leiser und um mehrere Oktaven niedriger geworden. Er sagte, er verstünde und sie könne sich etwas länger Zeit lassen mit den Diagrammen. Aber seine Stimme klang reserviert, und er legte, noch während sie ihm dankte, auf.

Sie zog eine karierte Strickweste in dunklen purpurroten Farbschattierungen an und ein paar dazu passende maßgeschneiderte khakifarbene Gabardinehosen. Sie musste an die Luft. Um was zu tun? Um auf andere Gedanken zu kommen. Sie schlüpfte in die Fred-Braun-Schuhe mit den klobigen Absätzen und überlegte, ob das schwere Silberarmband wohl noch im Fenster bei Georg Jensen auslag. Als sie den Fahrstuhl betreten hatte, tauchte der junge Mann aus dem Fenster der ihr gegenüberliegenden Wohnung auf und starrte sie an. Beth bemerkte, wie sie von neuem zu zittern begann. Sie zog sich ganz in die Ecke der Fahrstuhlkabine zurück, als er hinter ihr eintrat.

Zwischen dem fünften und dem vierten Stockwerk betätigte er den Halteknopf, und der Lift kam mit einem plötzlichen Ruck zum Stehen.

Beth starrte ihn an, und er lächelte arglos zurück.

«Heh. Ich heiße Gleeson, Ray Gleeson, ich bin aus 714.»

Sie wollte ihm sagen, er solle den Fahrstuhl wieder in Gang setzen, mit welchem Recht er sich *anmaße*, ihn anzuhalten, was er damit bezwecke, er solle das Ding sofort wieder anschalten oder er könne was erleben. Das war es, was sie tun *wollte*. Stattdessen hörte sie ihre Stimme – und sie schien den gleichen Ursprung zu haben wie das kichernde Lachen in der Nacht zuvor –, und sie sagte, sehr viel dünner und sehr viel weniger beherrscht, als sie es sonst zu tun pflegte: «Beth O'Neill, ich wohne in 701.»

Tatsache war, *dass der Fahrstuhl angehalten* worden war. Und sie hatte Angst. Aber er lehnte an der Wand mit der Schalttafel, sehr gut gekleidet, geputzte Schuhe, Föhnfrisur, und er *redete* mit ihr, als ob sie sich an einem Tisch im *L'Argenteuil* gegenübersäßen. «Sie sind grade erst eingezogen, was?»

«Ungefähr vor zwei Monaten.»

«Von welcher Schule kommen Sie? Bennington oder Sarah Lawrence?»

«Bennington. Woher wissen Sie das?»

Er lachte, und es war ein nettes Lachen. «Ich bin Lektor in einem religiösen Buchverlag; jedes Jahr bekommen wir ein halbes Dutzend Mädchen aus Bennington, Sarah Lawrence oder Smith. Sie erscheinen auf der Bildfläche, kommen wie die Grashüpfer hier bei uns hereingehopst, bereit, das ganze Verlagswesen zu revolutionieren.»

«Na und? Sie hören sich so an, als ob Sie das stört.»

«Oh, ich *liebe* sie, sie sind wunderbar. Sie bilden sich ein, sie könnten besser schreiben als unsere sämtlichen Autoren. Hatte eine entzückende kleine Prachtausgabe, die die Fahnenexemplare von drei Büchern zur Korrektur bekam. Sie schrieb sie alle drei um. Ich glaube, sie schrubbt jetzt Esstische in einem Horn & Hardart-Lokal.»

Sie erwiderte nichts darauf. Jeden anderen, der so geredet hätte, hätte sie als Anti-Feministen abgetan. Aber die Augen. Es lag etwas so erschreckend Vertrautes in seinem Gesicht. Die Unterhaltung machte ihr Spaß; sie fand ihn ziemlich sympathisch.

«Welches ist der nächstgelegene größere Ort von Bennington?»

«Albany, New York. Etwa sechzig Meilen.»

«Und wie lange braucht man bis dorthin?»

«Von Bennington aus? Etwa anderthalb Stunden.»

«Muss eine nette Fahrt sein, durch diese Landschaft von Vermont, wirklich hübsch. Ich habe gehört, sie haben dort Koedukation eingeführt. Wie hat sich das ausgewirkt?»

«Ich weiß nicht, keine Ahnung.»

«Sie wissen es nicht?»

«Das war etwa zu der Zeit, als ich meine Abschlussprüfung machte.»

«Was war Ihr Hauptfach?»

«Tanz und speziell dabei Labanotation. Das ist die Methode, Choreographie zeichnerisch festzuhalten.»

«Ich vermute, das sind alles Wahlfächer. Man braucht überhaupt kein Pflichtfach mehr zu belegen, Naturwissenschaften zum Beispiel oder so etwas.» Er änderte seinen Tonfall nicht, als er plötzlich sagte: «Das war eine schreckliche Sache letzte Nacht. Ich habe bemerkt, wie Sie zusahen. Ich nehme an, eine ganze Menge von uns haben zugesehen. Es war wirklich entsetzlich.»

Sie nickte stumm. Furcht kam zurück.

«Ich habe gehört, dass die Bullen ihn gefasst haben. Irgend so ein Verrückter; sie wissen nicht einmal, warum er sie umgebracht hat oder warum er in diese Bar gestürmt kam. Es war wirklich eine schreckliche Sache. Ich würde gern einmal mit Ihnen zu Abend essen, möglichst bald, falls Sie nicht in festen Händen sind.»

«Das wäre schön.»

«Vielleicht Mittwoch. Ich kenne da ein argentinisches Lokal. Das wird Ihnen gefallen.»

«Das wäre schön.»

«Warum setzen Sie den Lift nicht wieder in Gang, dann können wir unsere Fahrt fortsetzen.» Er lächelte wieder. Sie tat es und fragte sich, warum er den Fahrstuhl überhaupt gestoppt hatte.

Bei ihrer dritten Verabredung kam es zu einem ersten Streit. Es war auf einer Party, die von dem Chef einer Firma, die Werbespots für das Fernsehen herstellte, gegeben wurde. Er wohnte im neunten Stock ihres Hauses. Er hatte gerade eine Reihe von Spots für *Sesamstraße* abgedreht – die Buchstaben «U» für U-Bahn, «T» für Tunnel, «B» für Bus und «A» für Auto; die Zahlen 1 bis 6 und dann noch einmal die Zahlen 1 bis 20; die Wörter *hell* und *dunkel* – und feierte gerade seinen Wechsel von dem Kampfplatz für Werbenichtigkeiten (und den Begleiterscheinungen, die ihm 75 000 Dollar im Jahr einbrachten) zu den lieblichen Gefilden der Bildungsprogramme (und dem dazugehörigen Abstieg in die Respektabilität niedrigerer Honorare). In seiner Freude lag eine Logik, die Beth nicht einleuchtete, und als sie in einer entfernten Ecke der Küche mit ihm darüber sprach, schien ihr seine Argumentation auch nicht plausibler. Aber er war anscheinend glücklich, und seine Freundin, ein langbeiniges Ex-Modell aus Philadelphia, fuhr damit fort, sich ihm entgegenzuneigen und sich dann wieder wegzubiegen, wie eine edle Tiefseepflanze. Sie berührte sein Haar und küsste seinen Hals und murmelte dabei Worte, die gleichzeitig Stolz und unverhohlene Sexualität ausdrückten. Beth fand das alles verwirrend, obgleich die Partygäste alle einen strahlenden und lebhaften Eindruck machten.

Im Wohnzimmer saß Ray auf der Sofalehne und machte sich eifrig an eine Stewardess mit dem Namen Luanne heran. Beth hätte jedenfalls schwören können, dass er sich an sie heranmachte; er versuchte nämlich, uninteressiert auszusehen, während er sonst immer bei allem, was er tat, äußerst konzentriert wirkte. Sie beschloss, es zu ignorieren, und wanderte ziellos in der Wohnung herum und nippte an einem Tanqueray mit Tonic.

An den Wänden hingen Reproduktionen abstrakter Bilder, die aus einem in Deutschland hergestellten Kalender stammten. Sie steckten in Metallrahmen von Bonniers.

Das auffallendste Möbelstück im Esszimmer war eine riesige Tür aus einem Haus, das irgendwo in der Stadt abgerissen worden war, die man abgeschmirgelt und aufgearbeitet hatte, sodass die Teakholzmaserung wieder sichtbar war. Sie diente jetzt als Esstisch.

Eine Lampe von Lightolier war an der Wand über dem Bett befestigt und schwang, von einem Hebel bewegt, herunter und wieder hinauf, neigte sich, und ihr glänzender, kugelförmiger Kopf drehte sich um volle dreihundertundsechzig Grad.

Sie stand im Schlafzimmer und sah aus dem Fenster, als

ihr aufging, dass *dies* eines der Zimmer gewesen war, in dem das Licht angeknipst und dann wieder ausgeschaltet worden war; eines der Zimmer, von dem aus ein stummer Zeuge den Tod von Leona Ciarelli beobachtet hatte.

Als sie ins Wohnzimmer zurückkam, sah sie sich etwas aufmerksamer um. Mit nur drei oder vier Ausnahmen – der Stewardess, einem jungverheirateten Paar aus dem zweiten Stock, einem Börsenmakler aus Hemphill, Noyes – war jeder der Partygäste Zeuge des Mordes gewesen.

«Ich möchte gern gehen», sagte sie zu ihm.

«Warum, amüsieren Sie sich denn nicht?», fragte die Stewardess, während ein spöttisches Lächeln ihr perfektes kleines Gesicht überzog.

«Wie alle Absolventinnen von Bennington», antwortete Ray an ihrer Statt, «amüsiert sie sich am ehesten, wenn sie sich überhaupt nicht amüsiert. So was ist typisch für das Festhalten an der analen Phase. Hier, in der Wohnung von einem anderen, kann sie keine Aschenbecher entleeren oder das Klopapier ordentlich wieder aufrollen, und da sie mit einem zusammengekniffenen Arsch herumläuft, verlangt ihre Natur, dass wir gehen.

In Ordnung, Beth, lass uns auf Wiedersehen sagen und abhauen. Das Phantom namens Rectum schlägt wieder einmal zu.»

Sie versetzte ihm eine Ohrfeige, und die Augen der Stewardess weiteten sich. Das Lächeln erstarrte, blieb aber dort, wo es erschienen war.

Er umklammerte ihre Handgelenke, bevor sie noch einmal ausholen konnte. «Immer halblang, Baby», sagte er und packte ihre Handgelenke fester, als es notwendig gewesen wäre.

Sie gingen in ihre Wohnung zurück, und nach einem stummen Geplänkel mit zugeknallten Küchentüren und einem zu laut aufgedrehten Fernseher gingen sie ins Bett, und er versuchte, die Metapher weiterzuführen, indem er sie in den Hintern fickte. Er hatte sie auf Ellbogen und Knie gezwungen, bevor ihr klar wurde, was er vorhatte; sie kämpfte und versuchte sich umzudrehen, und er saß rittlings auf ihr und stemmte sich wütend gegen sie und warf sie, ohne etwas zu sagen, hin und her. Und als ihm klar wurde, dass sie es niemals zulassen würde, packte er ihre Brüste von unten her und drückte sie so fest, dass sie vor Schmerzen aufschrie. Er schleuderte sie auf den Rücken, holte sich zwischen ihren Beinen mit einem Dutzend schneller Bewegungen einen runter und spritzte seinen Samen auf ihren Bauch.

Beth lag mit geschlossenen Augen und hatte einen Arm fest auf ihr Gesicht gepresst. Sie wollte schreien, merkte aber, dass sie keinen Ton herausbrachte. Ray lag auf ihr und sagte nichts. Sie wäre gern ins Badezimmer gelaufen, um zu duschen, aber sie bewegte sich nicht, so lange nicht, bis sein Samen auf ihren Körper längst getrocknet war.

«Mit wem hast du's auf dem College getrieben?», fragte er.

«Ich hab es mit niemandem getrieben», stieß sie störrisch hervor.

«Keine wilden Verabredungen mit reichen Bengeln von Williams und Dartmouth ... keine Amherst-Intellektuellen, die darum gebettelt haben, dir ihre Karotten in den kleinen, klebrigen Schlitz stecken zu dürfen, um sie vor dem Arschficken zu bewahren?»

«Hör auf!»

«Komm schon Baby, ihr habt euch doch bestimmt nicht nur mit Kniestrümpfen und kleinen runden Clubnadeln begnügt. Du willst mir doch nicht weismachen, dass du nicht ab und zu einen netten kleinen Mundvoll Schwanz abbekommen hast. Es sind nur, wie viel? Circa fünfzehn Meilen bis Williamstown? Ich wette, die Werwölfe aus Williams sind am Wochenende heißglühend die Autobahn zu deiner Möse runtergedonnert; du kannst offen mit dem alten Onkel Ray sprechen ...»

«*Warum tust du das?!*» Sie fing an, sich zu rühren, sich von ihm wegzubewegen, aber er packte sie an den Schultern, zwang sie, sich wieder hinzulegen. Dann beugte er sich über sie und sagte: «Ich tue das, weil ich aus New York bin, Baby. Weil ich jeden Tag in dieser Scheißstadt lebe. Weil ich mit den Geistlichen oder anderen scheinheiligen Arschlöchern Abzählverse herunterleiern muss, mit den Typen, die ihre gütigen und milden Traktate von dem Blessed Sacrament-Verlagshaus und der Storm-Window-Gesellschaft in der Park Avenue 277 veröffentlicht haben wollen. Dabei möchte ich diese stupiden Psalm-Nuckler *in Wirklichkeit* aus dem Fenster im siebenunddreißigsten Stock werfen und zuhören, wie sie auf dem Weg nach unten die ganze Zeit geile Bibelstellen zitieren. Weil ich mein ganzes Leben in dieser Stadt verbracht habe, in diesem riesigen Köter, der dauernd nach einem schnappt. Und weil ich allmählich verrückt bin wie eine Schmeißfliege, verdammt noch mal!»

Sie lag da, unfähig, sich zu rühren, und sie atmete ganz flach, erfüllt von einem plötzlichen Mitleid und einer verzweifelten Zuneigung für ihn. Sein Gesicht war weiß und verzerrt, und sie wusste, dass er ihr Dinge sagte, die nur ein bisschen zu viel Almadén und das Zusammentreffen unglücklicher Umstände aus ihm hervorlocken konnten.

«Was erwartest du von mir», sagte er, und seine Stimme war jetzt ruhiger, wenn auch nicht weniger eindringlich, «erwartest du Freundlichkeit und Nettigkeit und Verständnis und eine Hand in *deiner* Hand, wenn der Smog in den Augen brennt? Ich kann das nicht, ich schaffe das nicht. Keiner schafft das in dieser Mistgrube von einer Stadt. Schau um dich; was glaubst du denn, was hier geschieht? Sie nehmen Ratten und stecken sie in Käfige, und wenn es zu viele werden, spielen einige der kleinen Ficker verrückt und fangen an, die andern totzunagen. *Es gibt da keinen Unterschied, Baby!* Es ist Rattenzeit in diesem Irrenhaus, für alle und für jeden. Wenn du so viele Menschen in diesem steinernen Ding zusammenpferchst, wie wir das tun, mit Bussen und Taxis und Hunden, die so lange scheißen, bis sie sich mager geschissen haben, und mit all diesem Lärm. Tag und Nacht und ohne Geld und ohne genügend Möglichkeiten, um dort zu leben, und ohne einen Ort, wo du mal hingehen kannst, um einen anständigen Gedanken zu denken … dann kannst du nicht erwarten, das alles auszuhalten, ohne einem anderen, gottverdammten Wesen den Weg zu bereiten! Du kannst nicht jeden um dich herum hassen und jedem Scheißtyp von Bettler und Nigger und Mestizen einen Fußtritt versetzen, du kannst keine Taxichauffeure ertragen, die dich beklauen, aber Trinkgelder nehmen, die sie nicht verdienen, und die dich dann verfluchen, du kannst nicht in dem Ruß herumlaufen, bis dein Kragen schwarz wird und dein Körper den Gestank sich zersetzender Ziegelsteine und verfaulender Hirne annimmt, du kannst all das nicht tun, ohne etwas heraufzubeschwören, irgendein furchtbares ...»

Er hielt inne. Sein Gesicht hatte einen Ausdruck angenommen, als habe er gerade auf brutale Weise vom Tod eines geliebten Menschen erfahren. Er legte sich plötzlich hin, wälzte sich herum und wandte sich von ihr ab.

Sie lag neben ihm, zitternd, und versuchte sich verzweifelt zu erinnern, wo sie sein Gesicht schon einmal gesehen hatte.

Nach dieser Partynacht rief er sie nicht mehr an. Und als sie sich in der Eingangshalle trafen, drehte er sich angelegentlich weg, so als habe er ihr irgendeine obskure Chance gegeben, sie sich aber geweigert, diese zu ergreifen. Beth glaubte zu verstehen: Obwohl Ray Gleeson nicht ihre erste Affäre gewesen war, war er doch der Erste, der sie so vollständig zurückgestoßen hatte. Der Erste, der sie nicht nur aus seinem Bett und seinem Leben verbannte, sondern sogar aus seiner Welt. Es war, als sei sie unsichtbar, nicht einmal verachtenswert, sondern ganz einfach nicht vorhanden.

Sie lenkte sich ab, indem sie sich mit anderen Dingen beschäftigte.

Sie nahm von Guzman und einer neuen Gruppe, die sich ausgerechnet in Staten Island gebildet hatte, drei neue Aufträge an, Diagramme herzustellen. Sie arbeitete wie eine Verrückte, und sie erhielt neue Aufträge; sie bekam sogar ihr Geld dafür.

Sie versuchte, die Wohnung etwas unkonventioneller einzurichten. Riesige Poster mit Vergrößerungen von

Merce Cunningham und Martha Graham ersetzten die Brueghel-Drucke, die sie an den Blick von den Hügeln herunter nach Williams erinnert hatten. Den winzigen Balkon vor ihrem Fenster, den sie sich seit der Nacht des Gemetzels standhaft geweigert hatte zu betreten, der Nacht des mit Augen besetzten Nebels, diesen Balkon fegte sie und schmückte ihn mit kleinen Blumenkästen, in die sie Geranien, Petunien, Zwergzinnien und andere das ganze Jahr über wachsende Pflanzen setzte. Dann, als sie das Fenster schloss, ging sie hinaus, um sich der Stadt hinzugeben, sich einzulassen auf diese Stadt, in die sie mit ihrem geordneten Leben gekommen war.

Und die Stadt antwortete auf ihre Annäherungsversuche:

Als sie einen alten Freund aus Bennington zum Kennedy-Flughafen gebracht hatte, hielt sie beim Café des Terminals, um ein Sandwich zu essen. Die Theke umgab – wie ein Wehr – die Insel des Dienstleistungscenters, über dem riesige Werbewürfel an glitzernden Pfosten hingen. Die Würfel verkündeten die Freuden von *Fun City: New York ist ein Sommerfest,* verkündeten sie, und *Joseph Papp präsentiert Shakespeare im Central Park* und *Besuchen Sie den Zoo in der Bronx* und *Sie werden unsere streitsüchtigen, aber liebenswerten Taxifahrer ins Herz schließen.* Das Essen tauchte aus einer Luke fernab von dem Dienstleistungscenter auf und bewegte sich auf einem Förderband durch die Gruppen schreiender Kellnerinnen, die die Theke mit ihren streng riechenden Spüllappen immer von neuem abwischten. Der Essraum hatte den ganzen Charme und die ganze Würde eines Stahlwalzwerks und annähernd den gleichen Lärmpegel. Beth bestellte einen Cheeseburger, der einundeinviertel Dollar kostete, und ein Glas Milch.

Als das Essen kam, war der Cheeseburger kalt, der Käse war nicht geschmolzen, und die winzige Fleischpastete sah eher wie ein Fetzen von einem schmutzigen Scheuerlappen aus. Das Brötchen war kalt und nicht getoastet. Unter der Fleischpastete lag kein Salatblatt.

Beth schaffte es, den Blick der Kellnerin zu erhaschen. Das Mädchen näherte sich mit einem Gesichtsausdruck, der andeutete, dass sie sich belästigt fühlte. «Bitte toasten Sie das Brötchen, und könnte ich wohl ein Salatblatt haben?», fragte Beth.

«Das machen wir nich», sagte die Kellnerin und drehte sich halb um, als wolle sie gleich wieder weggehen.

«Was machen Sie nicht?»

«Wir toasten das Brot nich bei uns.»

«Ja, aber ich *wünsche* getoastetes Brot», sagte Beth mit fester Stimme.

«Und für extra Salat müssen Se zahlen.»

«Wenn ich nach extra Salat gefragt hätte», sagte Beth und wurde allmählich ärgerlich, «würde ich dafür auch bezahlen, aber da ich überhaupt noch keinen Salat gehabt habe, sollte mir wohl auch nichts extra berechnet werden, finde ich.»

«Das machen wir nich.» Die Kellnerin wollte gehen.

«Warten Sie», sagte Beth und erhob ihre Stimme gerade laut genug, sodass die Fließbandesser zu beiden Seiten sie anstarrten. «Sie sind also der Ansicht, ich soll einundeinviertel Dollar zahlen und dafür kein Salatblatt bekommen oder wenigstens geröstetes Brot?»

«Wenn Se es nich mögen …»

«Nehmen Sie es zurück.»

«Sie müssen es bezahlen, Sie haben es bestellt.»

«Ich habe gesagt, nehmen Sie es zurück, ich will dies verfickte Ding nicht haben!»

Die Kellnerin strich den Betrag auf dem Rechnungsbon, die Milch kostete 27 Cent und schmeckte sauer. Es war das erste Mal in ihrem Leben, dass Beth *jenes* Wort laut ausgesprochen hatte.

An der Kasse sagte Beth zu dem schwitzenden Mann mit den Filzschreibern in der Hemdtasche: «Ich frage nur aus Neugier, sind Sie an einer Beschwerde interessiert?»

«Nein!», fauchte er sie an; fauchte sie ganz buchstäblich an. Er sah nicht auf, als er 27 Cent eintippte und das Wechselgeld die Rinne heruntergerollt kam.

Die Stadt antwortete auf ihre Annäherungsversuche:

Es regnete wieder. Sie versuchte, bei Grün die Second Avenue zu überqueren. Sie machte einen Schritt vom Bürgersteig herunter, und ein Auto schlitterte noch bei Rot über die Ampel und bespritzte sie mit Dreckwasser. «Heh!», schrie sie.

«Friss doch Scheiße, Schwester!», schrie der Fahrer zurück und bog um die Ecke.

Schuhe, Beine und Trenchcoat waren mit Dreck bespritzt. Sie stand zitternd am Bordstein.

Die Stadt antwortete auf ihre Annäherungsversuche:

Sie kam mit ihrer Aktentasche voll von Laban-Schaubildern aus dem Gebäude One am Astor Place; sie zupfte ihr Kopftuch gegen den Regen zurecht. Ein gut angezogener Mann mit einem Attaché-Koffer stieß ihr von hinten die Spitze seines Regenschirms zwischen die Beine. Sie schnappte nach Luft und ließ die Tasche fallen.

Die Stadt antwortete und antwortete und antwortete. Ihre Annäherungsversuche änderten sich rasch.

Der betrunkene alte Mann mit den fleckigen Wangen streckte die Hand aus und murmelte irgendetwas. Sie verwünschte ihn und ging weiter den Broadway hinauf, an den Biber-Film-Theatern vorbei.

Sie überquerte die Park Avenue bei Rot und zwang die Taxifahrer, wie verrückt auf ihre Bremsen zu treten, um sie nicht anzufahren; sie benutzte *jenes* Wort jetzt häufig.

Als sie sich unvermittelt neben einem Mann wiederfand und mit ihm einen Drink nahm, nachdem er sich in der Bar für Singles mit dem Ellbogen rücksichtslos den Weg zu ihr gebahnt hatte, fühlte sie sich matt und kraftlos und wusste, dass sie nach Hause gehen sollte.

Aber Vermont war so weit weg.

Nächte später. Sie war aus dem Ballett im Lincoln Center nach Hause gekommen und gleich zu Bett gegangen. Sie lag im Halbschlaf, als sie ein eigenartiges Geräusch hörte. Im Zimmer nebenan, dem Wohnzimmer, im Dunkeln, war ein Geräusch zu hören. Sie schlüpfte aus dem Bett und ging zur Verbindungstür zwischen den beiden Zimmern. Schweigend tastete sie nach dem Lichtschalter gleich neben dem Türrahmen, fand ihn und schaltete ihn an. Ein Schwarzer in einer ledernen Motorradjacke versuchte, aus der Wohnung *heraus* zu gelangen. In diesem ersten Lichtblitz, der das Zimmer erfüllte, nahm sie den Fernseher wahr, der neben ihm auf dem Fußboden stand, während er sich mit der Tür abmühte; sie nahm wahr, dass das Polizeischloss und der Sperrriegel in einer neuartigen und cleveren Weise aufgebrochen worden waren, über die das *New York Magazine* in einer dokumentarischen Artikelserie über Wohnungseinbrüche noch nicht berichtet hatte; sie sah, dass sich seine Füße in der Telefonschnur verheddert hatten, die sie in einer Sonderlänge beantragt hatte, um den Apparat ins Badezimmer mitnehmen zu können: Ich möchte keinen geschäftlichen Anruf versäumen, wenn die Dusche läuft; all dies nahm sie schemenhaft wahr, eine Tatsache aber mit äußerster Klarheit: den Ausdruck im Gesicht des Einbrechers.

Es lag irgendetwas Vertrautes in diesem Ausdruck.

Er hatte die Tür schon beinahe auf, aber jetzt schloss er sie und drehte das Polizeischloss herum. Er machte einen Schritt auf sie zu.

Beth wich zurück, hinein in das dunkle Schlafzimmer.

Die Stadt antwortete auf ihre Annäherungsversuche.

Sie lehnte sich am Kopfende des Bettes gegen die Wand. Ihre Hand tastete im Halbdunkel nach dem Telefon. Seine Gestalt füllte die Türöffnung aus, das Licht, das ganze Licht hinter ihm.

Allein auf Grund seiner Silhouette hätte man nicht sicher sein können, aber irgendwie wusste sie, dass er Handschuhe anhatte, und die einzigen Spuren, die er hinterlassen würde, würden schwere Quetschungen sein, sehr blau, beinahe schwarz, mit einem Anflug von Blut darunter, das in seinem Lauf aufgehalten worden war.

Er kam auf sie zu, die Arme lässig an den Seiten herunterbaumelnd. Sie versuchte, über das Bett zu klettern, und er packte sie von hinten und zerriss ihr das Nachthemd. Dann legte er ihr eine Hand um den Hals und zog sie nach hinten. Sie fiel vom Bett herunter und landete zu seinen Füßen, und sein Griff lockerte sich. Sie kroch hastig quer über den Fußboden, und einen Augenblick lang hatte sie eine Atempause, um sich des Schreckens bewusst zu werden. Sie musste sterben, und sie hatte Angst.

Er fing sie in der Ecke zwischen dem Einbauschrank und der Kommode ein und versetzte ihr einen Tritt. Seine Füße trafen sie am Oberschenkel, als sie sich eng zusammenkauerte, sich kleiner machte, die Beine unter sich anzog. Sie fror.

Dann langte er mit beiden Händen zu ihr hinunter und zog sie an den Haaren hoch. Er stieß ihren Kopf gegen die Wand. Alles verschwamm ihr vor Augen, so als ob es sich ins Innere der Welt zurückzöge. Er schlug ihren Kopf noch einmal gegen die Wand, und sie fühlte, wie ihr irgendetwas Feuchtes über das rechte Ohr lief.

Als er sie ein drittes Mal gegen die Wand zu stoßen versuchte, streckte sie blindlings die Hand aus und ratschte ihm mit den Nägeln einmal über das Gesicht. Er heulte auf vor Schmerzen, und sie stürzte sich nach vorn und schlang ihm die Arme um die Taille. Er stolperte, und in einem Durcheinander um sich schlagender Arme und Beine fielen sie auf den kleinen Balkon hinaus.

Beth landete auf dem Rücken, und sie spürte, wie die Blumenkästen ihr Rückgrat und ihre Beine einklemmten. Sie versuchte, sich hochzurappeln, ihre Finger klammerten sich unter der offenen Jacke an sein Hemd, rissen es auf. Dann war sie wieder auf den Beinen, und sie kämpften schweigend.

Er wirbelte sie herum, drückte sie nach hinten gegen das schmiedeeiserne Gitter. Ihr Gesicht war nach außen gekehrt.

*Sie standen in ihren Fenstern und sahen zu.*

Durch den Nebel hindurch konnte sie sehen, wie sie alles beobachteten. Durch den Nebel hindurch erkannte sie den Ausdruck auf ihren Gesichtern. Durch den Nebel hindurch hörte sie sie im Gleichklang atmen, Atemzüge der Erwartung und des Staunens. Durch den Nebel hindurch.

Der Schwarze versetzte ihr jetzt einen Schlag gegen die Kehle. Sie würgte, und die Sinne begannen ihr zu schwinden, und sie bekam keine Luft mehr in ihre Lungen. Nach hinten, nach hinten, er drückte sie weiter nach hinten, und sie sah hinauf, geradewegs hoch, hinauf zum neunten Stockwerk und noch weiter hinauf ...

*Und dort oben: Augen.*

Die Worte, die Ray Gleeson in einem Augenblick gesagt hatte, als all das in ihm war, was die äußerste Hoffnungslosigkeit aus ihm gemacht hatte, und auch die Ausweglosigkeit, die die Stadt ihm aufgezwungen hatte, diese Worte kamen ihr wieder in den Sinn. *Du kannst in dieser Stadt nicht leben und überleben, wenn dir niemand hilft ... Du kannst nicht leben so wie wahnsinnig gewordene Ratten, ohne einem anderen, gottverdammten Wesen den Weg zu bereiten ... Du kannst es nicht, ohne etwas heraufzubeschwören, irgendein furchtbares ...*

Gott! Ein neuer Gott, ein alter Gott kommt mit den Augen und dem Hunger eines Kindes wieder, ein verwirrter Gott des Blutes, des Nebels und der Straßengewalt. Ein Gott, der eine Gemeinde benötigte und der einem die Wahl ermöglichte, als Opfer zu sterben oder aber zu leben als ein ewiger Zeuge des Todes von *anderen* ausgewählten Opfern. Ein Gott, den Zeiten angemessen, ein Gott der Straßen und des Volkes.

Sie versuchte, gellend zu schreien, versuchte, an Ray zu appellieren, an den Direktor im Schlafzimmerfenster seiner Wohnung im neunten Stock, mit seinem langbeinigen Modell aus Philadelphia neben sich und seinem Finger in ihr, während sie in der ihnen heiligsten Weise dem Gotte huldigten. Sie versuchte, an die anderen zu appellieren, die auf der Party gewesen waren, jener Party, die Rays Angebot war, ihrer Gemeinschaft beizutreten. Sie hatte davor bewahrt sein wollen, diese Wahl treffen zu müssen.

Aber der Schwarze hatte ihr einen Schlag gegen die Kehle versetzt, und jetzt lagen seine Hände auf ihr, eine auf ihrer Brust, die andere auf ihrem Gesicht, der Geruch von Leder erfüllte sie, dort wo der Brechreiz es nicht schaffte. Und sie verstand, Ray hatte sich um sie *gesorgt*, hatte sich gewünscht, dass sie die angebotene Chance nützte; aber sie war aus einer Welt kleiner, weißer Schlafsäle und aus der Landschaft von Vermont gekommen; es war keine wirkliche Welt. *Dieses* war die wirkliche Welt, und dort oben war der Gott, der über diese Welt herrschte, und sie hatte ihn zurückgestoßen und hatte nein gesagt zu einem seiner Priester und Diener. *Rette mich! Bewahre mich davor, es zu tun!*

Sie wusste, sie musste rufen, appellieren, den Versuch unternehmen, um den Beifall jenes Gottes zu erringen. *Ich kann nicht ... rette mich!*

Sie strampelte und gab schreckliche, kleine quiekende Geräusche von sich bei dem Versuch, die Worte heraufzubeschwören, die gerufen werden mussten, und plötzlich überschritt sie eine Grenze und schrie in den vom Echo widerhallenden Innenhof hinein, schrie mit einer Stimme, die Leona Ciarelli niemals gut genug gekannt hatte, um sie benutzen zu können.

«Ihn! Nimm ihn! Nicht mich! Ich gehöre dir, ich liebe

dich, ich gehöre dir! Nimm ihn, nicht mich, bitte nicht mich, nimm ihn, nimm ihn, ich gehöre dir!»

Und als Beth auf den zerstörten Blumenkästen auf ihre Knie sank, wurde der Schwarze plötzlich hinweggehoben, wurde von ihr weggerissen und hinunter vom Balkon, direkt in die nebeldicke Luft des Hofes geschleudert.

Sie war nur halb bei Bewusstsein und war sich nicht sicher, ob sie ihren Augen trauen konnte, aber er fiel hinunter, Hals über Kopf, wirbelnd und hinabtrudelnd wie ein verkohltes Blatt.

Und die Erscheinung nahm festere Gestalt an. Riesige Pfoten mit Klauen und Formen, wie sie kein Tier, das sie jemals gesehen hatte, besaß, und der Einbrecher, schwarz, armselig, zu Tode erschrocken, winselnd wie ein geprügelter Hund, wurde entblößt bis auf die Haut. Mit einem feinen Schnitt wurde sein Körper geöffnet, und es war wie eine Eruption, als all das Blut in einem plötzlichen Schwall aus ihm herausströmte. Und doch war er immer noch am Leben und zuckte in dem unwillkürlichen Entsetzen eines Froschschenkels, der durch einen elektrischen Stromschlag einen Schock erleidet. Er zuckte und zuckte immer wieder, während er Stück für Stück in Fetzen gerissen wurde. Stücke von Fleisch und Knochen und einem halben Gesicht mit einem Auge, das wie rasend blinzelte, stürzten kaskadenartig hinunter, vorbei an Beth, und trafen mit platschenden Aufschlägen unten auf dem Zementboden auf. Und er war immer noch am Leben, während seine inneren Organe zusammengequetscht wurden; und Muskulatur und Galle und Kot und Haut wurden abgescheuert und abgeschmirgelt und schließlich fallen gelassen. Es dauerte und dauerte, so wie der Tod von Leona

Ciarelli gedauert und gedauert hatte, und sie verstand mit dem Blut-Wissen der *um jeden Preis* überleben Wollenden, dass der Grund dafür, dass die Zeugen des Todes von Leona Ciarelli nichts unternommen hatten, nicht darin lag, dass sie vor Schrecken erstarrt waren, dass sie nicht hineinverwickelt werden wollten oder dass sie von den jahrelangen Fernsehgemetzeln dem Tod gegenüber so abgehärtet gewesen wären.

Sie waren Teilnehmer an einer schwarzen Messe, die auf Geheiß der Stadt zur Aufführung gebracht worden war; nicht irgendwann in der Vergangenheit, sondern jeden Tag tausendmal aufgeführt in dieser Irrenanstalt aus Stahl und Stein.

Jetzt war sie wieder auf ihren Beinen und stand halbnackt in ihrem zerrissenen Nachthemd, die Hände an das schmiedeeiserne Gitter geklammert, darum flehend, mehr zu erblicken, alles tiefer in sich hineinzusaugen.

Jetzt war sie eine von ihnen, während die Stücke des nächtlichen Opfers blutend und schreiend an ihr vorbeifielen.

Morgen würde wieder die Polizei kommen, und sie würden sie ausfragen, und sie würde sagen, wie schrecklich es gewesen sei, dieser Einbrecher, und wie sie gekämpft hatte, voller Angst, dass er sie vergewaltigen und töten würde, und wie er heruntergefallen sei und dass sie keine Ahnung habe, wie er so grässlich zerfetzt und in Stücke zerrissen sein konnte, aber ein Fall aus dem siebenten Stockwerk, immerhin ...

Morgen brauchte sie sich nicht davor zu ängstigen, auf die Straße zu gehen, denn nichts würde ihr zugefügt werden können. Morgen würde sie sogar das Polizeischloss abmontieren können. Nichts und niemand in der Stadt würde ihr künftig irgendetwas Böses zufügen können, denn sie hatte die einzig mögliche Wahl getroffen. Sie war jetzt eine Bewohnerin der Stadt, war jetzt mit Haut und Haaren ein Teil von ihr. Jetzt war sie am Busen ihres Gottes aufgenommen worden.

Sie spürte Ray neben sich, spürte, wie er neben ihr stand, sie hielt, sie beschützte, seine Hand auf ihrem nackten Gesäß, und sie beobachtete, wie der Nebel aufwirbelte und den Innenhof füllte, die Stadt füllte, ihr Augen und Seele und Herz mit seiner Macht erfüllte. Als Rays nackter Körper sich fest an sie presste, trank sie in tiefen Zügen von der Nacht und wusste, was auch immer für Stimmen sie von diesem Augenblick an hören würde, es würden nicht die Stimmen geprügelter Hunde sein, sondern diejenigen von starken, Fleisch fressenden Bestien.

Endlich war sie furchtlos, und es tat so gut, so unendlich gut, *keine* Furcht zu haben.

## BOILEAU / NARCEJAC
# Bewusstseinsspaltung

Eine junge Frau betrat das Sprechzimmer. Nicht übel, dachte Professor Lavarenne, eigentlich fast hübsch ... Dürfte so um die Mitte bis Ende zwanzig sein ... Das Kostüm zwar Konfektion, aber trotzdem geschmackvoll ... Sozial schwer einzuordnen; na ja, doch wohl eher aus bescheidenen Verhältnissen. Furchtbar verschüchtert und verkrampft ...

«Bitte, nehmen Sie doch Platz.»

Sie setzte sich schräg auf den äußersten Rand des Sessels, presste die Knie zusammen und schlug die Augen nieder.

Die weicht meinem Blick jetzt schon aus, dachte Lavarenne und griff nach einer Karteikarte. Scheint allerhand auf dem Herzen zu haben. «Mademoiselle ...?»

«Madame. Juliette Maret.»

«Adresse?»

«Herr Doktor, wissen Sie, es ist wegen ... Mein Mann ... Er ist verrückt!» Ihre behandschuhten Finger umkrallten die Tasche; sie schüttelte verzweifelt den Kopf. «Verrückt geworden ist er! Das ist ... Das ist doch kein Leben mehr!»

«Aber Madame ... Beruhigen Sie sich doch! Bleiben Sie

ganz entspannt und beantworten Sie nur meine Fragen. Also, wie ist Ihre Adresse?»

«Rue Cardinet. Nummer 92.»

«Beruf?»

«Mein Mann arbeitet bei einer Bank. Keine Bombenstellung, aber doch so, dass wir sorglos leben könnten, wenn ...»

«Aber ja ... Sie dürfen sich nicht so aufregen! Wie alt ist er, Ihr Mann?»

«Vierunddreißig.»

«Und Sie?»

«Achtundzwanzig ... Wir sind seit vier Jahren verheiratet. Kinderlos ... Ja, ich weiß schon, was Sie denken, Herr Doktor, aber so ist es nicht – wir verstehen uns sehr gut. Wir streiten uns nie. Und ich tue alles, um ihn glücklich zu machen ... Er hat es verdient.»

«Sagen Sie ... Als Sie ihn geheiratet haben, ist er Ihnen da – wie soll ich sagen – normal vorgekommen?»

«Völlig normal! Na ja, manchmal ein wenig in sich gekehrt, düster ... Aber er hat's früher auch nicht leicht gehabt. Seine Eltern sind bei einem Autounfall ums Leben gekommen, als er fünfzehn war; danach hat er sich allein zurechtfinden müssen ... Er hätte gern studiert – er ist nämlich sehr begabt. Aber schließlich musste er ja irgendwie seinen Lebensunterhalt verdienen.»

«War denn gar niemand da, der ihm helfen konnte?»

«Nein. Doch, ja – ein Onkel; ein Bruder seines Vaters. Aber die Brüder waren zerstritten. Seit Jahren ... Und Charles ist sehr stolz.»

«Hm ... Ja, verstehe ... Was hätte er werden wollen, wenn er die Mittel gehabt hätte?»

«Lehrer. Lehrer an einer höheren Schule ... Er interessiert sich besonders für Geschichte. Er liest in einem fort. Andere Männer, die basteln in ihrer Freizeit zu Hause herum. Aber er? Ach, du lieber Gott! Er kann noch nicht mal einen Nagel einschlagen! Stattdessen liest er eben. Und was er alles weiß! Was soll ich Ihnen sagen – er hat sich mal bei so einem Fernseh-Quiz gemeldet, und um ein Haar hätte er fünftausend Francs gewonnen! Er hat bloß Pech gehabt – sie haben ihn gefragt ...»

«Also, das ist jetzt nicht so wichtig, ja? Mir kommt es mehr auf das Motiv an – ich meine, *warum* hat er sich zu diesem Quiz gemeldet?»

«Warum er ... Wie meinen Sie das?»

«Ging es ihm um das Geld? Oder wollte er sein Wissen, seine Bildung unter Beweis stellen? – Ich vereinfache, aber Sie sehen schon, worauf ich hinaus will.»

«Tja ... Vielleicht hat beides eine Rolle gespielt. Schließlich sind fünftausend Francs kein Pappenstiel.»

«Wann sind Ihnen die ersten Symptome aufgefallen?»

«So vor sechs Monaten etwa ... Ja, genau – ein paar Tage, nachdem er bei diesem Quiz durchgefallen war.»

«Ach? Interessant ... Erzählen Sie mal.»

«Also, es hat damit angefangen, dass er morgens beim Rasieren Selbstgespräche führte. Ich hab ihn mal belauscht. Er hat sich mit irgendjemand unterhalten, aber ich konnte nicht rauskriegen, mit wem.»

«Mit seinem Spiegelbild wahrscheinlich.»

«Nein, nein – bestimmt nicht! Er hat geredet, als ob noch jemand im Zimmer wäre. Er hat sich in Wut gesteigert ... Na, und ein anderes Mal, da hat er im Bademantel auf den Fliesen gekniet und sich dabei an die Brust geschlagen. Und dann ist er aufgestanden, hat die rechte Hand erhoben und gesagt: ‹Ja. Darauf lege ich einen heiligen Eid ab!››

«Wörtlich?»

«Ja ... Sie können sich denken, wie mir zumute war.»

«Und weiter? Hatte er noch mehr solcher ... hm, Krisen?»

«Aber fortwährend! Oder nein, warten Sie mal – das ist übertrieben. Aber ein- oder zweimal pro Woche bestimmt. Und zwar morgens. Immer morgens, im Badezimmer; wenn er denkt, er ist allein ... Meistens wickelt er sich dann in seinen Morgenrock, ohne in die Ärmel zu schlüpfen. Oder einfach in eine Decke ... Und dabei redet er und redet und redet! Es hört sich wie Predigen an. Aber er spricht so leise und schnell, dass ich kaum etwas verstehen kann.»

«Und er hängt sich vorher den Bademantel um?»

«Ja. Fast immer.»

«Eigenartig ... Und dann? Ich meine, hinterher?»

«Dann ist er völlig normal.»

«Auch in der Bank?»

«Offenbar, ja. Es hat nie irgendwelche Beschwerden gegeben; im Gegenteil ... Ich habe ihn in letzter Zeit gut im Auge behalten, wissen Sie ... Also, ich bin sicher, dass er diese Anfälle nur morgens nach dem Aufstehen hat.»

«Und wie lange dauert so ein Anfall etwa?»

«Ach – drei, vier Minuten ... Und das Ende ist immer das gleiche: Charles greift nach dem ersten besten Gegenstand, der ihm in die Finger kommt – vorgestern seine Zahnbürste –, schwenkt ihn in die Höhe und schlägt damit wild in die Luft.»

«Aha ... Augenblick, ich muss das notieren, äußerst wichtig ist das ... Und dann? Wenn er um sich geschlagen hat?»

«Nichts. Dann hat er sich verausgabt ... Er trinkt ein Glas Wasser, und alles ist vorbei.»

«Haben Sie schon mal versucht, sich einzuschalten? Ich meine, haben Sie ihn angerufen, ihn gerüttelt oder so?»

«Nein. Nie ... Ich hatte Angst.»

«Angst? Wovor?»

«Vor ihm. Dass er mich vielleicht schlägt ... Er sieht fürchterlich aus, wenn es soweit ist.»

«Fürchterlich? Inwiefern fürchterlich? Präzisieren Sie das bitte. Böse? Grausam?»

«Nein, das nicht. Wie soll ich das erklären? Eher überdreht. Total überdreht, ja! Schwärmerisch, exaltiert, besessen ... Ich weiß nicht, wie ich es nennen soll. Einfach wie einer, der eben verrückt ist!» Sie fing an zu weinen.

Die Sache begann Lavarenne zu interessieren – es handelte sich da offenbar um einen wirklich ungewöhnlichen Fall ... Er wartete, bis die junge Frau sich wieder etwas gefasst hatte. «Aber was soll ich für Sie tun?», sagte er dann. «Ich zweifle gar nicht an der Richtigkeit dessen, was Sie mir da erzählen, aber ... Ich muss meine Kranken persönlich sehen; ich kann mich bei einer Behandlung nicht auf die Aussagen von Dritten verlassen, und wenn sie noch so genau sind.»

«Bitte, kommen Sie doch zu uns!», flehte ihn Juliette Maret an. «Ich habe lange nachgedacht, bevor ich mich zu diesem Schritt entschlossen habe – Sie *müssen* kommen, das ist die einzige Möglichkeit ... Wir haben ein Gästezimmer mit Zugang zum Bad. Die Verbindungstür ist immer abgeschlossen, aber durch ein Oberlicht kann man alles beobachten, was sich im Bad abspielt. Charles betritt dieses Zimmer nie, bestimmt nicht … Ach bitte – kommen Sie doch, Herr Doktor! Wir wohnen doch gleich um die Ecke; ich brauchte Sie nur morgens anzurufen, und dann könnten Sie selbst alles ganz genau … Es *muss* etwas geschehen! Das ist einfach nicht mehr zum Aushalten!»

Professor Lavarenne folgte Juliette Maret auf Zehenspitzen ins Gästezimmer. Sie hatte eine kleine Trittleiter bereitgestellt, und Lavarenne brauchte nur zwei Stufen hinaufzusteigen, um durch das Oberlicht sehen zu können. Er war auf sich selbst wütend, aber die Neugier war einfach stärker gewesen als seine Skrupel. Er wartete, bis Juliette leise hinausgegangen war; dann schaute er ins Badezimmer hinüber.

Charles Maret stand unbeweglich in der Mitte des Raums. Er hatte sich mit einem alten Bademantel ausstaffiert und schien in tiefes Nachdenken versunken. Er war klein und hager, von ungesunder grünlicher Gesichtsfarbe und hatte schütteres Haar. Die Hände auf dem Rücken verschränkt, blickte er starr auf einen Punkt zwischen Waschbecken und Handtuchhalter.

Lavarennes Skrupel waren verflogen. Aufschlussreich, diese leicht abstehenden Ohren, das fliehende Kinn … Und dann dieses Zucken im Mundwinkel! Und die tief liegenden, fiebrig leuchtenden Augen … Jetzt seufzte Maret auf und sagte sehr schnell etwas vor sich hin. Lavarenne zuckte zusammen. Hatte er recht gehört? Heinrich der Dritte …? Maret hatte doch «Heinrich der Dritte» gesagt! Den Rest hatte er nicht verstehen können ... Er hielt den Atem an.

«Ich werde sie retten!», sagte Maret, laut und klar. «Alle ... Es ist Gottes Wille. Aber all dieses Blut ... Das viele, viele Blut ...» Dabei faltete er die Hände und schloss die Augen.

Religiöser Wahn?, dachte Lavarenne.

Charles Maret blickte jetzt um sich, griff nach seinem Hemd, merkte, dass er den alten Bademantel anhatte und schüttelte indigniert den Kopf, ehe er ihn unwillig in die Ecke warf. Dann zog er sich mit sorgenvoller Miene an, feuchtete einen Waschlappen an und fuhr sich damit übers Gesicht. Danach betrachtete er sich kurz im Spiegel und verließ das Badezimmer.

Lavarenne stieg vorsichtig von der Leiter und wartete. Nach etwa zehn Minuten kam Juliette und befreite ihn.

«Und?», fragte sie aufgeregt. «Wie war's?»

«Ist er weg?»

«Ja. Eigentlich war er ganz vergnügt.»

«Eigenartig. Ihr Mann identifiziert sich zweifellos mit einer historischen Figur – allem Anschein nach sogar mit einer Frau. Der Bademantel, nicht wahr ... Aber mit welcher? Wahrscheinlich bei jedem Anfall mit einer anderen. Wenn man eines dieser Vorbilder erkennen könnte, wäre es wahrscheinlich relativ einfach, seinen Wahn zu analysieren.»

«Ist es schlimm?»

«Das kann ich Ihnen jetzt noch nicht sagen. Es gibt da ein paar eigenartige Details im Verhalten Ihres Mannes. Ich kann jetzt natürlich nicht auf Einzelheiten eingehen, aber es ist ein merkwürdiger Fall. Sehr, sehr merkwürdig

... Kann ich wohl wiederkommen? Die Sache interessiert mich!»

Der Morgenrock, den Charles Maret diesmal in der ausgestreckten Linken hielt, wirkte wie ein schlapper, lebloser Körper. In der Rechten hatte er ein Messer. Er hob die Augen zum Himmel und murmelte: «Es muss sein, Herr! Es muss sein ... Er ist ein arglistiger Schurke.» Er stach wild auf den Rock ein und schlitzte den Stoff mit einem raschen Hieb von oben bis unten auf; er war innerhalb von Sekunden zerfetzt. Maret ließ ihn achtlos fallen. «Und jetzt», sagte er, «jetzt bin ich nackt ... Und ich bin frei!»

Darauf versank er längere Zeit in Nachdenken, das hin und wieder von kurzen Monologen unterbrochen wurde. Und dann lachte er plötzlich bitter auf – wie ein Schmierenkomödiant, konstatierte Lavarenne.

«Das Edikt von Nantes», fuhr Maret jetzt fort, «das ist einfach zu viel! Nein, nie und nimmer wird der König dem Papst den Krieg erklären ... Niemals!» Er geriet plötzlich völlig außer sich und fiel über einen Morgenrock her, der am Kleiderhaken hing. Er stach auf den Mantel ein – einmal, zweimal, dreimal ...

Dann ließ er wie befreit ab, legte das Messer auf einen Hocker und stürzte ein großes Glas Wasser hinunter. Er zog sein Jackett an und verwandelte sich wieder in den kleinen, korrekten Bankangestellten. Er bürstete seine Nägel und klopfte dann kurz seine Taschen ab, um sich zu vergewissern, dass er auch alles bei sich hatte: Taschentuch, Schlüssel, Brieftasche ... Dabei fiel sein Blick auf den zerfetzten Morgenrock. «Juliette wird sich nie an

Ordnung gewöhnen ...», seufzte er. Noch ein kurzer Blick in den Spiegel, dann verließ er den Raum, als ob nichts geschehen wäre.

Juliette ließ nicht lange auf sich warten.

«Ich sehe immerhin klarer», sagte Lavarenne. «Wir haben uns durch diese ... diese Kostümierung irreführen lassen. Wir waren doch davon überzeugt, dass er sich immer in der Rolle einer *Frau* sieht, nicht wahr? Aber das braucht nicht zu stimmen! Er kann sich zum Beispiel auch für einen *Mönch* halten ... Heute zum Beispiel hat er Ravaillac verkörpert; er hat Heinrich den Vierten getötet, nachdem er symbolisch seine ‹Kutte› zerfetzt hatte – ich fürchte, es war Ihr Morgenrock ... Und voriges Mal war es auch so: Da war er Jacques Clément und hat sich auf die Ermordung Heinrichs des Dritten vorbereitet.»

«Entsetzlich!», stöhnte Juliette.

«Aber nein, Madame – das ist nur logisch ... Logisch für *ihn*, sagen wir mal. Er hat in jungen Jahren seine Mutter verloren; seitdem kommt er von dem Gefühl nicht los, verkannt, gedemütigt und von einem Platz vertrieben zu sein, der ihm zukommt. Er hat sich auf seine privaten Studien gestürzt – eine Ersatzhandlung. Und als sich dann die Gelegenheit bot, die anderen von sich, von seiner Persönlichkeit, von seinen Fähigkeiten zu überzeugen – bei diesem Fernseh-Quiz nämlich –, da erleidet er Schiffbruch, praktisch schon im Hafen ... Und kurz danach kommt es zu seinen Wahnideen! Ein geradezu klassischer Verlauf. Seine Mutterbindung kommt dadurch zum Ausdruck, dass er sich mit Personen aus der Geschichte identifiziert, die ein langes Gewand tragen – eine Kutte, eine Robe, egal. Aber es sind obendrein solche, die irgendwie

Gerechtigkeit geübt haben: Der kleine Bankangestellte entschädigt sich damit für alles, was ihm entgangen ist.»

«Aber das hab ich doch gesagt – er ist verrückt!»

«Aber nein ... Wir werden ihn heilen, glauben Sie mir! Wir müssen nur handeln – und zwar schnell! Es wäre gefährlich, ihn noch länger in diesem Zustand zu lassen ... Ich werde das Nötige einleiten.»

Juliette begleitete den Arzt hinaus. Als sie zurückkam, erwartete sie Charles bereits an der Wohnzimmertür.

«Na? Wie steht's?», fragte er.

«Alles okay!», Juliette strahlte. «Er hat's gefressen ... Du warst hinreißend, *chéri*!»

Aber das Schwierigste stand noch bevor. Schließlich war Onkel André noch am Leben ... Charles hatte seinen Plan seit Wochen, seit Monaten nach allen Seiten hin durchleuchtet. Er hatte eine Reihe von Werken über Psychiatrie gelesen. Er wusste Bescheid über die Symptome der Schizophrenie. Man konnte einen Psychiater ohne weiteres irreführen. Und einen triebhaften Tötungszwang vorzutäuschen, war gar nicht so schwer ... Mit anderen Worten, wenn das Schlimmste passieren, wenn Charles des Mordes für schuldig befunden werden sollte, dann bedeutete das nur Einweisung in eine Heilanstalt. Und aus einer Heilanstalt kommt man auch wieder heraus, wenn man in Wirklichkeit seine fünf Sinne beisammen hat. Aber Charles wollte gar nicht erst hineinkommen. Er zerbrach sich den Kopf darüber, wie er den perfekten Mord begehen konnte; der Ausweg über die Psychiatrie war bei dem ‹Unternehmen Lavarenne›, wie er das Ganze ironisch nannte, nur der Notausgang, der ihn vor dem Schafott bewahren sollte und von dem er hoffte, dass er ihn nicht nötig haben würde: Er wollte ein Mittel finden, den Onkel so elegant ins Jenseits zu befördern, dass er, Charles, überhaupt nicht in Verdacht geriet. Man brauchte sich ja bloß einen Mord auszudenken, der hundertprozentig nach Unfall oder Selbstmord aussah ...

Charles durchforschte die Kriminalliteratur nach entsprechenden Beispielen – das Ganze war doch offensichtlich nur eine Frage des Informationsstandes. Und er fand Beispiele genug. Es gab massenhaft Erbonkel, die mehr oder weniger diskret aufgeknüpft oder vergiftet worden waren. Aber Charles konnte sich nicht entschließen. Und je mehr er darüber nachdachte, desto mehr Geschichten fielen ihm ein, in denen die Badewanne eine wesentliche Rolle gespielt hatte ... Wo Onkel André überdies sein Bad immer so lang ausdehnte ... Charles sagte sich, dass der Plan reifen müsse, obgleich er sich eigentlich schon entschieden hatte. Was ihn jetzt noch zurückhielt, waren einzig und allein die Vermutungen dieses albernen Professors Lavarenne: Mutterbindung ... Frustration ... Kompensationsbedürfnis ... Natürlich alles Quatsch. Und doch, irgendwie ... Irgendwie nagte es an ihm.

Der Zufall hatte Charles die Entscheidung abgenommen. Wie betäubt legte er den Hörer auf.

«Was ist los?», fragte Juliette.

«Der Onkel», stotterte Charles. «Onkel André ... Er ist tot ... Das war eben seine Haushälterin. Sie hat ihn tot in der Wohnung aufgefunden, als sie von ihren Besorgungen zurückkam.»

«*Waas?*»

«Ja. Ein Unfall. Ein richtiger ... Er hat wie üblich in der Badewanne gelesen, Post durchgesehen. Offenbar muss es ihm plötzlich schlecht geworden sein; er hat wohl versucht, aufzustehen, jemand zu rufen ... Dabei muss er ausgeglitten sein und ist so unglücklich in den Brieföffner gefallen, dass ... Er muss auf der Stelle tot gewesen sein.»

Juliette und Charles sahen sich an. Die Freude schnürte ihnen die Kehle zu.

«Jetzt sind wir reich!» Juliette hatte die Sprache wiedergefunden.

«Eigentlich doch ganz angenehm», meinte Charles, «das Gefühl, unschuldig zu sein!»

Professor Lavarenne redete auf den Staatsanwalt ein. «... überhaupt keinen Zweifel!», sagte er abschließend. «Nur hat er diesmal eine fixe Idee in die Tat umgesetzt ... Es *kann* sich gar nicht um einen Unfall handeln; warum, habe ich Ihnen gerade erklärt.»

«Jacques Clément ... Revaillac ...», murmelte der Staatsanwalt nachdenklich, fast abwesend.

«... und jetzt dieser Mann, der in der Badewanne erstochen wurde», fügte der Professor hinzu.

«Marat natürlich!» Der Staatsanwalt nickte.

«Ja, Marat ... Und wer hat ihn erstochen?», fragte Lavarenne rhetorisch. «Charlotte Corday. Eine Frau ... Denken Sie an das, was ich Ihnen gesagt habe: Frauenkleider, lange Gewänder auf jeden Fall, spielen eine entscheidende Rolle in seinen Wahnvorstellungen.»

«Gut. Ich stelle einen Haftbefehl aus.»

«Herr Staatsanwalt, ich ... Darf ich eine Bitte äußern? So weit es Ihnen möglich ist, da Einfluss zu nehmen ...

Ich wäre sehr glücklich, wenn er in *meine* Abteilung ein-
gewiesen würde – ich garantiere Ihnen für strengste
Überwachung! Bei uns kommt keiner raus … Wissen Sie,
es handelt sich da wirklich um einen recht ungewöhnlichen Fall, den ich gern weiter verfolgen würde …»

## ETTA REVESZ
# Wie ein grässlicher Schrei

Ja, also ich sitz hier und wart, bis der Mann draußen auf den Knopf drückt, und dann klickt es, und die Tür geht auf, und der Pater geht weg. Den Pater hab ich kennen gelernt, da bin ich fünf gewesen, und das ist jetzt acht Jahre her. Dass der mich mal im Knast besuchen muss, hat er sich bestimmt auch nicht träumen lassen. Kinderknast nennen sie's, aber ich find, es ist ein richtiger Knast wie für die Großen.

Zwei Tage schau ich jetzt schon aus dem kleinen Fenster. Ich seh nur Himmel. Mal vielleicht noch 'n Flugzeug. Das Bett ist sauber, aber der Boden ist Zement, das ist bös für mein Bein. Am gemeinsten ist die Tür, die hasse ich richtig. Grau ist sie und aus Metall wie die Schiene, die ich am Bein hab. Hoch oben sitzt ein viereckiges Fensterchen in der Tür, aber ich kann nicht rausgucken auf den Gang, dazu bin ich noch zu klein. Ich weiß, dass da ein Mann an einem hohen Pult sitzt und die Knöpfe von vielen Türen drückt, wie ich sie in der Zelle hab. Gestern hab ich mich ganz fest an die Tür gepresst, weil ich gedacht hab, sie haben mich hier vielleicht vergessen. Aber ich hab nur die Decke vom Gang sehen können, die ist grau und ziemlich dreckig.

Ich tu mich schwer, wie ich hier sitz und zuseh, wie der Pater geht. Er hat sich ja Mühe gegeben. Unheimlich Mühe hat er sich gegeben, aus mir rauszukriegen, warum ich es gemacht hab.

«Gestehe, mein Sohn», sagt der Pater Díaz. «Sag mir, weshalb du dieses Schreckliche getan hast. Du hast es sicher nicht begriffen ... du warst verwirrt ...»

Und dann hält der gute Pater den Kopf nach unten, und ich glaub, er weint, aber ich schüttel den Kopf. Wie kann ich es ihm sagen? Wenn ich ihm sag, wieso ich es gemacht hab, ist alles umsonst gewesen. Und dann legt er mir die Hand auf den Kopf, und ich wehr mich nicht, aber ich sag auch nichts.

«Knie nieder, mein Sohn», sagt der Pater. «Wenn du es mir nicht sagen kannst, sag es dem lieben Gott, das wird dich erleichtern.»

«Nein, Pater», sag ich. «Knien kann ich nicht.»

Da macht er ein ganz unglückliches Gesicht, und wie er die Hand von meinem Kopf nimmt, denk ich, jetzt schmiert er dir eine, aber es passiert überhaupt nichts.

«Ein Mensch, der nicht niederknien und Gottes Verzeihung erflehen kann, ist verloren», sagt er, und dann geht er zu meiner grauen Tür und drückt das schwarze Knöpfchen, und da weiß der Mann an dem Pult, dass er aufmachen muss.

Jetzt sitz ich hier auf meiner Pritsche und warte, dass der Pater geht. Mein Bein hab ich ausgestreckt, die Metallschiene tut weh. Um diese Zeit, wenn die Nachtgeräusche laut werden, ist Rita immer gekommen und hat mir die Schiene abgenommen und hat mir das Bein massiert. Weiche, gute Hände, die die Schmerzen wegnehmen. Und dann hat sie mit mir über das geredet, was draußen ist. Und das Bild hat sie sehen wollen, das ich an dem Tag gemalt hab. Sie hat mir ja auch das Papier dafür gekauft und die Zeichenkohle. Und Weihnachten hat sie mir einen Kasten mit Malfarben geschenkt. Wieviel der gekostet hat, weiß ich nicht, aber sie verlangen eine Masse Geld für so was, das weiß ich.

In meinen Augen ist mit einem Mal ganz viel Wasser, aber ich will nicht weinen. Ich seh wieder zu dem schwarzen Rock von Pater Díaz hin. Wie 'ne schwarze Krähe sieht er aus, die Arme hängen dicht am Körper wie Flügel. Jetzt kommen doch die Tränen, ich kann gar nichts machen. Ich tu so, als ob ich weinen muss, weil mein Bein weh tut, und ich versuch, nicht an Rita zu denken.

Ich werd Pater Díaz sagen, dass ich nicht knien kann, weil die Metallschiene an meinem Bein einknickt, denk ich, dann meint er nicht, dass er mir das vom lieben Gott und der Heiligen Jungfrau für nichts und wieder nichts beigebracht hat. Aber da ist es schon zu spät. Ich hör das Klicken, die Tür geht auf und wieder zu, ich bin allein.

Bald kommt das Essen. Ich kann Nudeln mit Käse nicht ausstehen. Käse gehört nicht auf *enchiladas*. Nudeln und Käse, und vielleicht Weizenbrot, an den Rändern aufgerollt wie ein trockenes Blatt. Und dazu ein Löffel Erdnussbutter, die mir so grässlich ist. Sie kleistert mir die Zunge an die Zähne. Ich denk an das, was Rita mir immer beigebracht hat.

Jeden Abend vor dem Dienst kommt sie vorbei und bringt mir eine Überraschung. Erst nimmt sie mir die Schiene ab und massiert mein Bein, und dann stellt sie mir die braune Tüte in den Schoß, und wir stecken die

Köpfe zusammen und sehen nach, was Schönes drin ist. Manchmal, wenn ich aufschau, seh ich, dass sie mich mit ihren großen Augen ansieht und lächelt, wenn ich eine Tüte Bonbons raushole oder einen Granatapfel oder gar einen neuen Malpinsel. Und dann spür ich immer einen großen Schmerz über dem Herzen, und der Kiefer tut mir weh, weil ich mir das Weinen verbeißen muss. Rita kann's nicht leiden, wenn ich weine. Wie kann sie auch wissen, dass ich weine, weil ich sie so lieb hab.

Manchmal, wenn nur Mama und ich daheim sind, hör ich auf zu malen und schau aus dem Fenster. Man muss viele Treppen zu uns raufsteigen, aber ich seh die Zweige von dem Baum, der in dem braunen Erdquadrat auf unserem Gehsteig steht. Er sieht nicht sehr wohl aus, der arme Baum, er hat dürre, braune Glieder und ziemlich wenig Blätter. Aber trotzdem freu ich mich, wenn die Sonne auf die spärlichen Blätter scheint. Wenn die Sonne niedrig steht, auf gleicher Höhe mit meinem Baum – das hab ich am liebsten. Dann gehen von der Mitte lange weiße Lichtfinger nach allen Seiten, und wenn der Wind weht, sprüht es Silber und Gold. Es ist wie ein Zeichen vom lieben Gott, dass der Tag vorbei ist und es gar nicht mehr lange dauert, bis Rita angerannt kommt.

«Pepito», ruft sie, «ich bin wieder da. Deine hässliche große Schwester ist wieder da.»

Ich tu, als wenn ich sie nicht hör, und sie schleicht sich von hinten an und legt mir die Hände über die Augen.

«Rat mal, wer ich bin», sagt sie mit nachgemachter Männerstimme.

«Meine hässliche große Schwester», sag ich, und wir lachen beide. Meine Schwester Rita ist nicht hässlich.

Manchmal, wenn sie frei hat, darf ich sie zeichnen. Dann sitzt sie still am Fenster, und ich seh sie an und werf meine Striche aufs Papier. Manchmal vergess ich das Zeichnen, wenn ich sie anseh. Langes schwarzes Haar hat sie, das trägt sie zurückgebunden, und dann sieht ihr Hals ganz schmal aus. Ihr Mund ist ruhig, aber wenn sie meint, dass ich nicht hinschau, bewegen sich ihre Lippen ein bisschen, und es sieht aus, als wenn sie sich Geheimnisse erzählt. Nur ihre Augen, die kriege ich nicht richtig hin.

Mal, wen ich hinseh, lachen sie, wie wenn sie gleich einen Witz erzählen will, und dann wieder, wenn ich hinseh, würd ich am liebsten weinen. Mal hab ich das wirklich gemacht, aber es ist schon mindestens ein Jahr her, da war ich erst zwölf. Gleich ist Rita gekommen und hat mich umgefasst.

«Mein kleiner Pepito, tut dir das Bein weh? Ich will ganz fest arbeiten und schrecklich sparen, und dann geh ich mit dir in ein großes Krankenhaus, zu den besten Ärzten, die werden dein Bein wieder in Ordnung bringen.»

«Nein», sag ich. Ich kann Rita nicht anschwindeln, auch wenn's mir gut tut, wenn jemand mich bemitleidet. «Ich wein ja bloß, weil ich dich so lieb hab. Du bist wie Sonntagsmusik.»

Und da lacht sie, und wie sie am nächsten Tag kommt, sagt sie: «Heut kommt deine Sonntagsmusik schon am Mittwoch.»

Mama und Papa hab ich beinah so lieb wie Rita. Aber Mama hör ich oft seufzen, wenn sie den Rosenkranz betet, und sie trägt immer Schwarz und keine bunten, lustigen Farben wie Rita. Früher, in der ersten Zeit hier, da hat Mama immer gesungen. Und wenn Papa von dem guten

Job erzählt hat, den er bestimmt kriegt, hat sie mit ihm getanzt.

«Jetzt ist Schluss mit dem Lastwagenfahren», sagt Papa. «Bald haben die Lucernos ausgesorgt.»

Und dann hat Papa nicht mehr den Laster für George Hamfield gefahren. Er ist zur Abendschule gegangen. Wenn ich nachts aufwache auf meiner Couch, weil mein Bein weh tut, seh ich Papa mit Büchern am Küchentisch sitzen. Alles ist still. Nur Schlafgeräusche hör ich. Und das Ticktack von der Weckeruhr. Und ein leises Klappen, wenn Papa die Bücher zumacht. Und dann hör ich, wie er den Stuhl zurückschiebt und schlafen geht.

Carlos und Mikos, meine großen Brüder, haben das Schlafzimmer. Sie schlafen in dem großen Bett, und Rita schläft mit Klein-Rosa in dem kleinen Bett. Rosa ist erst drei, und Rita sagt *meine kleine Süße* zu ihr. Mama und Papa schlafen hinten auf dem Balkon. Den hat Papa dafür hergerichtet. «Und was ist mit der Heizung, Mann, wenn der Winter kommt?», hat Mama gefragt. Da hat Papa gelacht und Mama umgefasst, wie sie am Herd vorbeigegangen ist, und hat gesagt: «Ich werde dich schon wärmen. Wie immer.»

«Bist du nicht gescheit? Doch nicht vor den Kindern.» Und Mama schiebt seine Hand weg, als wenn sie bös ist, aber ich seh, dass sie lacht. Mama meint, dass ich nicht weiß, wie's im Leben zugeht, weil ich daheim sitz und nicht auf der Straße rumlauf und nur an ganz besonderen Tagen runterkomme, wie zu Ostern und Weihnachten und *Cinque de Mayo*, wenn sich alle Welt zu den Klängen der Gitarren dreht.

Erst, wie wir hergekommen sind, bin ich auch zur

Schule gegangen, aber dann ist es zu viel geworden, die Treppen und der lange Weg und alles. Rita hat versucht, mich zu tragen, aber sie ist so müde geworden, wenn sie das Metallgefängnis von meinem Bein hat schleppen müssen. Und einmal hat sie mich fallen lassen, und die Schiene hat sich verbogen und hat mir weh getan. Mit dem, was ich lern, ist's nicht weit her. Ich kann die Wörter so schlecht lesen, und die Lehrerin ruft mich nicht sehr oft auf.

Rita will mir helfen. Sie ist in der Oberschule, und sie zeigt mir, wie man die Buchstaben schreibt. Aber ich bring es nicht richtig. Wenn ich an meiner Bank sitz, mal ich ein Bild von dem, was ich sagen will. Das ist viel einfacher, und in der Schule hängen sie die Bilder auf dem Gang auf.

Einmal kriegt Rita vom Direktor einen Brief mit, Mama soll zu ihm kommen. Aber dann geht Papa hin, und er ist lange beim Direktor drin, und dann kommt er raus, und wir gehen heim. Papa macht ganz kleine Schritte, und wie wir über die Straße gehn, lässt er mich ganz allein laufen. Wie wir vor unserem Haus sind, nimmt er mich auf den Arm und trägt mich rauf zu Mama. Er hält mich ganz fest und dreht meinen Kopf so, dass ich sein Gesicht nicht seh, aber ich weiß, dass er bös ist. Traurig-bös. Eine Lehrerin wird kommen und mich zu Hause unterrichten, sagt er zu Mama, weil sie mich an meiner Schule nicht gebrauchen können.

Und die Lehrerin ist auch gekommen, aber nicht lange. Nach einer Weile ist eine andere Frau zu Mama gekommen und hat was von Sparmaßnahmen erzählt, und wenn Mama mich nach *Downtown* bringt, hat sie gesagt, kann ich in eine besondere Schule gehn. Papa ist bös geworden und ist nach *Downtown* gegangen, aber er ist bald wieder zurück gewesen. Er hat nichts gesagt, und jetzt bleib ich daheim und zeichne viel.

Ich hör, wie meine Metalltür aufgeht, und ein Junge kommt rein, so alt wie ich. Aber er kennt sich aus hier, und sie lassen ihn das Essen verteilen. Er macht meine Tür mit dem Fuß auf und bringt das Tablett rein. Ich seh, wie er sich umsieht.

«Da ist dein Abendessen, Hinkebein. Wo soll ich's hinstellen?»

Ich setz mich auf und schau, was es zu essen gibt, aber ich seh bloß roten Wackelpeter und zwei Stück dunkles Brot in einer Soße mit Fleischstücken. Ich nehm den Milchkarton runter und sag, er soll das Tablett mitnehmen. Er schaut mich bedenklich an.

«Davon, dass du nichts isst, wird's doch auch nicht besser, Mexikoboy», sagt er leise.

Ich schüttel den Kopf und leg mich wieder aufs Bett, und er geht raus. Jetzt ist es fast dunkel in meinem kleinen grauen Raum. Ich könnt Licht anmachen, um die Birne ist ein Drahtgestell, dass ich nicht rankomm, wie ein Maulkorb von einem Hund, aber es gibt ja doch nichts zu sehn. Ich steh auf und drück mich gegen die kalte Wand und schau hoch, aus dem Fenster raus in die Beinah-Nacht.

Am Himmel sind fransige Farbstreifen, wie wenn du Watte aus dem Karton ziehst und ganz dünn auf deiner Hand ausbreitest. Irgendwo ist ein Geräusch, und das rote und grüne Licht von einem Flugzeug zieht vorbei. Ganz klein ist es, wie ein Marienkäfer. So weit weg und so ein kleiner Punkt; der Vogel, der dicht an meinem Fenster vorbeifliegt, sieht viel größer aus. Er weiß nicht, dass es gleich Nacht ist und er ins Nest gehört. Jetzt bin ich ganz allein in meiner Dunkelheit.

Es ist wie die Dunkelheit, die über uns gekommen ist, als Papa einen Job gesucht hat. Ganz lange hat Papa nach einem neuen Job gesucht, nachdem er eines Tages von der Schule gekommen ist und ein ganz feines Stück Papier hochgehalten hat. Auf dem hat in Goldbuchstaben gestanden, dass er jetzt ein gebildeter Mann ist.

«Das ist erst der Anfang», sagt Papa. «Ich bin der Erste von uns, der den Oberschulabschluss gemacht hat. Schaut her, Kinder, dieses kleine Stück Papier ist der Schlüssel zu einem neuen Leben.»

An diesem Abend gibt es ein gutes Essen, und Mama bringt einen Trinkspruch aus. «Bei all der Bildung bringt's mein Mann noch zum *presidente*.» Und dann gibt Papa ihr einen Kuss, und Mama ist gar nicht böse, dass wir alle es sehen. Und Rita tanzt. Sie ist fünfzehn und die Nächste, die so ein Papier heimbringt. Aber das hat nicht sein sollen.

Papas Papier – das waren nur Worte. Keiner hat Papa beim Arm genommen und hat ihm einen guten Job gegeben. Jeden Tag ist es uns schwerer gefallen, abends sein Gesicht anzusehen, und jeden Tag hat er mehr Rotwein getrunken. Und dann ist Papa wieder in seinen alten Job zurückgegangen. Es ist ein großer Laster, und abends, wenn er immerzu kaputte Autos und Eisen und rostige Rohre eingeladen hat, ist Papa sehr müde. Bald hat Mama den ganzen Tag geweint. Und Rita hat mit der Schule aufgehört. Mal ist sie nach Hause gekommen und hat gesagt, dass sie einen guten Job hat und dass sie viel Geld kriegt, aber sie muss nachts arbeiten. Papa fragt, wer der Boss ist, aber Rita sagt, er ist aus einem anderen Viertel, und Papa kennt ihn doch nicht.

Jetzt schläft Rita morgens lange, und manchmal sieht sie mich traurig an, wenn sie zu ihrem Job geht. Immer sieht sie müde aus, und einmal hat sie schrecklichen Krach mit Mama. Rita sagt, dass sie auszieht, damit sie es näher zu ihrem Job hat, und Mama sagt nein, aber dann ist Rita doch ausgezogen. Sie will mich jeden Tag besuchen, sagt sie, und bringt jede Woche Geld. Das Haus ist jetzt ganz still, und Mama sitzt lange mit Klein-Rosa auf dem Schoß da. Meine kleine Süße, hör ich sie sagen. Immer wieder: meine kleine Süße.

Jetzt fängt für mich der Tag an, wenn Rita kommt, denn Rita hält, was sie versprochen hat. Einmal, wie wir Popcorn essen, das sie mitgebracht hat, sagt Rita, dass wir jetzt ein Geheimnis miteinander haben werden, nur wir beide. Weil sie will, dass ich eines Tages richtig gehen kann, ohne die Schiene.

«Versteck das gut, Pepito», sagt Rita und gibt mir drei Dollar in die Hand. «Jede Woche geb ich dir was dazu, und wenn genug da ist, gehen wir zu einem Doktor, der Beine heil macht.»

Wir suchen uns eine leere Schachtel, in der Haferflocken gewesen sind, und machen oben ein Loch rein, so groß, dass man Scheine durchstecken kann. Das ist unser Versteck, und ich schieb die Schachtel unter die Couch, auf der ich schlaf. Jede Woche bringt Rita Geld, manchmal sogar mehr als beim ersten Mal.

Bei uns zu Haus ist es nicht sehr schön. Mit Rita ist das

Lachen weggegangen. Carlos und Mikos sind jetzt groß. Carlos ist in der Oberschule, aber er will aufhören und kriegt Krach mit Papa. Carlos sagt: «Du lebst von der Hurerei deiner Tochter, Alter.»

Ich seh, wie Papa sich aufrichtet wie ein Bär und versucht, Carlos die Worte in den Mund zurückzustopfen. Papas große Hand schlägt auf Carlos ein, aber der ist fix und läuft aus dem Zimmer und die Treppe hinunter und auf die Straße. Zum ersten Mal seh ich Papa weinen, und wie Mama hereinkommt und ihn fragt, mag er nicht sagen, wo es ihm wehtut.

In dieser Nacht kann ich nicht schlafen. Hurerei – ich weiß, was das ist. Eine Frau ist eine Hure, wenn sie auf die Straße geht und ihren Körper an jeden Mann verkauft, der ihn bezahlen kann. Ich pass auf, wenn Carlos und Mikos sich unterhalten, weil sie denken, dass ich schlaf. Ich hör Mädchennamen und unanständige Wörter und dann leises, verschlucktes Lachen. Ich bin viel älter als die Schmerzen in meinem Bein. Ich bin so alt wie das junge Laub von meinem armen Baum auf dem Gehsteig.

Mein Kopfkissen ist hart in dieser Nacht, und ich mach die Augen zu, damit die Angst weggeht. Und dann seh ich Ritas Gesicht vor mir. Ich seh ihre glatte Haut und wie geschmeidig sich ihr Körper bewegt und wie weich ihre Brüste sind. Ich hab gesehen, wie sie immer schöner geworden ist. An Körper und Seele. Ich hab ihre Figur gezeichnet, mit meinem Stift auf weißes Papier. Nicht, dass ich sie anders seh, als es sich für einen Bruder gehört. Aber ist es verboten, Schönheit anzuschauen, wenn sie vor deinen Augen wächst? Eigentlich heißt sie Margarita, wie die weiße Blume mit dem goldenen Kreis in der Mitte.

Ich ertrag sie nicht, die bösen Bilder vor meinen Augen, und ich schlag ein Kreuz und sag mir, dass Carlos im Zorn gesprochen hat und dass es eine Lüge war.

Wie Rita am nächsten Abend kommt, will ich ihr erzählen, was Carlos gesagt hat, dann können wir drüber lachen, und sie kann ihm eine runterhauen. Aber ich bring's nicht heraus. Und wie sie mich fragt, warum ich nicht lustig bin, schwindel ich sie an und sag ihr, dass mein Fuß wehtut.

«Komm, hol unsere Schachtel», sagt sie. «Wir wollen unser Geld zählen.»

Wir machen den Deckel auf und zählen das Geld in ihren Schoß. «Das reicht noch nicht», sagt Rita. «Ich mach ein paar Überstunden.»

Ich nicke, weil – ich hab Angst zu fragen und hab Angst, nicht zu fragen. Zum ersten Mal bin ich froh, als Rita geht.

Wochen vergehen, bis ich wieder gut schlaf, und ich schieb es auf mein Bein, aber ich weiß, dass in Wirklichkeit Rita Schuld ist. Jetzt schau ich sie genauer an, als wenn ich auf ein Zeichen wart, dass alles Lüge war. Einmal mach ich einen Anlauf.

«Eine Frau, die ihren Körper verkauft», stottere ich. «Wie würde man die nennen?»

Rita schaut mich rasch an und macht schmale Lippen, und dann lächelt sie. «Na, so was … Wird mein kleiner Pepito etwa erwachsen?» Sie legt mir die Hand auf den Kopf und streicht mir das Haar aus dem Gesicht.

«Das ist keine Antwort», sag ich.

«Eine Prostituierte.» Sie wendet sich ab und nimmt ihre Hand weg.

«Wenn eine Frau so was macht – das ist schlimm, nicht?», sag ich.

«Kommt drauf an.» Sie dreht sich um und greift nach einer großen Tüte. «Schau, was ich dir heute mitgebracht habe.»

Und dann essen wir die dicken Apfelsinen, und danach lehnt sie ihren Kopf an meinen Kopf und redet ins Zimmer hinein.

«Du darfst dich nicht um hässliche Dinge kümmern. Du sollst nur das Schöne sehen und es zeichnen. Ich kenne keine Prostituierten, und du kennst auch keine.»

Und dann geht sie, und ehe ich an diesem Abend einschlaf, verfluch ich meinen Bruder Carlos und seine böse Zunge.

Mit Rita und mir geht es weiter wie bisher. Bald hat sie Geburtstag. In einer Woche wird sie achtzehn, und ich will ihr etwas schenken. Mama sagt, dass der achtzehnte Geburtstag was Besonderes für ein Mädchen ist, und sie soll es nett haben an ihrem Geburtstag. Aber ich hab kein Geld – nur das, was in der Schachtel unter der Couch ist. Und ich denk, für Ritas Geburtstagsgeschenk darf ich wohl davon nehmen.

Mama wundert sich, wie ich ihr sag, ich will die Treppe runter und auf die Straße gehn, aber dann sag ich ihr, was ich machen will. Ich hab ein bisschen Geld gespart, sag ich und zeig ihr die zwanzig Dollar, die ich in meiner Tasche stecken hab. Sie hilft mir über die ersten Stufen und sieht mir nach, wie ich die Straße herunter zu den Geschäften gehe.

In den Läden sind viele schöne Sachen, und ich geh langsam von einem Schaufenster zum anderen. Vor einem bleib ich lange stehn und kauf beinah ein kleines Radio. Aber dann denk ich, dass ein schönes Kleid vielleicht besser für Rita ist. Ein weißes Kleid zu ihrem Haar, das schwärzer ist als die Mitternacht, ein Weiß wie Schnee auf ihrer goldenen Haut.

Jetzt such ich einen Kleiderladen. Gegenüber ist ein großes Geschäft mit Kleidern, das sieht aus wie ein Blumengarten. Ich steh an der Ecke und wart auf Grün, da hör ich Stimmen hinter mir. Und wie ich hör, was sie sagen, dreh ich mich um und lauf hinter ihnen her, statt über die Straße zu gehn.

«Die Rita? Ach, mit der ist es ja nicht mehr auszuhalten», sagt der eine Junge. «Seit sie ganz groß ins Geschäft eingestiegen ist, lässt sie dich einfach nicht mehr ran.»

«Ihr Lude soll ja geradezu stinken vor Geld.» Und sie lachen alle.

Ich merk, wie das Blut in meinem Körper still steht. Jetzt müsste sich doch die Erde öffnen und die Hölle die Burschen verschlingen. Ich kann nicht mehr gehn. Sie verschwinden um die Ecke. Mein Herz liegt in mir wie tot. Jetzt kann ich die Augen vor meiner Angst nicht mehr zumachen.

Ich merk, wie mich Leute im Vorübergehen anstoßen, aber ich kann mich immer noch nicht rühren. Lang, lang danach mach ich Schritte, langsame Schritte über den Gehsteig. Und die ganze Zeit ist da was in meiner Kehle, das tut weh, und ich schluck und schluck, aber es geht nicht weg. Wie ein grässlicher Schrei ohne Laut.

Und dann, wie mein Bein ganz furchtbar wehtut, bleib ich stehn und lehn das Gesicht an eine glatte Schaufensterscheibe. Schön kühl ist die an meinem heißen Gesicht.

Ich mach die Augen zu. Fest. So fest, dass es wehtut. Farben tanzen in meinem Kopf und stechen in mein Herz. In meinem Bein schlägt der Schmerz im Takt dazu.

Und dann halt ich es nicht mehr aus, weil es einfach zu wehtut, und ich mach die Augen auf. Und da seh ich die Kanonen. Wie Soldaten, bereit zum Abmarsch, sobald der General den Befehl gibt. Noch warten sie, die schwarzen Kerle, die den Tod in einer Patrone ausspucken.

Lang schau ich sie an, die Kanonen. Hat nicht Pater Díaz gesagt, dass der Tod nur ein anderes Leben ist? Ein Besseres?

Ich geh zur Ladentür. Sie ist aus Glas, mit Maschendraht drüber, der sieht aus wie Mamas Strickerei, lauter Schlingen. Ich leg beide Hände auf die Türklinke, sie ist steif und kalt. Wie 'ne Kanone, denk ich und drück die Klinke runter und schieb die Tür auf. Ich stolper über einen Fußabstreifer, und meine Schiene verfängt sich in dem Gummi, aber ich mach mich wieder los. Eine kleine Glocke bimmelt, und ich bin drin im Laden.

Wie die Polizei mich gefragt hat, hab ich nur den Kopf geschüttelt, und wie Mama und Papa im Gerichtssaal weinen und der Richter mich fragt, wieso ich meine Schwester an ihrem Geburtstag tot geschossen hab, sag ich immer noch nichts. Wie schwer mir das gefallen ist – das verstehen die ja doch nicht. Wenn du mit dreizehn deinen Stern verlierst, läufst du wie blind durch die Welt. Aber besser so, als wenn du erleben musst, dass dein Stern vom Himmel fällt und im Dreck landet. Für mich wird Margarita immer das bleiben, was ihr Name bedeutet: außen blütenweiß und innen lauter Gold.

Ja, und so ist es gekommen, dass ich hier auf dieser Pritsche lieg und dass die Schwärze in dem kleinen Raum mich vor dem nachtschwarzen Nichts beschützt und dass sie mich einen Mörder nennen.

### JOHN COLLIER
# Der unwirkliche Mr. Beelzy

Da läutet's zum Tee», sagte Mrs. Carter. «Hoffentlich hat Simon es gehört.»

Sie blickten aus dem Wohnzimmer in den lang gestreckten, liebenswürdig verkommenen Garten hinaus, der sich hinten in eine Art Wildnis verlief. Dort stand ein Sommerhäuschen, das sich kurz vor dem endgültigen Verfall befand und in diesem Stadium beinahe schön zu nennen war. Das war Simons Schlupfwinkel. Die dichten Zweige eines Apfelbaums und eines Birnbaums – zu dicht nebeneinander gepflanzt wie immer in Vorstadtgärten – schirmten es fast völlig gegen die Außenwelt ab. Die beiden Frauen erhaschten dann und wann einen Blick auf den Jungen: Er stolzierte auf und ab und redete und gestikulierte mit all dem feierlichen Hokuspokus, mit dem kleine Jungen sich lange Nachmittage in dem vergessenen Winkel eines großen Gartens zu vertreiben pflegen.

«Da ist er ja, das liebe Kind», sagte Betty.

«Spielt wieder sein Spielchen», sagte Mrs. Carter. «Er will nicht mehr mit anderen Kindern spielen. Und wenn ich zu ihm gehe – diese Wut! Und immer kommt er ganz erschöpft herein.»

«Hält er keinen Mittagsschlaf?», fragte Betty.

«Du kennst doch den großen Simon mit seinen Ideen», sagte Mrs. Carter. «‹Lass ihn selber entscheiden›, sagt er. Nun, der Junge hat sich entschieden, und wenn er dann reinkommt, ist er weiß wie ein Laken.»

«Sieh mal! Er hat das Läuten gehört», sagte Betty. Die Bemerkung war berechtigt, obwohl die Glocke schon seit einer vollen Minute schwieg. Der kleine Simon blieb stehen, als hätte das dünne Gebimmel erst jetzt sein Ohr erreicht. Sie sahen ihn mit seinem Stöckchen bestimmte rituelle Schwing- und Kratzbewegungen vollführen, dann kam er langsam über das von der Hitze erschlaffte Gras auf das Haus zu.

Mrs. Carter führte ihren Gast hinunter ins Spiel- oder Gartenzimmer, in dem an heißen Tagen der Tee eingenommen wurde. Der große Raum war die ehemalige Spülküche dieses weitläufigen georgianischen Hauses. Jetzt waren die Wände cremefarben getüncht, an den Fenstern hingen grobe blaue Tüllvorhänge, auf dem Steinboden standen leinenbezogene Armsessel, und über dem Kamin hing eine Reproduktion von van Goghs *Sonnenblumen*.

Der kleine Simon kam hereingeschlendert und gönnte Betty einen flüchtigen Gruß. Sein Gesicht – ein fast vollkommenes Dreieck mit spitzem Kinn – war blasser, als es hätte sein sollen. «Das kleine Elfenkind!», rief Betty.

Simon sah sie an und sagte: «Nein.»

In diesem Augenblick ging die Tür auf, und Mr. Carter trat händereibend ein. Er war Zahnarzt und wusch sich die Hände vor und nach allem, was er tat. «Du!», sagte seine Frau. «Schon zurück!»

«Hoffentlich nicht unwillkommen», sagte Mr. Carter,

Betty zunickend. «Zwei Patienten haben abgesagt; da beschloss ich, nach Hause zu gehen. Wie gesagt, hoffentlich bin ich nicht unwillkommen.»

«Dummkopf!», sagte seine Frau. «Natürlich nicht.»

«Bei Klein Simon scheint mir das nicht so sicher», fuhr Mr. Carter fort. «Simon, hast du was dagegen, dass ich mit euch Tee trinke?»

«Nein, Vati.»

«Nein, was?»

«Nein, großer Simon.»

«So ist's richtig. Großer Simon und Klein Simon. Das klingt doch viel freundschaftlicher, findest du nicht? Früher, da mussten kleine Jungen ihren Vater mit ‹Sir› anreden. Wenn sie's vergaßen, gab's eine Tracht Prügel. Aufs Hinterteil, Klein Simon! Aufs Hinterteil!», sagte Mr. Carter, sich noch einmal die Hände in unsichtbarem Seifenwasser waschend.

Der kleine Junge wurde dunkelrot vor Scham oder Wut.

«Aber jetzt, siehst du», sagte Betty, um ihm zu Hilfe zu kommen, «jetzt kannst du deinen Vater anreden, wie du willst.»

«Und was hat Klein Simon heute nachmittag gemacht?», fragte Mr. Carter. «Während der große Simon gearbeitet hat?»

«Nichts», brummte sein Sohn.

«Dann hast du dich also gelangweilt», sagte Mr. Carter. «Lass dir das eine Lehre sein, Klein Simon. Tu morgen etwas Amüsantes, und du wirst dich nicht langweilen. Ich möchte, dass er aus Erfahrung lernt, Betty. Das ist meine Methode, die neue Methode.»

«Ich habe gelernt», sagte der Junge im Ton eines alten, müden Mannes, den kleine Jungen oft haben.

«Das kann ich mir kaum denken», sagte Mr. Carter, «wenn du den ganzen Nachmittag auf deinem Hintern sitzt und nichts tust. Hätte *mein* Vater mich beim Nichtstun erwischt, ich hätte kaum noch sitzen können.»

«Er hat gespielt», sagte Mrs. Carter.

«Ein bisschen», sagte der Junge, auf dem Stuhl hin- und herrutschend.

«Zuviel», sagte Mrs. Carter. «Er ist ganz nervös und verdöst, wenn er hereinkommt. Er müsste mittags schlafen.»

«Er ist sechs», sagte ihr Mann. «Er ist ein vernunftbegabtes Wesen. Er muss das selbst entscheiden. Aber was ist das für ein Spiel, Klein Simon, von dem man nervös und verdöst wird? Es gibt sehr wenige Spiele, für die sich das lohnt.»

«Ach, nichts», sagte der Junge.

«Na, komm», sagte der Vater. «Wir sind doch Freunde, nicht wahr? Du kannst mir's ruhig erzählen. Ich war auch mal ein kleiner Simon, genau wie du, und habe dieselben Spiele gespielt wie du. Natürlich gab es damals keine Flugzeuge. Mit wem spielst du denn dieses schöne Spiel? Komm, höfliche Fragen muss man beantworten, wo kämen wir sonst hin? Mit wem spielst du denn?»

Der Junge konnte nicht widerstehen. «Mit Mr. Beelzy», antwortete er.

«Mr. Beelzy?» Der Vater hob die Augenbrauen und sah seine Frau fragend an.

«Das ist ein Spiel, das er sich ausgedacht hat», sagte seine Frau.

«Gar nicht ausgedacht!», rief der Junge. «Quatsch!»

«Jetzt schwindelst du», sagte seine Mutter. «Und außerdem bist du unhöflich. Wir wollen lieber von etwas anderem sprechen.»

«Kein Wunder, dass er unhöflich ist», sagte Mr. Carter, «wenn du sagst, dass er lügt, und dann darauf bestehst, das Thema zu wechseln. Er erzählt dir seine Phantasien, und du impfst ihm ein Schuldgefühl ein. Was kannst du anderes erwarten als eine automatische Abwehrreaktion? Damit forderst du das Lügen heraus.»

«Wie in *Die Drei*», sagte Betty. «Nur natürlich andersrum. *Sie* log wirklich, ohne zu erröten.»

«Ich hätte ihr das Erröten schon beigebracht», sagte Mr. Carter, «und zwar an dem richtigen Körperteil. Aber Klein Simon ist jetzt im Phantasier-Stadium. Hab ich Recht, Klein Simon? Du denkst dir einfach was aus.»

«Nein, das tu ich nicht», sagte der Junge.

«Doch», sagte sein Vater. «Und darum ist es auch nicht zu spät, vernünftig mit dir zu reden. Es schadet nichts, wenn man Phantasie hat, mein Junge. Es schadet nichts, wenn man ein bisschen so tut, als ob. Du musst nur den Unterschied zwischen Tagträumen und Wirklichkeit kennen, sonst kann dein Verstand sich nicht entwickeln, und du wirst nie so klug wie der große Simon. Also komm, erzähl uns von diesem Mr. Beelzy. Na? Wie sieht er denn aus?»

«Wie gar nichts», sagte der Junge.

«Wie gar nichts? Das ist ja ein schrecklicher Kerl.»

«Nein, ich habe keine Angst vor ihm», sagte das Kind lächelnd. «Kein bisschen.»

«Das will ich hoffen», sagte sein Vater. «Sonst würdest

du dir ja selbst Angst machen. Ich sage immer den Leuten – Leuten, die älter sind als du –, dass sie sich nur selber Angst machen. Ist er ein komischer Mann? Ist er ein Riese?»

«Manchmal ja», sagte der kleine Junge.

«Aha. Manchmal das eine und manchmal das andere. Klingt ziemlich unbestimmt. Kannst du uns nicht einfach erzählen, wie er aussieht?»

«Ich liebe ihn», sagte der kleine Junge. «Und er liebt mich.»

«Das ist ein großes Wort», sagte Mr. Carter. «Das sollte man lieber für etwas Wirkliches aufheben wie den großen Simon und Klein Simon.»

«Er ist etwas Wirkliches», sagte der Junge leidenschaftlich. «Er ist nichts Ausgedachtes. Er ist wirklich.»

«Nun hör mal zu», sagte der Vater. «Wenn du dahinten im Garten bist, da ist doch niemand? Oder ist jemand da?»

«Nein», sagte der Junge.

«Also, du denkst an ihn, in deinem Kopf drin, und dann kommt er.»

«Nein», sagte Klein Simon. «Ich muss Zeichen machen. Auf der Erde. Mit meinem Stock.»

«Darauf kommt es nicht an.»

«Doch.»

«Klein Simon, jetzt bist du eigensinnig», sagte Mr. Carter. «Ich bemühe mich, dir etwas zu erklären. Ich bin schon länger auf der Welt als du, darum bin ich natürlich älter und klüger. Ich will dir erklären, dass es Mr. Beelzy nur in deiner Phantasie gibt. Hörst du mir zu? Hast du verstanden?»

«Ja, Vati.»

«Er ist ein Spiel. Er ist ein Als-ob.»

Der kleine Junge blickte resigniert lächelnd auf seinen Teller.

«Ich hoffe, du hörst mir gut zu», sagte der Vater. «Ich will nur, dass du sagst: ‹Ich habe etwas Ausgedachtes gespielt, mit jemand, den ich mir ausdenke und Mr. Beelzy nenne.› Dann wird niemand sagen, dass du lügst, und du weißt den Unterschied zwischen Traum und Wirklichkeit. Mr. Beelzy ist ein Tagtraum.»

Der kleine Junge starrte noch immer auf seinen Teller.

«Manchmal ist er da, und manchmal ist er nicht da», fuhr Mr. Carter fort. «Manchmal sieht er so aus und manchmal anders. Du kannst ihn nicht wirklich sehen. Nicht so, wie du mich siehst. Ich bin wirklich. Du kannst ihn nicht anfassen. Mich kannst du anfassen. Ich kann dich anfassen.» Mr. Carter streckte seine große, weiße Zahnarzthand aus und nahm seinen kleinen Sohn beim Nacken. Er schwieg einen Augenblick, dann packte er fester zu. Der kleine Junge ließ den Kopf noch tiefer sinken.

«Jetzt weißt du den Unterschied», sagte Mr. Carter, «zwischen etwas Ausgedachtem und etwas Wirklichem. Auf der einen Seite du und ich, auf der anderen er. Welches ist das Als-ob? Los, antworte. Welches ist das Als-ob?»

«Der große Simon und Klein Simon», sagte der Junge.

«Nicht!», rief Betty und legte sofort die Hand über den Mund, denn warum sollte ein Gast «Nicht!» rufen, wenn ein Vater auf moderne, wissenschaftliche Art etwas erklärt? Außerdem ärgert das den Vater.

«Nun, mein Junge», sagte Mr. Carter, «ich habe gesagt, man muss dir Gelegenheit geben, durch Erfahrung zu lernen. Geh nach oben. Geh sofort in dein Zimmer. Du sollst lernen, was besser ist: Vernunft anzunehmen oder böse und eigensinnig zu sein. Geh nach oben. Ich komme gleich nach.»

«Du wirst doch das Kind nicht schlagen?», rief Mrs. Carter.

«Nein», sagte der kleine Junge. «Mr. Beelzy erlaubt das nicht.»

«Mach, dass du hinaufkommst!», brüllte sein Vater.

Klein Simon blieb an der Tür stehen. «Er hat gesagt, er erlaubt nicht, dass mir jemand was tut», wimmerte er. «Er hat gesagt, wenn mir einer was tun will, wird er wie ein Löwe mit Flügeln kommen und ihn auffressen.»

«Ich werde dich lehren, wie wirklich er ist!», brüllte sein Vater ihm nach. «Wenn du's nicht mit dem Kopf lernen kannst, sollst du's mit dem Hintern lernen. Ich zieh dir die Hosen stramm. Aber erst trinke ich meinen Tee aus», sagte er zu den beiden Frauen.

Keiner sagte ein Wort. Mr. Carter trank seinen Tee aus und ging, sich die Hände in unsichtbarem Seifenwasser waschend, ohne Eile aus dem Zimmer.

Mrs. Carter sagte nichts. Betty fiel nichts ein, was sie hätte sagen können. Sie hätte gern gesprochen, denn sie fürchtete sich vor dem, was sie vielleicht hören würden.

Plötzlich kam es. Es schien die Luft zu zerreißen. «Lieber Gott!», rief sie. «Was war das? Er hat ihm wehgetan.» Sie sprang vom Stuhl auf, ihre törichten Augen blitzten hinter der Brille. «Ich gehe rauf!», rief sie zitternd.

«Ja, gehen wir hinauf», sagte Mrs. Carter. «Gehen wir hinauf. Das war nicht Klein Simon.»

Auf dem Treppenabsatz des ersten Stocks fanden sie

den Schuh, in dem noch der Fuß des Mannes steckte wie der letzte Bissen einer Maus, der einer Katze aus dem Mundwinkel gefallen ist.

# NORBERT KLUGMANN
## Mein kleiner Liebling

Es sind nicht nur ihre Fingerchen. Es sind die Zehen, die Ohren, die Nase. Natürlich ist ihr Bäuchlein viel zu groß im Verhältnis zum Körper. Auch der Kopf. Und ich werde den Verdacht nicht los, dass ihre Öhrchen abends weiter abstehen als morgens nach dem Erwachen. Natürlich kann man ihre Wangen Pausbacken nennen, wer will, soll das tun. Aber was macht das schon. Sie ist doch so reizend und unschuldig. Begriffe wie schön und hässlich existieren für ein Menschenkind von vier Wochen doch noch gar nicht. Sie schreit, ich muss unterbrechen.

Wenn sie satt und zufrieden in ihrem Körbchen liegt, könnte ich weinen vor Glück. Ihre Gesichtszüge sind dann total entspannt, sie hat ja noch ein Gesicht ohne Schatten. In vier Wochen kann sich noch nichts eingraben von all den Schrecklichkeiten, die unsere Welt für Kinder bereit hält. Wenn es still ist im Kinderzimmer, wenn kein Radio, kein Auto, nicht das Wasserrohr oder die klopfende Heizung den Frieden stört, dann bin ich glücklich. Sie ist nicht mehr in meinem Leib, aber wir sind immer noch eins. Und dieses Gefühl ist umso wertvoller, weil es jetzt freiwillig ist. Na gut, manchmal schreit sie noch, wenn ich nicht damit rechne, aber sie ist doch gerade erst angekommen in unserer Welt. Sie kennt unsere Regeln noch nicht. Woher soll sie wissen, dass ihre Mami einmal am Tag fünf Minuten für sich braucht? Sie ist so niedlich, selbst noch wenn sie weint. Und sie beruhigt sich auch gleich wieder. Meistens beruhigt sie sich gleich wieder.

Sie kann sehen! Richtig sehen. Sie erkennt mich. Das ist ein historischer Moment. Nie mehr wird es so sein wie in den allerersten Wochen. Sie hat die Welt doch nur durch ihren Mund erfahren. Trinken, schlafen, trinken, schlafen. Das kleine Menschentier lag in meinen Armen an meinem Herzen und trank mir die Brüste leer. Wenn sie anfängt zu schreien, läuft mir die Milch die Brust hinunter. Und wie ungeduldig sie dann ist. Lässt mir nicht einmal die Zeit, um das Brusthütchen aufzusetzen. Schreit und tobt, als würde sie verhungern.

Aber jetzt kann sie sehen. Ihre Äuglein wischen nicht mehr sinnlos kreuz und quer herum. Jetzt schauen wir uns an. Sie kann so lange gucken. Und so intensiv. Jeden Winkel meines Gesichts forscht sie aus. Keine Falte ihrer alten Mutter ist sicher vor diesem Blick. Sie schaut geradewegs in mein Herz hinein. Unmöglich, dieses Kind zu täuschen. Sein Blick ist ohne Arg und Falsch. Keine Hinterlist, keine Heimtücke, keine Berechnung.

Wenn sie nur nicht so ungeduldig wäre. Aber sie ist eben schon eine richtige kleine Frau. Wir wissen, was wir wollen, und dann wollen wir es gleich. Manchmal denke ich, dass ich als Kind genauso war.

Wenn nur die Blähungen nicht wären. Ich kann die Uhr nach ihnen stellen. Manchmal dauert es zwanzig Minuten, bis es nach der letzten Mahlzeit los geht. Manchmal dauert es nur zwei Minuten. Aber es passiert, zuverlässig. Mein armes Kind wird von furchtbaren Blähungen gequält. Und dann muss es weinen. Niemand, der das nicht miterlebt hat, kann ermessen, wie tief mir die Schreie ins Herz schneiden. Der kleine Körper wird zur Geisel dieser schrecklichen Qualen. Dann ist ihr Bauch hart wie ein Brett, dann stößt sie ihre Beinchen nach vorn, und wenn ich sie trage oder sie auf meinen Beinen sitzt, tritt sie mir eben in den Bauch. Das ist ganz natürlich, daran ist der Schmerz schuld. Ihre Gesichtszüge entgleisen, alles ist verzerrt. Ein Menschlein sollte nicht so leiden müssen. Die Hebammen und Ärzte im Krankenhaus haben gesagt, es dauert drei Monate. Wir werden diese Zeit überstehen, gemeinsam und solidarisch. Das ist ja keine Frage. Wenn sie nur nicht so leiden müsste bei den Anfällen. Es ist dann, als hätte ich ein anderes Kind. Ich komme nicht heran an sie, erreiche sie nicht. Sie ist eingewoben in ihren Schmerz, alles, was ich tun kann, ist, in ihrer Nähe zu sein, sie in den Armen zu wiegen, ein Lied zu summen. Körperkontakt ist wichtig für ein Kind, aber ich würde so gern mehr für sie tun in diesen Minuten, die sich schnell zu Viertelstunden aufbauen. Dafür ist eine Mutter doch da: es dem Kind leicht zu machen, alles Unheil von ihm fern zu halten. Und ich will eine gute Mutter sein.

Am schönsten ist es, wenn wir spazieren fahren. Ich preise sie nicht an, ich halte sie niemandem unter die Nase. Die Leute kommen von allein auf uns zu und sind entzückt. Ich habe eine Frau getroffen, die hatte Tränen in den Augen vor Rührung. Und die beiden Mädchen, keins älter als vierzehn, liefen hinter dem Wagen her und fragten mich, ob sie noch einmal gucken dürften. Es sind so viele, die einfach nicht am Wagen vorbeikommen. Und alle, alle versichern mir, dass sie so ein niedliches Baby noch nie gesehen haben, jedenfalls sehr lange nicht. Ich glaube ihnen, denn warum sollten sie mich anlügen? Wir kennen uns nicht, sind uns nicht im Geringsten verpflichtet. Sie müssten kein Wort sagen, ihnen winkt keine Belohnung. Aber ihnen läuft das Herz über. Sie strahlen mein Kind an, außer sich vor Begeisterung oder still versammelt und gerührt. Dann kommt das Lob, freiwillig, nicht erbettelt. Es tut mir gut, aber sie sagen nichts weiter als die Wahrheit. Ich habe Augen im Kopf, um zu sehen. Jedes Neugeborene sieht anders aus. So viel Typen, so viele Gesichter. Ich habe einige niedliche darunter gefunden, aber auch viel Hässlichkeit, graue Mäuse schon im Alter von vier Wochen, stromlinienförmige Gesichter, die den zweiten Blick nicht lohnen. Das verwächst sich, natürlich verwächst sich das. Mein kleiner Liebling dagegen ist unwiderstehlich. Von mir hat sie das nicht. Ich bin das, was man einen «Typ» nennt. Keine Schönheit, aber ich bin froh darüber. Man weiß doch, wie Frauen enden, denen zeit ihres Lebens alles zufällt, nur weil sie ein schönes Gesicht und einen knackigen Hintern haben. Ich habe nie unter meinem Aussehen gelitten, ich weiß Widerstände zu überwinden. Von ihrem Vater hat sie es schon eher. Ich denke nicht darüber nach, denn mir ist meine Zeit zu wichtig, um sie mit dem Gedanken an Betrüger zu beschweren. Wir brauchen keinen Vater, ich habe mein Kind, mein Kind hat mich.

In den ersten Tagen ist mein kleiner Liebling im Krankenhaus zweimal untersucht worden, jedesmal haben wir die maximale Punktzahl erreicht. Alle Reflexe sind normal, alle Sinne funktionieren tadellos. Ich habe natürlich sofort die Finger und Zehen gezählt. In der ersten Zeit der Schwangerschaft hatte ich damit keine Probleme, aber in den letzten Wochen vor der Geburt habe ich doch manches Mal daran denken müssen, wie es wäre, wenn mein Kind nicht normal zur Welt kommen würde. Doch sie ist normal, alle sagen das, die Hebammen waren entzückt, wie temperamentvoll sie sich gebärdete. Aber sie kann nicht trinken. Sie schafft das Einfachste und Normalste nicht. Ich kann mein Kind nicht an die Brust legen, wenn ich stille. Zwischen uns steht das Brusthütchen, eine zitzenähnliche Vorrichtung aus Silikon, die ich auf die Warze setzen muss. Nur dann schafft sie es, Milch aus der Brust herauszusaugen. Ohne Brusthütchen gibt es jedes Mal Geschrei und Gezappel. Ich mag das Gewürge nicht, es ist unnatürlich. Ein Kind gehört an die Brust, an die nackte Brust. Die Hebamme, die mich in den ersten Wochen mehrmals zu Hause besucht hat, sagt, das sei nicht selten. Auch die Blähungen seien keineswegs die große Ausnahme. Sie sieht mich dann immer so an, als müsse ich nach ihren Eröffnungen getröstet sein. Aber mich interessieren andere Kinder nicht. Für mich gibt es meinen kleinen Liebling, alles andere ist unendlich weit entfernt. Wir üben jeden Tag, ich lege sie immer wieder ohne Hütchen an die Brust, es muss doch gehen. Aber es klappt nicht. Wir werden weiter üben. Ich denke nicht daran, aufzugeben. Es wäre doch gelacht.

Ich habe die Ärzte auch gefragt, was man gegen das Schreien tun kann. Ärzte sind dafür da, Schmerzen zu lindern, erst recht bei hilflosen Babys. Aber sie weigern sich, alle, und ich habe vier Mediziner gesprochen. «Lernen Sie, damit zu leben», hat mir einer allen Ernstes gesagt. Sie verschreiben keine Medikamente, weil Magen und Darm meines kleinen Lieblings noch zu zart dafür seien. Stattdessen bieten sie mir homöopathische Mittel an, wirkungsloses Zeug, parfümiertes Wasser in großkotzigen Flaschen, das ich meinem Kind vor den Mahlzeiten einflößen soll. Genauso gut könnte ich Leitungswasser nehmen. Ich verwende diese Mittel nicht, ich verhöhne doch meinen kleinen Liebling nicht. Aber sie schreit, jeden Tag länger. Und ich kann nichts dagegen tun. Es ist furchtbar, wenn du daneben stehst und vollkommen hilflos bist. Sie kann auch so laut schreien. Wenn ich sie zehn Minuten auf dem Arm herumgetragen habe, ist mein Ohr auf einer Seite taub. Ich muss sie hinlegen, bis ich mich davon erholt habe. Dann schreit sie natürlich noch mehr, aber ihr kann ja nicht an einer Mutter gelegen sein, die selbst Schmerzen verspürt. Ich mache ihr das Leben gewiss so leicht wie möglich, dann muss sie auch Verständnis aufbringen. Sie versteht doch nichts mit ihren fünf Wochen. Sie besteht doch nur aus Gefühl. Hunger, Durst, Schlaf. Hunger, Durst, Schlaf. Und der Hunger ist eigentlich Durst. Babys sind auf das Wesentliche reduzierte Menschenmaschinen, und ich bin ihr Maschinist. Wie schrecklich das klingt, ich meine es nicht so. Denn ich liebe meinen kleinen Liebling mit allen Fasern meines Herzens. Ich erwarte doch nicht im Ernst, dass sie jetzt schon in der Lage ist, mir etwas für die Fürsorge zurückzugeben, die ich ihr angedeihen lasse. In den ersten Jahren investieren wir Eltern in ein Aktienpaket, so hat es ein früherer Freund genannt. Und erst spät erfahren wir, ob wir eine Dividende herauskriegen. Ich habe sie so lieb, ich könnte sie immerzu knuddeln.

Nur das Schreien eben. Wir bemühen uns, damit zu leben. Ein Mensch schreit, und zwei Menschen leiden. Das Schreien ist noch schlimmer als die Anspannung. Ich bin ja ständig auf dem Sprung. Fünfmal am Tag will sie gestillt werden, und sie ist nicht die Schnellste dabei. Von wegen fünfzehn Minuten an die eine Brust und fünfzehn Minuten an die andere. Sie benimmt sich, als hätte sie alle Zeit der Welt. Dreißig Minuten pro Brust ist der Normalfall, wir hatten auch schon vierzig Minuten – für eine Brust. Die Hebamme tat so, als könne das vorkommen. Aber ich lasse mich nicht täuschen. Dabei vergöttere ich sie kein bisschen weniger, nur weil sie beim Trinken eine kleine Schlafmütze ist. Ich kann die Wahrheit vertragen, das habe ich der Hebamme auch gesagt. Sie tat, als würde sie nicht verstehen, wovon ich rede. Und ständig streichelte sie dabei meinen kleinen Liebling. Das ist wirklich nicht die Aufgabe der Hebamme. Als ich das Kind auf den Arm genommen hatte, kam sie nicht mehr an meinen Liebling heran.

Fünfmal Stillen pro Tag, und jedes Stillen dauert eine Stunde – wenn ich Glück habe. Denn das Kind schläft auch dabei ein. Oder es ruckelt mit dem Köpfchen, reißt das Brusthütchen ab, und ich muss es jedes Mal erst mühsam wieder befestigen, bevor es weitergehen kann. Die Hebamme ermuntert mich, es immer wieder ohne Hütchen zu versuchen. Das gibt jedesmal einen kleinen Aufstand, und es kostet natürlich Zeit. So kommen schnell eineinhalb Stunden zusammen, bevor ich am Wickeltisch stehe. Macht noch einmal 30 Minuten, also zwei Stunden pro Stillen, das fünfmal am Tag und natürlich in der Nacht, denn mein kleiner Liebling holt seine Mutter auch um vier Uhr morgens aus dem Bett. Da kennen die Würmer kein Erbarmen, aber wenn ich mit schmalen Augen in das hungrige Gesichtchen schaue, schmelze ich hin wie Schnee in der Sonne.

Die zehn Stunden Stillen ziehen sich also rund um die Uhr. Aber selbst dabei bleibt es nicht. Denn nach dem Stillen geht es los, es kann zwei Minuten dauern oder zwanzig. Aber dann weint sie. Dann tut ihr der Bauch weh. Dann schreit sie, manchmal wie am Spieß. Sie schreit praktisch nach jeder Mahlzeit, einmal hat sie es nicht getan, es ist schon etwas her. Ich weiß noch, wie ich spontan dachte, ihr würde etwas fehlen.

Und sie hat so viel Kraft. Mein Liebling wimmert nicht vor sich hin, sie quengelt nicht, sie schreit, als würde sie den Lärm aus drei Lungenflügeln holen. Ich habe jedes Mal Angst, es könnte den kleinen Körper zerreißen. Aber auch mein Trommelfell. Natürlich bin ich immer in ihrer Nähe, wenn es ihr schlecht geht. Die wenigen Male, als ich sie hinlegen musste, weil mir die Ohren so weh taten, zählen nicht. Kinder machen es uns nicht leicht. So herzig sie sind, so egoistisch sind sie auch. Sie schreien ihre Befindlichkeit heraus, und wir können dann sehen, wie wir sie wieder beruhigt kriegen.

Mein kleiner Liebling schreit am Tag drei Stunden, aber nie am Stück, wie es noch am erträglichsten wäre, denn dann müsste ich nur einmal die Zähne zusammenbeißen. Sie verteilt die drei Stunden auf fünf bis zehn Teilstücke.

Das heißt für mich, ich muss fünf- bis zehnmal trösten, tragen, singen, streicheln. Das kostet Kraft, das geht ins Kreuz, und wenn ich sie dann endlich eingeschläfert habe, kann ich nicht sofort mit der Beschäftigung fortfahren, die ich vorher unterbrochen habe. Ich bin dann oft so erschöpft, dass ich aufs Sofa falle. Da konzentriere ich mich auf meine schmerzenden Arme und das Ziehen in den Schultern. Außerdem rieche ich ständig nach ranziger Milch. Meine Brüste machen, was sie wollen. Sie stehen unter der Fuchtel meines kleinen Lieblings. Es ist, als wäre ein Teil von mir abgespalten und meinem Willen entzogen. Ein Teil von mir ist mit allen Nerven nur auf das Kind und seine Bedürfnisse ausgerichtet. Ich bin nichts weiter als ein Wirtskörper. Irgendwo müssen die verdammten Brüste ja anmontiert sein.

Zehn Stunden Stillen, drei Stunden schreien, wenigstens zwei weitere Stunden gehen für die Wartezeit zwischen den Schreiphasen drauf. Dazu kommen die Vorbereitungen und Nachbereitungen: Die Waschmaschine läuft jeden zweiten Tag, die Brusthütchen müssen ausgekocht, Windeln und Cremes und Stilleinlagen eingekauft werden. Aber ich kann nicht einfach das Haus verlassen, wenn mir danach zumute ist. Ich muss dafür sorgen, dass sich jemand in der Wohnung aufhält. Das hört sich einfach an, aber es ist jedes Mal ein Kampf. Ehe du vor ihnen nicht auf den Bauch kriechst, lassen sich deine Freundinnen nicht herab. Das hörte sich vor der Geburt ganz anders an. Da war es «unser Kind», da gingen «wir» zum Hechelkurs, suchten «wir» den Namen aus, kamen «wir» ohne treulose Männer und erpresserische Eltern wunderbar zurecht. Jetzt fühle ich mich manchmal doch recht verloren. Natürlich bin ich nicht einsam, eine Mutter, die ihr Kind bei sich hat, kann nicht einsam sein.

Aber ich kann nicht entspannen, ich bin pausenlos im Einsatz. Wenn sie selig schlummert, habe ich mich in der ersten Zeit manchmal ebenfalls hingelegt. Aber in mir arbeitet es, innerlich laufe ich auf Hochtouren, und obwohl mein Körper nach Schlaf verlangt, kann ich kein Auge schließen. Ich schlafe höchstens vier Stunden am Tag und finde keine Erholung, denn unbewusst achte ich darauf, ob sie weint und nach mir verlangt. Aber wenn ich sie dann hochnehme, wenn ich in ihr kleines Gesicht schaue, wenn ich sie rieche, dann ist alles gut.

Seit Neuestem schläft sie bei mir im Bett. Es war nicht mehr anders zu machen. Ich musste ja zehnmal pro Nacht hoch und nebenan nach ihr schauen. Jetzt habe ich sie besser unter Kontrolle. Aber sie ist unruhig, sie schläft so schwer ein. Ständig schwenkt sie ihre Ärmchen, ich habe sie schon ins Gesicht und aufs Auge gekriegt. Sogar meinen Kehlkopf hat der kleine Racker getroffen. Und ständig diese Bauchschmerzen. Ich weiß nicht, was ich tun würde, wenn sie nicht den Schnuller nehmen würde. Damit kriege ich sie ein wenig beruhigt. Natürlich fliegt er pausenlos heraus, wenn sie unruhig ist. Dann vibriert der kleine Körper, ich hasse diese Ärzte. «Das ist keine Krankheit. Damit müssen Sie leben.» Und wenn sie dann mein Gesicht sehen, erzählen sie Anekdoten von ihren eigenen Kindern, die angeblich alle an den gleichen Beschwerden gelitten haben. Ich traue Ärzten nicht, ich habe zu viele schlechte Erfahrungen mit ihnen gemacht. Weiß ich denn, ob sie mich nicht anlügen? Ich habe mittlerweile

einen fünften befragt, er hat mir ein neues Mittel emp-
fohlen. Lefax. Aber das ist ein größeres Gewürge als alles
andere. Ich brauche bald ein Medikament für meine Ohren. Das Kind schreit so laut. Ich weiß nicht, wo sie die
Kraft hernimmt. Wie soll das werden, wenn sie ein halbes
Jahr alt ist? Und wie lange halte ich das noch durch? Ohne
Mutter ist sie verloren, das müsste sie doch spüren. Ich
bin ihre Lebensversicherung. Ich muss durchhalten, ich
will durchhalten, aber sie sollte es mir nicht so schwer
machen.

Geschafft! Sie trinkt an der Brust! Den Tag streiche ich im
Kalender an. Mein kleiner Liebling braucht die ekelhaften
Brusthütchen nicht mehr. Sechs Wochen musste sie alt
werden, um zu begreifen, wie es geht. Ich hatte schon
nicht mehr damit gerechnet. Es funktionierte von einer
Sekunde zur anderen, jetzt ist es, als wäre es nie anders
gewesen. Ich habe eben doch ein normales Kind, erst jetzt
sind wir ein richtiges Paar. Nichts steht mehr zwischen
uns. Endlich fühle ich mich nicht mehr eingesperrt zu
Hause. Ich habe mich so geschämt, mein Kind in der Öf-
fentlichkeit mit einem Brusthütchen stillen zu müssen.
Vielleicht hätten die Menschen noch nicht einmal etwas
gesagt. Aber ich kann Blicke lesen. Endlich frei. Es ist ein
großartiges Gefühl. Jede Mutter, die ihr Kind nicht stillen
kann, weiß doch gar nicht, wie es ist, Mutter zu sein.

In den letzten Tagen fühle ich mich wie neu geboren.
Schlaf finde ich immer noch zu wenig, aber wir benehmen
uns endlich wie normale Leute. Endlich keine Brusthütchen mehr. Ich sehe die Gesichter meiner speziellen

Freunde vor mir! Auf diese Show habe ich gewartet. Aber mein kleiner Liebling hat mich nicht in die Pfanne gehauen. Unsere Bande sind dicker als bloß Blut. Wir liefern ihnen keinen Ansatzpunkt für spöttische Gesichter. Wir haben alles im Griff. Wir sind auch nicht darauf angewiesen, ständig bei anderen zu bitten und zu betteln. Wir kommen zur Not auch sehr gut allein zurecht, wir rücken einfach dicht zusammen. Wir machen es uns gemütlich in unseren beiden Zimmern und lassen die böse Welt draußen vor der Tür. Wenn du ein Kindchen hast, fällt es dir wie Schuppen von den Augen, was wichtig ist und was nur Tand.

Ich will dir alles beibringen, mein kleiner Liebling, was ich über das Leben weiß. Ich habe einige Enttäuschungen hinter mir. Aber du wirst auch klüger durch sie. Es gibt Menschen, denen du besser nicht vertraust. Es gibt Institutionen, bei denen du sehr vorsichtig sein musst. Nimm dich in Acht vor Behörden. Sie haben vergessen, für welchen Zweck sie einst gegründet wurden: um den Bürgern zu dienen. Und glaube keinem Menschen, nur weil er schöne braune Augen hat. Ich habe es getan, aber Abteilungsleiter darfst du nicht nach ihren Augen beurteilen. Schau lieber auf die Falten im Gesicht, die den Ehrgeiz verraten. Ehrgeiz ist das letzte Stadium vor Magengeschwüren. Und Magengeschwüre sind die Verirrung einer kranken Lebensweise. Wenn du einen Chef hast, der noch höher steigen will, bist du für ihn kein Mensch, sondern Masse. Verhandlungsmasse. Er macht mit dir, was ihm in den Kram passt. Und wenn es für ihn günstig ist, dich aus der Firma zu kegeln, wird er es tun. Deine Mutter weiß, wovon sie redet.

Sei vorsichtig, mein Kind, wem du dein Vertrauen schenkst. Manche Menschen warten nur darauf, dich über den Tisch zu ziehen. Wenn du Glück hast, wollen sie nur dein Geld. Aber häufig haben sie es auf dein Herz abgesehen.

Heute hat sie fünf Stunden geschrien. Ich übertreibe nicht, ich habe auf die Uhr geguckt. Fünf Stunden, ich weiß nicht, wie ich das aushalten soll. Es sah doch alles so gut aus, ich dachte, wir haben es hinter uns, und jetzt das. Das Kind besitzt übermenschliche Kräfte. Warum verwendet sie es nicht, um etwas Sinnvolles zu tun? Warum benimmt sie sich, als wäre ich ihr Feind? Wofür soll ich bestraft werden? Was wirft sie mir vor? Wie weit will sie das Spiel noch treiben? Fünf Stunden Stille sind eine lange Zeit. Fünf Stunden Schreien sind wie Tage. Ich komme nicht mehr zum Frühstück. Seitdem das Kind da ist, schlinge ich mein Essen hastig hinunter. Das ist das Dümmste, was man sich antun kann. Ich betreibe Raubbau mit meinem Körper, dabei muss ich doch gesund bleiben. Ein Kind ohne Mutter ist undenkbar. Wir sind ein Team, aber die Mitglieder eines Teams müssen fair miteinander umgehen. Ich halte die Spielregeln ein ... aber da lacht sie mich an, sie sieht so verschmitzt aus dabei. Sie erkennt ihre Mutter, mein kleiner Liebling hat einen Fixpunkt im Leben. Und auf den darf er sich verlassen.

Aber sie ist zu dumm zum Trinken. Ständig reißt sie an meinen Nippeln herum, behandelt sie, als wären sie Knetgummi. Sie ist so egoistisch, sie tut, was ihr in den Sinn kommt, ohne Rücksicht auf Verluste. Eben noch liegt sie zufrieden trinkend in meinen Armen, im nächsten Moment durchzuckt mich ein Wahnsinnsschmerz. Das darf sie nicht machen, ich sage ihr das immer wieder, hundertmal sage ich ihr das. Dann wird es auch etwas lauter zwischen uns. Natürlich versteht sie nicht, was ich sage. Aber sie spürt, dass sie mir wehtut. Sie muss das einfach spüren. Ich will mich doch freuen auf das Stillen. Es ist das Innigste, was es zwischen uns gibt. Ich will keine Angst haben müssen, dass sie mit ihrem Kopf verrückt spielt und mir Hören und Sehen vergeht. Wir sind doch keine Gegner. Ich gebe ihr das Beste, was ich habe: meine Liebe und meine Milch. Es ist der beste Start in ihr Leben. Niemand wagt es, meine Milch schlecht zu machen. Kein Manager stellt sich hin und behauptet, dass seine neuentwickelte und genmanipulierte Instantmilch das Nonplusultra der Babynahrung darstellt. Selbst die schlimmsten Geschäftemacher schrecken davor zurück. Dabei muss es sie doch in allen Fingern jucken, sich auch dieses Geschäft unter den Nagel zu reißen.

Es könnte so schön sein, aber wenn es so sehr schmerzt …

Aus, aus, aus! Ich mache das nicht mehr mit. Das sind doch keine Aussichten. So kann es nicht klappen. Ich buttere hinein, und dieses Kind nimmt nur und nimmt und nimmt. Ich verlange keinen Dank, wirklich nicht, aber sie soll auch nicht so tun, als wäre das alles selbstverständlich. Jeden Tag schreit sie länger und lauter. Jedes Mal, wenn ich sie an die Brust lege, endet es mit Reißen und Schmerz. Und wenn ich sie dann von der Brust nehme, tobt sie, als würde sie eingehen. Dunkelrot, praktisch schwarzrot läuft sie an. Ihre Händchen wirbeln und schlagen nach mir, und dann schreit sie, in diesen hohen Frequenzen, die mir so auf die Ohren gehen. Jeden Tag schreit sie heller und greller. Ich kann dieses Kind dann nicht auf dem Arm halten, ich muss sie hinlegen. Das ist Selbstschutz, aber wenn sie liegt, dreht sie erst richtig auf. Ich bin wirklich keine Anhängerin von Strafen, es wäre ja albern, einen kleinen Menschen bestrafen zu wollen. Aber ich habe dann einfach keine Lust mehr, sie zu wickeln. Wir sind ein Team, ich erfülle meinen Teil der Pflicht. Und wenn du es nicht tust, wirst du eben sehen, was du davon hast. Mir tut das mehr weh als dir, das kannst du mir glauben. Schau mich an, siehst du, wie meine Tränen fließen? Aber wenn man brüllt, sind die Augen ja fest geschlossen. Dann kann man ja nicht gleichzeitig einen Blick auf die gequälte Mami werfen. Du kennst immer nur dich, dich, dich. Du fühlst dich sehr sicher. Du denkst, dass ich mich nicht wehren werde. Du denkst, ich traue mich nicht. Du könntest dich täuschen.

Aber wenn sie schläft; wenn sie friedlich ist; wenn ihr Gesicht glatt ist, wie es sich für ein acht Wochen altes Kind gehört, das nicht von Schmerzen gepeinigt wird; wenn es warm ist in der Wohnung und zufälligerweise alle Nachbarn gleichzeitig ihre Mäuler halten und ihre Fernsehapparate leise stellen; wenn unsere Wäsche auf dem Ständer hängt und ich es sogar geschafft habe, den Geschirrberg abzutragen; wenn ich lindernde Salbe auf meine angegriffenen Brustwarzen geschmiert habe und Zeit war für ein Sitzbad; wenn das Telefon nur für wichtige Anlässe klingelt oder noch besser gar nicht; wenn ich mir ein Gläschen

Rotwein genehmige, ein kleines natürlich nur und auch nur gleich nach dem Stillen; wenn ich endlich dazu komme, die Zeitung durchzublättern und vielleicht – Gipfel der Lebensqualität – die Fernsehprogramme durchzuschalten; wenn sie schläft und ich vor dem Bettchen stehe und mein Kind betrachte, das Gesicht so glatt, die Finger so unglaublich zart, alles riecht frisch und wirkt so flauschig; wenn ich solche Momente erlebe, fühle ich mich reich beschenkt. Alles wird gut werden.

Aber wenn sie kämpfen will, kann sie Kampf kriegen. Sie kapiert nicht, wie sich ein Kind an der Brust zu benehmen hat. Es wird laut zwischen uns, sie quiekt, aber ich schreie, vor Schreck ist sie ruhig, ich lache, sie schreit noch lauter und hat anschließend Gelegenheit darüber nachzudenken, wie schön es wäre, jetzt nicht in einer vollgeschissenen Windel zu liegen. Sie ekelt sich davor, wenn es zwischen ihren Beinen nass ist. Ich wollte es erst gar nicht glauben, aber sie hat schon ein Gespür dafür. Pech für dich, Satansbraten, zeige dem Gegner nie deine schwachen Stellen, dann weiß er nämlich, wie er dich kriegen kann.

Durch zwei geschlossene Türen verliert sie doch einiges an Durchschlagskraft. Ich habe auch früher immer gern in der Küche gesessen.

Das kann nicht wahr sein. Eine Zerrung im Ellenbogen. Wo ich doch keinen Sport treibe. Ich komme ja zu nichts. Der Arzt meint, es ist das Kind. Aber das Kind wiegt doch nur neun Pfund. Der Arzt meint, das könne reichen. Aber ich muss das Kind doch tragen. Der Arzt meint, ich solle mir Hilfe besorgen. Ich frage ihn, ob er schon sechzehn sei. Der Arzt ist eingeschnappt. Ich mag keine jungen Männer, ich mag sie einfach nicht. Zur Not nehme ich von ihnen den Tropfen, ohne den nichts in die Gänge kommt. Aber sie sind nicht halb so unwiderstehlich, wie sie glauben. Alle meine Freundinnen sind innerhalb von vier Wochen gestorben. Am Telefon meldet sich, falls jemand abnimmt, eine Stimme, die eine gewisse Ähnlichkeit mit ihnen aufweist. Aber sie sind es nicht, sie bedauern unendlich, sie sind gerade auf dem Sprung, die Arbeit, die viele Arbeit oder das letzte Gespräch mit dem künftigen Ex; die alten Eltern verlangen nach Zuwendung, und die Fortbildung im Weserbergland dauert acht Tage. Ich habe keine Freundinnen mehr. Ich war schon trauriger.

Dann wähle ich die Nummer, an die ich nie mehr denken wollte. Eine Frauenstimme, und ich weiß, wie der Körper aussieht. Hat er sie also endlich gefunden, alles, was er mag, in einer Person. Traumhaft. Leck dich. Aber das muss er nun ja nicht mehr selbst machen. Ich brauche zwei Tage, um mich von dem Ärger zu erholen. Ich hätte nicht anrufen sollen. Mein Kind hat keinen Vater, damit kann man durchaus leben.

Meine Mutter lebt 350 Kilometer von mir entfernt und wartet nur darauf, dass ich anrufe. Kapitulationen waren stets ihr Hobby. Ohne mich.

Und das war's dann. Die Madames aus dem Hechelkurs wollen mit einer einfachen Frau bestimmt nichts zu tun haben, allein schon die Autos, in denen ihre Männer die Fässer vorfuhren. Unser angeblich für die Ewigkeit geschaffenes Quartett aus der Arbeitsgruppe für die Großkunden wackelte ja schon, bevor ich ausscheiden musste.

Das zum Thema Kollegen. Wenn es darauf ankommt, sind wir allein. Wer das bestreitet, macht sich etwas vor.

Und was hier im Haus herumläuft, müsste ich erst desinfizieren, bevor ich es an meinen kleinen Liebling lasse. Finanzieren ihren Lebensunterhalt mit Flaschenpfand und Alimenten. Das ist nicht mein Stil, wird er nie werden. Und deshalb, mein Kind, wirst du in der nächsten Zeit wenig durch die Gegend getragen werden. So einfach ist das.

Nein, ich kann dich nicht tragen. Entschuldige bitte, dass mir nun auch der zweite Arm weh tut. Soll nicht wieder vorkommen, dass ich eine Verletzung habe, ohne dich zu fragen. Schließlich habe ich seit neun Wochen nichts mehr zu sagen. In meiner eigenen Wohnung nichts mehr zu sagen. Ja, Frau Tochter. Nein, Frau Tochter. Stets zu Diensten, Frau Tochter. Wäre es Ihnen so genehm, Frau Tochter. Pass bloß auf, dass du den Bogen nicht überspannst. Die Mutter geht nur so lange zum Brunnen, bis sie bricht. Ich kann dich nicht tragen, hör auf zu quieken! Hör sofort auf zu quieken. Ich ertrage das nicht. Du kannst ruhig schreien, aber hör auf zu quieken. Ich bitte dich. Ich muss endlich ein wenig schlafen. Wo mir doch alles wehtut. Sieh her, ich kann kaum den Arm heben und den anderen noch weniger. Glaubst du, mir macht das Spaß? Ich kann mir nicht mal mehr auf dem Klo den Hintern abwischen. Das ist so entwürdigend. Und du schreist dazu. Das tut ein Kind nicht, wenn es seine Mutter lieb hat. Du kannst nicht immer nur fordern. Nie gibst du etwas. Sei doch ruhig, sei fünf Minuten still. Das wäre das größte Geschenk für mich. Ich will dir nicht Tag und

Nacht ausgeliefert sein. Warum lässt du nicht locker? Warum forderst du nur? Siehst du nicht, wie schlecht es mir geht? Deine Augen sind doch gesund, der Arzt hat es mir bestätigt. Bedeutet dir das nichts, was du siehst? Ist dir deine Mutter so egal? Glaubst du, dass wir auf diese Art Freunde werden? Über zwei Monate Blähungen, über zwei Monate Schreien. 60 Tage mal 5 Mahlzeiten macht 300 Mal Schreien. Aber ich kann dir nichts mehr zu trinken geben. Du tust mir so weh. Ich kann dich nicht herumtragen, das musst du mir glauben. Du kannst nicht immer schreien. Du bist doch noch so klein, du hast gar nicht so viel Kraft. Wir sind ein Team, in einem Team hilft man sich gegenseitig. Warum hilfst du mir nicht? Ich weiß, dass du mir keine neue Arbeit besorgen kannst. Die Dame vom Jugendamt hat ja auch gesagt, dass man mit dem Geld auskommen kann. Wir müssen uns eben einschränken. Kein Urlaub auf Mauritius. Hör bitte, bitte auf zu schreien! Sonst verlange ich auch nichts von dir. Du sollst mir keinen Mann suchen, es wird schon wieder besser werden, guck, das Glas kriege ich noch hochgehoben. Gucken sollst du, nicht schreien. Gucken! Wenn du schreist, kannst du nicht gucken! Du sollst gucken! Sofort hörst du auf zu schreien. Ich verbiete dir, in diesem Ton zu schreien. Hörst du mir überhaupt zu! Ich kann auch laut werden, nicht nur du. Du sollst nicht schreien, du sollst nicht schreien. Du bringst mich um mit deinem Schreien. Wirst du jetzt gucken, wie schön ich das Glas hochheben kann? Madame will nicht gucken, Madame will die Augen nicht aufmachen. Aber da hat Madame sich verrechnet. Noch ist deine alte Mutter nämlich ein bisschen stärker als du, und deshalb werden wir jetzt die Augen aufmachen, ob du willst oder nicht. Ein Finger oben aufs Auge. Nein, nicht wieder zu ... offen lassen. Siehst du, offen. Ich bestimme, wann du wegguckst und wann nicht. Jetzt guckst du. Du musst lernen zu gehorchen. Das ist nicht ungerecht, deine Mutter ist nie ungerecht. Du musst einfach lernen, was du brauchst, und ich helfe dir dabei. Dafür sind Mütter da. Ich trinke Wein für 3 Mark 99, damit es meinem Kind an nichts fehlt. Augen auf, schwupp. Oh, was höre ich denn da? Kein Gebrüll? Ist das etwa ein Friedensangebot? Bleib hier, rutsch nicht weg, wenn ich mit dir rede. Geht über Tisch und Bänke, das Balg, wenn man nicht aufpasst. Sieh mal an. Wenn die Augen offen sind, hört Madame auf zu brüllen. Na, wie günstig. Nutz die Gelegenheit zum Gucken. Mein Gott, wie dumm sie doch sind. Laut wie ein Pressluftbohrer, aber auch genauso intelligent. Augen zu, Augen auf, Augen zu, Augen ... hach, das ist lustig. Du sollst nicht immer wegrutschen. Stopp. Du bleibst jetzt bei deiner Mutter, da bist du gut aufgehoben. Siehst du jetzt, wie gut ich das Glas gehoben kriege? Hoch die Tasse! Auf das Team! So jung kommen wir nie wieder zusammen. Na, na, so stier musst du nun auch nicht gucken. Wie wär's mit etwas Lächeln? Guck, wenn ich beide Mundwinkel hochziehe, lächelst du. Ist doch gar nicht schwer. Und wie nett sie mit dem Kopf nicken kann. Heute abend habe ich eine freundliche Tochter. Tut alles, was ich will. Nickt, guckt, ist ganz weich im Gesicht. Richtig um die Ecke gucken kann sie. Wie ein Uhu. Gelenkiger Hals. Und so schön still, das ist das Wichtigste. Ich habe eine artige Tochter. Mein kleiner Liebling versteht seine arme alte Mutter, der alles wehtut, die dringend noch ein Gläschen braucht. Huch, ist das Kind umgefallen. Warte, ich … Au weia. Kopfsprung vom Sofa, du bist wirklich weit für dein Alter. Und jetzt eins, zwei, drei, und los geht's mit dem Brüllen.

Nein? Nein. Mein kleiner Liebling ist heute ganz besonders artig. Beißt die kleinen Kiefer zusammen. Guckt die alte Mutter ganz, ganz lange an. Lächel bloß nicht. Immer schön ernst bleiben. Stures Gör mit dem Wackelkopf. Diese Stille. Ich trinke auf dich. So jung kommen wir nie wieder … Ja, da nickst du mit dem Köpfchen, da nickst du ununterbrochen. Gibst deiner Mami Recht, du kleines raffiniertes Ding. Weißt schon, wie man sich einschmeicheln muss, damit man die nächste Brust bekommt. Ich will mal nicht so sein, zur Feier des Tages kriegst du eine Extraration. Was ist das denn? Keinen Appetit? Mein kleiner Liebling hat keinen Appetit? Du wirst mir doch nicht krank werden? Nein, sagst du, ständig sagst du nein. Warte, ich halte dein Köpfchen fest, damit es nicht immer auf die Seite fällt. Siehst du, und nun trink, mein kleiner Liebling. Guck, die Milch läuft schon von allein heraus. Nicht wackeln, trinken. Warum wackelt denn dein Köpfchen so sehr? Ist ja gar keine Kraft mehr drin. Und die Ärmchen so schlapp. Ist mein kleiner Liebling müde? Macht er seiner Mutter eine große, große Freude? Du bist so lieb, ich mache jetzt das Licht aus. Wer zuerst wach wird, weckt die andere.

JOE R. LANSDALE

# Die Nacht,
# als sie den Horrorfilm verpassten

Wenn sie ins Drive-In gefahren wären, wie es eigentlich geplant war, wär das alles nicht passiert. Aber Leonard war nicht gern ohne Mädchen im Drive-In. Außerdem hatte er was über «Die Nacht der lebenden Toten» gehört und wusste, dass ein Nigger die Hauptrolle spielte. Auf einen Film mit einem Nigger in der Hauptrolle hatte er schon gar keine Lust. Nigger zupften Baumwolle, reparierten Rohrbrüche und bumsten Niggermädchen, aber er hatte noch nie von einem gehört, der Zombies killte. Er hatte auch gehört, dass es in dem Film ein weißes Mädchen gab, das den Nigger an sich ranließ, und das nervte ihn ziemlich. Jedes weiße Mädchen, das einen Nigger an sich ranließ, war absoluter Müll. Wahrscheinlich aus Hollywood, New York oder Waco, irgend so einem gottvergessenen Ort.

Steve McQueen wär der richtige Typ fürs Zombie-Killen und für so'n Mädchen gewesen. Er wäre es wert gewesen. Aber ein Nigger? Nein, danke.

Mann, dieser Steve McQueen war ein cooler Typ. So locker, wie der in seinem Film rumschwafelte, konnte man glatt glauben, dass das jemand für ihn aufgeschrieben hatte. Er war verdammt flott mit seinen Sprüchen und blieb dabei immer arschcool.

Leonard wäre gern so wie Steve McQueen gewesen oder wie Paul Newman. Einer, der immer genau wusste, was er zu sagen hatte. Außerdem hatten diese Typen bestimmt keinen Mangel an Mösen. Die langweilten sich bestimmt nicht so wie er. Er langweilte sich dermaßen, dass er das Gefühl hatte, er würde an dieser Scheißlangeweile sterben, noch bevor die Nacht vorbei war. Langeweile, Langeweile, Langeweile. Es war einfach nicht besonders aufregend, mit einem 64er Impala auf dem Parkplatz beim Dairy Queen zu stehen und auf den Highway zu starren. Vielleicht hatte der verrückte alte Harry, der Hausmeister in der High School, ja Recht mit seinen fliegenden Untertassen. Harry hatte immer irgendwelche Visionen. Yetis, sechsbeinige Wiesel, lauter solche Sachen. Aber vielleicht hatte er ja Recht, was diese fliegenden Untertassen betraf. Er meinte, er hätte vor ein paar Tagen mitten in der Nacht eine über Mud Creek schweben sehen. Das Ding hätte Strahlen runtergeschossen, die aussahen wie diese weißen Pfefferminzstangen. Falls Harry wirklich Ufos gesehen hatte, waren das bestimmt Strahlen gewesen, die Langeweile erzeugten. Auf diese Weise würden die Außerirdischen die Erde erobern, indem sie die Erdbewohner zu Tode langweilten. Von Hitzestrahlen niedergemetzelt zu werden wär echt angenehmer gewesen. Das ging wenigstens schnell. Aber zu Tode gelangweilt zu werden war ungefähr so, wie von Hühnern totgepickt zu werden.

Leonard starrte weiter auf den Highway und versuchte sich die Ufos mit ihren Langeweile-Strahlen vorzustellen, aber er konnte sich nicht richtig darauf konzentrieren. Er hatte plötzlich etwas auf dem Highway entdeckt. Einen toten Hund.

Nicht bloß einen toten Hund, sondern einen TOTEN HUND. Der Köter war von mindestens einem Laster platt gemacht worden, wenn nicht von mehreren. Sah aus, als hätte es Hund geregnet. Überall auf der Fahrbahn lagen Teile herum, ein Bein war sogar bis zur gegenüber liegenden Bordsteinkante geflogen und sah so aus, als würde es herüberwinken. Nicht mal Dr. Frankenstein, 'ne Horde Wunderheiler und die NASA zusammen hätten das Vieh wieder zusammensetzen können.

Leonard beugte sich zu seinem treuen und betrunkenen Kumpel Billy – in seiner Gang auch Farto genannt, denn er war in Mud Creek der Champion der brennenden Fürze – und sagte: «Siehst du den Hund da drüben?»

Farto starrte in die Richtung, in die Leonard deutete. Er hatte den Hund bis jetzt noch nicht bemerkt und war von seinem Anblick nicht ganz so begeistert wie Leonard. Das zerfetzte Tier rief Erinnerungen in ihm wach. Er musste an den Hund denken, den er mit dreizehn gehabt hatte. Ein großer, schöner Schäferhund, der ihn mehr geliebt hatte als seine Mutter.

Das blöde Vieh hatte sich irgendwie in seiner Leine verheddert und es geschafft, sich an einem Stacheldrahtzaun selbst aufzuhängen. Als Farto ihn fand, sah seine Zunge aus wie eine ausgestopfte schwarze Socke. Seine Klauen hatten den Boden aufgekratzt, ohne Halt zu finden. Es sah so aus, als hätte der Hund eine verschlüsselte Botschaft in den Schmutz geschrieben. Farto erzählte das später weinend seinem Vater, aber der lachte nur und meinte: «War bestimmt 'n gottverdammter Abschiedsbrief.»

Als er jetzt auf den Highway blickte und spürte, wie die whiskeyhaltige Cola sich in seinem Magen ausbreitete, schossen ihm Tränen in die Augen. Das letzte Mal hatte er sich so gefühlt, als er die Meisterschaft der brennenden Fürze mit einer zehn Zentimeter langen Stichflamme gewonnen und sich dabei die Haare am Arsch versengt hatte, weshalb ihm seine Gang eine bunte Boxershorts geschenkt hatte. Braun-gelb gemustert, damit er sie nicht allzu oft wechseln musste.

Da waren sie also, Leonard und Farto, standen auf dem Parkplatz beim Dairy Queen und hatten sich an die Motorhaube von Leonards Impala gelehnt. Sie nippten an ihrer Whiskey-Cola und langweilten sich, waren blau und geil, während sie auf einen toten Hund starrten und keine Alternative hatten, außer sich diesen Film anzusehen, in dem ein Nigger die Hauptrolle spielte. Was, ehrlich gesagt, nicht so schlimm gewesen wäre, wenn ein paar Mädchen dabei gewesen wären. Ein Mädchen machte eine Menge Sünden wett oder bescherte einem ein paar neue, kam nur auf den Standpunkt an.

Aber heute Nacht lief alles schief. Sie hatten keine Mädchen. Schlimmer noch, es gab in der ganzen High School nicht eine, die sich mit ihnen verabredet hätte. Nicht mal Marylou Flowers, und die hatte irgendeine ansteckende Krankheit.

All das machte Leonard echt fertig. Ihm war klar, was mit Farto nicht stimmte. Er war hässlich. Hatte so ein Gesicht, das Fliegen anzog. Und obwohl er in Mud Creek der Champion der brennenden Fürze war und innerhalb der Gang ein gewisses Ansehen genoss, fehlte ihm doch das gewisse Etwas, wenn es darum ging, Mädchen aufzureißen.

Aber was mit ihm selbst nicht stimmen sollte, war Leonard völlig schleierhaft. Er sah gut aus, trug anständige Klamotten, und sein Wagen lief rund, wenn er nicht dieses billige Benzin getankt hatte. Er hatte sogar ein paar Dollar in der Tasche, die noch von den letzten Einbrüchen in Waschsalons übrig waren. Trotzdem war sein rechter Arm fast so dick wie sein Oberschenkel, weil er sich ständig einen runterholen musste. Das letzte Mal war er vor einem Monat mit einem Mädchen ausgegangen. Aber da noch neun andere Typen mitgekommen waren, war er sich nicht sicher, ob er das wirklich als Date zählen durfte. Er hatte ewig drüber nachgedacht und schließlich sogar Farto gefragt, ob er das als Date ansehen konnte oder nicht. Farto, der als fünfter an der Reihe gewesen war, meinte nein, aber falls Leonard es so nennen wollte, wäre es ihm und seinem Schwanz auch ziemlich egal.

Trotzdem wollte Leonard es nicht als richtige Verabredung ansehen. Irgendwie hatte das Besondere daran gefehlt, es war einfach nicht romantisch gewesen.

Sicher, Big Red hatte ihn Honey genannt, als er sein Ding in sie reinsteckte, aber sie nannte jeden so – außer Stoney. Stoney nannte sie Possum Sweets. Er war es auch gewesen, der sie überredet hatte, die Einkaufstüte mit den Löchern für Augen und Mund zu tragen. So war Stoney eben. Er konnte sogar einen Nigger so lange bequatschen, bis er Gold schiss. Nachdem er Big Red rumgekriegt hatte, war sie stolz darauf, die Tüte tragen zu dürfen.

Als Leonard an die Reihe gekommen war, hatte er ihr erlaubt, die Tüte abzunehmen, als Geste des guten Willens sozusagen. Das war ein Fehler gewesen. Was gut ist, weiß man eben erst, wenn's weg ist. Stoney hatte sich nämlich was dabei gedacht. Ohne die Tüte war alles im

Eimer. Mit Tüte konnte man sich vorstellen, man würde eine Superfrau nageln, aber ohne sah man ganz genau, was einem geboten wurde, und das war nicht gerade viel.

Es hatte auch nicht geholfen, dass er die Augen schloss. Irgendwie kam es ihm so vor, als hätte sich die Hässlichkeit dieses Gesichts in seine Netzhaut eingebrannt. Er konnte sich nicht mal mehr vorstellen, wie es wäre, wenn sie die Tüte wieder aufsetzte. Er sah nur noch dieses aufgedunsene, grell geschminkte Gesicht, dessen Hässlichkeit sich mit nichts übertünchen ließ.

Das nahm ihn so sehr mit, dass er einen Orgasmus vortäuschen musste, um aus ihr rauszukommen. Sonst wäre sein Schwanz auf Erdnussgröße zusammengeschrumpft, abgefallen und in ihrem Vakuum verschwunden.

Als er jetzt wieder daran dachte, seufzte er. Zur Abwechslung wäre es mal ganz nett, mit einem Mädchen zusammen zu sein, bei dem einem nicht übel wurde oder das ein so großes Loch zwischen den Beinen hatte, dass man aus Sicherheitsgründen Warnschilder aufstellen musste. Manchmal wünschte er sich, er wäre wie Farto, der immer gut drauf war. Den konnte einfach alles begeistern. Gib ihm eine Flasche Chilisauce, ein paar fette Burger, Cola und Whiskey, und er bringt den Rest seines Lebens damit zu, Big Red zu nageln und seine Fürze abzubrennen.

Aber für ihn war das weiß Gott nicht das Richtige. Keine Frauen, kein Spaß. Langeweile, Langeweile, Langeweile. Leonard merkte, wie er nach oben schaute, um irgendwo Raumschiffe mit Langeweile-Strahlen zu entdecken, aber er sah nur ein paar Motten, die wie betrunken um die Leuchtreklame vom Dairy Queen herumflatterten.

Er starrte wieder auf den Highway und auf den Hund und hatte plötzlich eine Idee. «Warum holen wir nich die Kette aus dem Koffcrraum und machen unseren Rex daran fest? Dann können wir 'ne kleine Spritztour machen.»

«Du meinst, wir sollen dieses tote Vieh durch die Gegend kutschieren?», fragte Farto.

Leonard nickte.

«Besser, als hier blöd rumzuhängen», meinte Farto.

Sie fuhren den Impala auf den Mittelstreifen des Highway, als gerade kein Verkehr war, und stiegen aus, um sich den Hund näher anzusehen. Von hier sah er noch schlimmer aus und stank außerdem entsetzlich. Er trug ein breites Halsband aus Metall. Sie befestigten das eine Ende ihrer fünf Meter langen Kette daran und machten das andere Ende an der hinteren Stoßstange fest.

Bob, der Manager des Dairy Queen, sah ihnen durchs Fenster zu, kam aus der Kneipe raus und brüllte: «Was macht ihr verdammten Idioten denn da?»

«Wir bringen das Hündchen zum Doktor», sagte Leonard. «Das arme Vieh sieht ein bisschen mitgenommen aus. Vielleicht ist es angefahren worden.»

«Das is so scheißwitzig, dass ich mir fast in die Hose pisse», sagte Bob.

«Kann schon mal vorkommen bei 'nem alten Knacker wie dir», sagte Leonard.

Er klemmte sich hinters Steuer, und Farto setzte sich auf den Beifahrersitz. Sie wendeten und schafften es knapp, den Wagen und den Hund vor einem herandonnernden Truck zu retten. Als sie davonfuhren, brüllte Bob ihnen hinterher: «Ich hoffe, ihr Schlappschwänze wickelt euch mit eurer Schrottkiste um den nächsten Telefonmast!»

Als sie losbrausten, flogen Teile des Hundekadavers in der Gegend herum. Hier ein Zahn, dort ein Stück Fell, da eine abgerissene Klaue. Das Metallhalsband und die Kette ließen ab und zu Funken sprühen. Schließlich rasten sie mit 75 Meilen dahin, und der Hund flog immer übermütiger durch die Luft, als wartete er nur auf eine Gelegenheit, auszubüxen.

Farto schenkte sich und Leonard noch zwei Whiskey-Cola ein, während sie dahinfuhren. Er reichte Leonard seinen Pappbecher, und der kippte das Zeug in einem Zug hinunter. Er fühlte sich schon viel besser als eben. Vielleicht wurde es ja doch keine total beschissene Nacht.

Sie fuhren an ein paar Typen vorbei, die am Straßenrand herumstanden, neben einem beigen Kombi und einem aufgebockten Ford. Auf den ersten Blick konnten sie sehen, dass sich in der Mitte der Gruppe ein Nigger befand, der dort nicht zum Spaß war. Er sprang herum wie ein Schwein kurz vor dem Abstich und versuchte zwischen den weißen Jungs eine Lücke zu finden, um abzuhauen. Aber es gab keine Lücke, und es waren einfach zu viele. Neun weiße Jungs schubsten ihn rum, als wäre er ein Pinball und sie der Flipperautomat.

«Is das nich einer von unsern Niggern?», fragte Farto. «Und sind das nich ein paar Typen vom White-Tree-Football-Team, die gerade versuchen, ihn umzubringen?»

«Scott», sagte Leonard, und es klang, als würde er ein Stück Hundescheiße in den Mund nehmen. Scott war es gewesen, der ihn in der Mannschaft vom Posten des Quarterback verdrängt hatte. Dieser Nigger entwarf

Spielzüge, die so klar waren wie ein Knäuel Köderwürmer, aber es funktionierte irgendwie fast jedes Mal. Außerdem war er schneller als ein Affe mit versengtem Arsch.

Als sie vorbeifuhren, sagte Farto: «Wir lesen morgen in der Zeitung, was sie mit ihm gemacht haben.»

Aber Leonard fuhr nur ein kurzes Stück weiter, dann trat er heftig auf die Bremse und wendete den Impala. Rex flog durch die Luft und mähte einige hohe, vertrocknete Sonnenblumen nieder, die am Straßenrand standen.

«Fahren wir zurück und gucken zu?», fragte Farto. «Ich glaub nich, dass die White Tree Boys was dagegen haben, wenn wir bloß 'n bisschen gucken.»

«Mag ja sein, dass er nur 'n Nigger is», sagte Leonard, und ihm gefiel gar nicht, was er da sagte, «aber er is unser Nigger, und wir dürfen nich zulassen, dass sie ihn fertig machen. Als nächstes machen sie dann uns beim Football fertig.»

Farto merkte gleich, dass da was Wahres dran war. «Verdammt richtig. Das können die mit unserm Nigger nich machen.»

Leonard überquerte die Straße ein weiteres Mal, fuhr direkt auf die White Tree Boys zu und legte sich auf die Hupe. Die White Tree Boys ließen von ihrem Opfer ab und rannten in alle möglichen Richtungen. Ochsenfrösche hätten's nicht besser gekonnt.

Scott stand erstarrt und total erledigt da. Seine weichen Knie berührten einander, die Augen waren geschwollen und groß wie Pizzafladen. Ein Riesenkühler kam auf ihn zugerollt, fletschte die Zähne, und die Scheinwerfer sahen aus wie riesige Augen. Er fühlte sich wie ein blöder kleiner Fisch, der jeden Moment von einem Hai verschlungen wird.

Leonard ging voll in die Eisen, aber hier auf dem rutschigen Boden neben dem Highway konnte er nicht verhindern, dass sie Scott rammten. Er flog über die Kühlerhaube, prallte mit dem Gesicht gegen die Windschutzscheibe und rollte wieder runter, wobei sich sein Hemd in einem Scheibenwischer verfing und ihn abriss.

Leonard machte die Wagentür auf und rief Scott zu, der am Boden lag: «Los, beeil dich, Mann!»

Einer der White Tree Boys rannte auf den Wagen zu. Leonard zog den mit Klebestreifen umwickelten Baseballschläger unterm Sitz hervor, stieg aus und verpasste ihm einen Schlag. Der White Tree Boy ging in die Knie und sagte irgendwas Unverständliches. Leonard packte Scott am T-Shirt, zog ihn hoch, schleifte ihn um den Wagen herum und warf ihn durch die offene Tür ins Innere. Scott kletterte in Windeseile über den Vordersitz auf die Rückbank. Leonard warf den Holzprügel nach einem der White Tree Boys, drehte sich um und sprang hinters Steuer. Er legte den Gang ein und drückte aufs Gas. Der Impala schlingerte nach vorn. Leonard drückte die Tür auf, erwischte damit einen der White Tree Boys und nietete ihn um wie eine Pappfigur. Der Wagen rumpelte wieder auf den Highway, die Kette flog durch die Luft, und Rex erwischte zwei White Tree Boys an den Füßen und mähte sie um wie vorher die vertrockneten Sonnenblumen.

Leonard blickte in den Rückspiegel und sah, wie zwei White Tree Boys ihren Kumpel, den er mit dem Baseballschläger umgenietet hatte, zum Kombi schleppten. Die beiden, die er mit dem Hund zu Fall gebracht hatte, standen gerade wieder auf. Ein anderer hatte den Wagenheber unter Scotts Auto rausgerissen und zertrümmerte damit Scheinwerfer und die Windschutzscheibe.

«Hoffentlich bist du versichert», sagte Leonard.

«Ich hab's bloß geliehen», sagte Scott, während er den Scheibenwischer aus seinem T-Shirt zog. «Hier, den brauchst du sicher noch.» Er warf den Scheibenwischer über den Sitz zwischen Leonard und Farto.

«Ein geliehener Wagen?», sagte Farto. «Das is noch schlimmer.»

«Nee», sagte Scott. «Der Besitzer weiß ja nich, dass ich ihn geliehen hab. Ich hätt den Reifen gewechselt, wenn dieses Arschloch ein Ersatzrad gehabt hätte, aber als ich nachgeschaut hab, war da nichts weiter als die Felge, Mann. Danke übrigens, dass ihr mir das Leben gerettet habt, sonst könnten wir wohl nie mehr zusammen auf'm Spielfeld die Sau rauslassen. Obwohl ihr mich beinahe überfahren habt. Mein Brustkorb tut echt weh.»

Leonard sah wieder in den Rückspiegel. Die White Tree Boys kamen in ihrem Kombi ziemlich schnell näher. «Willst du dich beklagen?», fragte er.

«Nee», sagte Scott, drehte sich um und blickte durch die Heckscheibe. Er sah den Hund, der an der Kette rauf und runter hüpfte. «Hoffentlich seid ihr nicht losgefahren und habt vergessen, euern Hund von der Stoßstange loszubinden.»

«Verdammt», sagte Farto. «Und wir ham ihn nich mal angemeldet.»

«Das hier is nich so witzig», sagte Leonard. «Die White Tree Boys holen auf.»

«Dann fahr halt schneller», sagte Scott.

Leonard knirschte mit den Zähnen. «Ich kann immer noch überflüssigen Ballast abwerfen, kapiert?»

«Wenn du den Scheibenwischer rausschmeißt, wird das nich viel bringen», sagte Scott.

Leonard blickte in den Spiegel und sah den grinsenden Nigger auf dem Rücksitz an. Nichts war schlimmer als ein schwarzer Komiker. Er sah nicht mal dankbar aus. Plötzlich hatte Leonard die Vision, dass sie von den White Tree Boys aufgemischt wurden. Was wäre, wenn er zusammen mit dem Nigger gekillt würde? Umgebracht zu werden war schlimm genug, aber was wäre, wenn man ihn morgen in einem Loch mit Farto und dem Nigger fand? Vielleicht würden ihn diese White Tree Boys auch zwingen, irgendetwas Ekelhaftes mit Scott zu machen, bevor sie sie killten. Zum Beispiel den Niggerschwanz lutschen lassen oder so. Leonard drückte das Gaspedal bis auf den Boden durch. Als sie am Dairy Queen vorbei waren, bog er scharf links ab. Der Wagen schaffte es gerade noch, Rex wurde durch die Luft geschleudert, knallte gegen einen Laternenmast und fiel dann wieder hinter ihnen zu Boden.

Die White Tree Boys hätten die Kurve mit ihrem Kombi nicht geschafft und versuchten es auch gar nicht. Sie schlitterten mit quietschenden Reifen auf einen Parkplatz, wendeten und kamen zurück. Aber da waren die Rücklichter des Impala schon ein ganzes Stück weit entfernt. Sie sahen aus wie zwei brennende Hämorrhoiden in einem finsteren Arschloch.

«Nimm die Nächste rechts», sagte Scott, «dann kommt links 'ne kleine Straße. Mach die Lichter aus und fahr da lang.»

Leonard hasste es, wenn Scott auf dem Spielfeld Anweisungen gab, aber das hier war noch schlimmer. Belcidigend geradezu. Trotzdem, Scotts Strategien beim Football waren immer eins a, und außerdem gewöhnt man sich nicht so leicht ab, Anweisungen von einem Quarterback zu folgen. Sie bogen rechts ab, und Rex folgte ihnen, nachdem er ein kurzes Bad in einer Pfütze genommen hatte.

Leonard entdeckte die kleine Straße, schaltete die Scheinwerfer aus und bog ein. Sie fuhren mehrere Reihen von Blechhütten entlang. Irgendwann zweigten sie ab, fuhren zwischen zwei Hütten hindurch und dann eine ähnliche Straße entlang. Schließlich hielt Leonard an, und sie blieben still sitzen und horchten. Nach ungefähr fünf Minuten sagte Farto: «Schätze, wir haben diese Papa-Ficker abgehängt.»

«Sind wir nich ein klasse Team?», sagte Scott.

Irgendwie fühlte sich Leonard ziemlich gut. Es war so ähnlich wie auf dem Spielfeld, wenn dieser Nigger einen guten Spielzug angelegt hatte und sie sich gegenseitig auf den Arsch klopften und allen egal war, welche Hautfarbe sie hatten, weil sie nur noch Typen in Football-Monturen waren.

«Lasst uns was trinken», sagte Leonard.

Farto holte einen Pappbecher aus dem Handschuhfach und schenkte Scott etwas warme Cola mit Whiskey ein. Das letzte Mal, als sie in Longview waren, hatte er in diesen Becher gepinkelt, damit sie nicht extra halten mussten, aber das war schon lange wieder ausgekippt worden, und außerdem war es ja für einen Nigger. Anschließend schenkte er Leonard und sich selbst Drinks nach.

Scott nahm einen Schluck und sagte: «Scheiße, Mann, das schmeckt irgendwie ekelhaft.»

«Wie Pisse», sagte Farto.

Leonard hob seinen Becher. «Auf die Mud Creek Wildcats und zur Hölle mit den White Tree Boys!»

«Zur Hölle mit ihnen», sagte Scott.

Sie stießen an, und genau in diesem Moment wurde es taghell in ihrem Wagen.

Mit erhobenen Bechern drehten sich die drei Musketiere um und blinzelten in die Richtung, aus der das Licht kam. Sie sahen die geöffnete Tür eines Lagerschuppens, in der ein fetter Kerl stand, genau in der Mitte des grellen Lichtscheins, wie eine Schmeißfliege auf 'nem Stück Zitronentorte. Hinter ihm hing ein großes weißes Tuch, auf dem eine Art Film lief. Und obwohl das Licht so hell war, dass der Film nur undeutlich zu erkennen war, bekam Leonard, der am günstigsten saß, ein bisschen was mit. Was er sah, wirkte wie ein kniendes Mädchen, das den Schwanz des fetten Kerls lutschte, während er ihr einen kurzläufigen schwarzen Revolver an die Stirn hielt. Dann nahm sie seinen Schwanz aus dem Mund, und genau in dem Moment, als der Mann in ihr Gesicht spritzte, feuerte er seinen Revolver ab. Der Kopf der Frau wurde aus dem Bild katapultiert und es sah so aus, als würde die ganze Leinwand vor Blut triefen, so ähnlich wie schwarzes Kondenswasser auf einer Fensterscheibe. Kurz darauf konnte Leonard nichts mehr sehen, weil ein zweiter Mann in der Türöffnung erschienen war. Er war genauso fett wie der erste. Sie sahen aus wie riesige Bowling-Kegel, die man auf zwei Paar Schuhe gesetzt hatte. Hinter den beiden tauchten noch mehr Männer auf. Als einer der

Fettsäcke sich umdrehte und eine Hand hob, gingen die anderen wieder weg. Die zwei Fettsäcke kamen nach draußen und zogen die Tür hinter sich fast ganz zu. Nur ein kleiner Lichtstreifen fiel jetzt noch auf den Vordersitz des Impala.

Fettsack Nummer eins stapfte zum Auto, machte Fartos Tür auf und sagte: «Ihr Arschlöcher und der Nigger steigt aus.» Es klang wie die Stimme der Verdammnis. Und sie hatten sich eingebildet, nur die White Tree Boys seien gefährlich. Jetzt merkten sie, wie sehr sie sich geirrt hatten. Das hier war wirklich brutal. Dieser Typ würde einen Baseballschläger auffressen und anschließend Sägespäne scheißen.

Sie stiegen aus, und der Fettsack winkte sie um den Wagen herum, ließ sie sich auf Fartos Seite nebeneinander aufstellen und starrte sie an. Die Jungs hatten immer noch ihre Becher in der Hand und sahen ansonsten wie die üblichen Verdächtigen aus.

Fettsack Nummer zwei kam rüber, musterte die drei und grinste. Ganz offensichtlich waren die beiden Zwillinge. Sie hatten die gleichen hässlichen, fetten Gesichter. Sie trugen Hawaiihemden, die nur in den Umrissen und Farben der Papageien leicht variierten, weiße Socken zu schwarzen Hochwasserhosen und blank geputzte italienische Schuhe mit nadeldünnen Spitzen.

Fettsack Nummer eins nahm Scott den Becher ab und roch daran. «Ein Nigger mit Schnaps», sagte er, «das ist wie eine Fotze mit Hirn. Passt nicht zusammen. Schätze, du wolltest dich ein bisschen auf Trab bringen, damit du mit deinem schwarzen Löffel später in 'ner Portion Schokoladenpudding rumrühren kannst. Aber vielleicht hattest du ja auch mal Lust auf Vanillesauce und die beiden Jungs hier wollten was arrangieren.»

«Ich will nichts weiter als nach Hause», sagte Scott.

Fettsack Nummer eins sah Fettsack Nummer zwei an und sagte: «Damit er seine Mutter ficken kann.»

Die beiden Dicken schauten Scott an, um zu sehen, wie er reagierte, aber er sagte nichts. Sie hätten sagen können, er würde Hunde bespringen, es wäre ihm egal gewesen. Scheiße, wenn sie einen hergebracht hätten, hätte er's getan, wenn sie ihn dann freigelassen hätten.

«Dass ihr Jungs mit einem Dschungelaffen durch die Gegend gurkt, macht mich echt krank», sagte Fettsack Nummer eins.

«Der Nigger geht mit uns zur Schule», sagte Farto. «Wir können ihn sowieso nicht leiden. Wir haben ihn bloß mitgenommen, weil ein paar White Tree Boys auf ihn losgegangen sind und wir unseren Quarterback nicht verlieren wollten.»

«Ah», sagte Fettsack Nummer eins. «Ich verstehe. Aber ehrlich gesagt können wir, Vinnie und ich, ganz gut auf Nigger im Sport verzichten. Wenn sie erst mal anfangen, zusammen mit weißen Jungs zu duschen, wollen sie auch bald mit weißen Mädchen ins Bett. Eins führt zum anderen.»

«Wir können doch nichts dafür, dass wir mit ihm zusammen spielen müssen», sagte Leonard. «Wir haben doch nicht die Integration in der Schule eingeführt.»

«Nee», sagte Fettsack Nummer eins. «Das war Big Ears Johnson, aber ihr fahrt hier mit ihm rum und trinkt mit ihm.»

«In seinen Becher hab ich vorher reingepisst», sagte

Farto. «Das war 'n Witz, verstehen Sie? Er ist kein Freund von uns, ich schwör's. Er ist bloß 'n Nigger, der Football spielt.»

«In seinen Becher gepisst, hm?», sagte der Typ namens Vinnie. «Find ich gut, du nicht auch, Pork? Hat in seinen beschissenen Becher gepisst.»

Pork ließ Scotts Becher auf den Boden fallen und grinste ihn an. «Komm mal her, Nigger, ich muss dir was erzählen.»

Scott sah Farto und Leonard an. Die waren keine Hilfe. Sie interessierten sich plötzlich brennend für ihre Fußspitzen und betrachteten sie, als wären sie echte Weltwunder.

Scott ging zu Pork, und Pork legte immer noch grinsend den Arm um seine Schultern und ging mit ihm zum Schuppen.

«Was tun wir jetzt?», fragte Scott.

Pork drehte ihn herum, damit er Leonard und Farto ansehen konnte, die immer noch ihre Becher in den Händen hielten und ihre Schuhe anstarrten.

«Ich wollte nicht, dass die neue Kiesauffahrt was abbekommt», sagte Pork, zog Scotts Kopf ganz dicht an seinen heran, fasste mit der freien Hand unter das Hawaiihemd und zog einen kurzläufigen schwarzen Revolver hervor. Er drückte ihn gegen Scotts Schläfe und drückte ab. Es knackte, als würde ein böses Knie brechen. Scotts Füße hoben gleichzeitig ab und flogen zur Seite. Etwas Schwarzes quoll aus seinem Kopf, seine Füße zuckten wieder in Porks Richtung, die Schuhe scharrten über den Zementboden vor dem Schuppen, schlugen gegeneinander, und die Beine verknoteten sich ineinander.

«Ist das nicht klasse?», sagte Pork, während Scott schlaff wurde und leblos in der Armbeuge des Dicken hängen blieb. «Bis zum Schluss bleiben sie schön im Rhythmus.»

Leonard war unfähig, irgendeinen Laut von sich zu geben. Ihm war kotzübel. Er hätte sich am liebsten unter dem Auto versteckt. Scott war tot, und das Gehirn, das Spielzüge wie ein Knäuel Köderwürmer entworfen hatte und das seine Beine beim Run übers Spielfeld befehligt hatte, war jetzt zermatscht wie Brei.

«Heilige Scheiße», sagte Farto.

Pork ließ Scott los. Scotts Beine gaben nach, er setzte sich auf den Boden, sein Kopf fiel nach vorn und knallte auf den Zementboden zwischen seinen Füßen. Unter seinem Gesicht bildete sich eine dunkle Pfütze.

«Ist besser so für ihn, Jungs», sagte Vinnie. «Die Nigger entstanden, als Kain ein Affenweibchen gebumst hat. Sind weder Affe noch Mensch. Passen nicht in die Welt, sind einfach überflüssig. Wenn man anfängt, ihnen Sachen beizubringen, wie Autofahren oder Footballspielen, dann macht ihnen das nur Ärger und den Weißen auch. Hat dein Hemd was abbekommen, Pork?»

«Nicht einen Tropfen.»

Vinnie ging in den Schuppen und sagte irgendwas zu den Männern dort, das man zwar hören, aber nicht verstehen konnte. Dann kam er mit einigen zerknüllten Zeitungen wieder heraus. Er ging zu Scott und wickelte das Papier um seinen Kopf herum. Anschließend ließ er ihn wieder auf den Boden fallen. «Spritz das einfach weg, wenn's getrocknet ist, und um den Kies brauchst du dir keine Sorgen machen. Der Kies hat nichts abbekommen.»

Dann sagte er zu Farto: «Mach mal die Hintertür von dem Wagen auf.»

Farto verdrehte sich fast den Knöchel, als er es tat. Vinnie packte Scott am Kragen und am Hosenboden und warf ihn auf den Fußboden des Impala.

Pork kratzte sich mit dem kurzen Lauf seines Revolvers die Eier und steckte die Kanone dann auf dem Rücken unter sein Hawaiihemd. «So, Jungs, ihr kommt mit zum Fluss und helft uns, den Nigger los zu werden.»

«Ja, Sir», sagte Farto. «Wir schmeißen den Scheißkerl in den Sabine River.»

«Wie steht's mit dir?», wandte sich Pork an Leonard. «Wirst du weich, Schwester?»

«Nein», krächzte Leonard. «Ich bin dabei.»

«Prima», sagte Pork. «Vinnie, du nimmst den Laster und fährst voraus.»

Vinnie zog einen Schlüssel aus der Hosentasche und öffnete eine Tür direkt neben der, aus der das Licht fiel, ging rein und fuhr einen goldenen Dodge-Pickup rückwärts heraus. Er hielt direkt vor dem Impala an und blieb dort mit laufendem Motor stehen.

«Ihr Jungs bleibt genau da, wo ihr seid», sagte Pork. Er ging kurz in den erleuchteten Schuppen. Sie hörten, wie er mit den Männern sprach, die dort waren. «Macht nur weiter, seht euch den Film an. Und hebt uns ein bisschen Bier auf. Wir sind bald zurück.» Dann ging das Licht aus, und Pork kam wieder raus und schloss die Tür hinter sich. Er sah Leonard und Farto an und sagte: «Trinkt aus, Jungs.»

Leonard und Farto kippten die warme Whiskey-Cola weg und ließen die leeren Becher fallen.

«So», sagte Pork zu Farto. «Du steigst hinten zum Nigger ein, und ich setz mich vorne neben den Fahrer.»

Farto stieg hinten ein und stellte seine Füße auf Scotts Knie. Er versuchte den in Zeitungspapier gewickelten Kopf nicht anzusehen, aber irgendwie klappte das nicht. Als Pork die Vordertür aufmachte und die Innenbeleuchtung anging, sah Farto durch einen Riss im Papier ein Auge von Scott. Das Papier über der Stirn war schwarz vor Blut. Dort, wo sich Scotts Mund befand, war eine Anzeige für eine Fischauktion.

Leonard setzte sich hinters Steuer und startete den Motor. Pork griff rüber und drückte auf die Hupe. Vinnie fuhr mit dem Pickup los, und Leonard folgte ihm in Richtung Fluss. Niemand sagte was. Leonard ertappte sich dabei, wie er sich nichts sehnlicher wünschte, als heute Abend doch ins Drive-In-Kino gegangen zu sein, um diesen Film zu sehen, in dem ein Nigger die Hauptrolle spielte.

Am Flussufer war es dunstig und warm wegen der Bäume und Sträucher, die dort direkt am Wasser wucherten. Während Leonard den Impala auf den engen roten Lehmwegen durch das feuchte Gestrüpp lenkte, fühlte er sich, als würde er durch einen Wald aus Schamhaaren kurven. Er spürte an der Art, wie das Steuer reagierte, dass sich der Hund und die Kette hier und da in Büschen und an Baumstümpfen verfingen. Den Hund hatte er ganz vergessen, und nachdem er ihm wieder eingefallen war, wurde er unruhig. Was war, wenn Rex plötzlich irgendwo festhing und er anhalten musste? Er nahm nicht an, dass Pork mit einem kleinen Halt einverstanden wäre, nicht solange sie die Leiche mit dem geborstenen Schädel loswerden mussten.

Schließlich erreichten sie die Stelle, wo sich das Gestrüpp lichtete, und fuhren direkt am Rand des Sabine River entlang. Leonard hasste das Wasser, hatte es immer schon gehasst. Im Mondlicht sah der Fluss wie vergifteter Kaffee aus, der vorbeifloss. Leonard wusste, dass sich unter der Wasseroberfläche Alligatoren und Wasserschlangen tummelten. Allein beim Gedanken an all diese glitschigen Körper wurde ihm schlecht.

Sie kamen zu der Stelle mit der kaputten Brücke. Es war ein alter, nicht mehr benutzter Übergang, der in der Mitte zusammengebrochen war und nur auf dieser Seite noch Verbindung mit dem Ufer hatte. Manchmal saßen dort Leute und angelten. Aber nicht heute Nacht.

Vinnie stoppte den Pickup, und Leonard hielt daneben an, sodass die Schnauze des Impala zur Brücke wies. Sie stiegen aus, und Pork verlangte von Farto, dass er Scott rausholte und aufrichtete. Ein Teil des Zeitungspapiers löste sich von Scotts Kopf und gab den Blick auf das Ohr und einen Teil des Gesichts frei. Farto klebte das Papier wieder am Schädel fest.

«Scheiß drauf», sagte Vinnie. «Macht doch nichts, wenn er hier den Boden einsaut. Ihr beiden Deppen sucht mal was, womit wir den Bimbo beschweren können, damit er gut absäuft.»

Farto und Leonard begannen herumzulaufen wie Eichhörnchen und suchten nach Steinen oder schweren Holzblöcken. Plötzlich hörten sie, wie Vinnie laut aufschrie: «Gottverdammt, Scheiße nochmal! Pork! Komm mal her und sieh dir das an!»

Leonard warf einen Blick hinüber und sah, dass Vinnie Rex entdeckt hatte. Er stand da, die Hände in die Hüften gestemmt, und betrachtete die Bescherung. Pork ging zu ihm und stellte sich neben ihn. Dann drehte er sich um und sah die beiden Jungs an. «He, ihr Drecksäcke, kommt mal her.»

Leonard und Farto gingen hin und betrachteten den Hund ebenfalls. Es war fast nur noch der Kopf übrig und ein bisschen Fleisch und Fell, das am Rückgrat klebte, sowie ein paar gebrochene Rippen.

«So was Krankes hab ich in meinem ganzen Leben noch nicht gesehen», sagte Pork.

«Heilige Scheiße», sagt Vinnie.

«Einen Hund so zu quälen. Verdammt nochmal, habt ihr denn kein Herz? Ein Hund. Der beste Freund des Menschen, ihr Arschlöcher. Und ihr habt ihn auf so eine beschissen brutale Art umgebracht.»

«Wir haben ihn nicht getötet», sagte Farto.

«Willst du mir etwa erzählen, dass er sich selbst angekettet hat, du Scheißkerl?»

«Gottverdammt», sagte Vinnie.

«Nein, Sir», sagte Leonard. «Wir haben ihn erst festgebunden, als er schon tot war.»

«Na klar, und das soll ich glauben?», sagte Vinnie. «So ein Schwachsinn. Ihr Mistkerle habt den Hund umgebracht. Gottverdammt.»

«Wenn ich mir vorstelle, wie er hinterhergelaufen ist, und ihr Mistkerle habt immer mehr Gas gegeben, das macht mich echt wütend», sagte Pork.

«Nein», widersprach Farto. «So war das nicht. Er war tot, und wir waren betrunken, und wir hatten nichts zu tun, und deshalb –»

«Halt's Maul, Arschloch», sagte Pork und stieß mit

einem Finger heftig gegen Fartos Stirn. «Halt bloß dein Maul. Wir wissen ganz genau, was ihr Scheißtypen getan habt. Ihr seid mit diesem Hund so lange rumgefahren, bis sein ganzes Fell runter war ... Haben euch eure Eltern keinen Respekt vor Tieren beigebracht?»

«Gottverdammt», sagte Vinnie.

Alle schwiegen und sahen den Hund an. Schließlich sagte Farto: «Sollen wir weiter nach 'n paar Steinen gucken, um den Nigger zu beschweren?»

Pork sah Farto an, als sei er gerade aus dem Boden gewachsen. «Ihr Mistkerle seid noch schlimmer als Nigger. Einen Hund so zu behandeln! Geht rüber zum Wagen.»

Leonard und Farto gingen zum Impala rüber, blieben stehen und starrten auf die Leiche von Scott, so wie sie vorher die Überreste des Hundes betrachtet hatten. Hier im blassen Mondschein, im Schatten der Bäume und mit dem um den Kopf gewickelten Zeitungspapier sah Scott aus wie eine riesige Pappmaché-Puppe. Pork kam zu ihnen und trat gegen Scotts Gesicht. Das Papier löste sich und flog davon. Das Geräusch des Tritts hallte übers Wasser, und die Frösche verstummten für einen Moment.

«Vergesst den Nigger», sagte Pork. «Gib mir deine Autoschlüssel, Hosenscheißer.»

Leonard zog seinen Schlüsselbund heraus und reichte ihn Pork. Der ging zum Kofferraum und schloss ihn auf. «Bringt den Nigger her.»

Leonard packte den einen, Farto den anderen Arm, und sie zogen ihn zum Heck des Wagens.

«Legt ihn in den Kofferraum», sagte Pork.

«Warum das denn?», fragte Leonard.

«Weil ich es verdammt nochmal so will», sagte Pork.

Leonard und Farto hoben Scott in den Kofferraum. Er sah ziemlich traurig aus, wie er da neben dem Ersatzreifen lag, das Gesicht immer noch mit etwas Zeitungspapier beklebt. Wenn der blöde Nigger ein Auto mit Ersatzreifen geklaut hätte, dann läge er jetzt nicht da, dachte Leonard. Er hätte seinen Platten gewechselt und wäre schon wieder weg gewesen, bevor die White Tree Boys angerückt wären.

«Okay, und jetzt bist du dran. Rein da», sagte Pork und winkte Farto zu.

«Ich?», fragte Farto.

«Nein, nicht du Arschloch, der Elefant auf deiner dämlichen Schulter. Natürlich du. Rein in den Kofferraum. Ich will hier nicht die ganze Nacht rumstehen.»

«Um Gottes Willen, wir haben dem Hund doch gar nichts getan, Mister. Wir haben erzählt, wie's war. Ehrlich, wir haben ihn erst angebunden, als er schon tot war … Es war Leonards Idee.»

Pork sagte nichts. Er stand nur da, eine Hand auf dem Kofferraumdeckel, und sah Farto an. Farto blickte zu Pork, dann in den Kofferraum, dann wieder zu Pork. Zuletzt warf er Leonard einen Blick zu und kroch in den Kofferraum, wo er sich mit dem Rücken zu Scott legte.

«Wie zwei Löffel», sagte Pork und schloss den Kofferraum. «Und jetzt zu dir. Wie heißt du? Leonard? Komm mal her.» Aber er wartete nicht ab, bis sich Leonard in Bewegung setzte. Er packte ihn mit seiner feisten Hand im Nacken und schob ihn zu der Stelle, wo die Überreste von Rex auf dem Boden lagen. Vinnie stand immer noch da und starrte auf die Kette.

«Was meinst du, Vinnie?», fragte Pork. «Denkst du auch, was ich denke?»

Vinnie nickte. Er bückte sich und nahm dem Hund das Halsband ab. Dann legte er es Leonard an. Leonard merkte, wie ihm der Gestank des toten Hundes in die Nase kroch. Er beugte sich vor und musste kotzen.

«Nanu, der Kleine wird schwach», sagte Vinnie und verpasste ihm einen Schlag in die Magengegend. Leonard ging in die Knie und kotzte noch mehr Whiskey-Cola aus.

«Ihr Arschlöcher seid wirklich das Allerletzte. Einen Hund so zu behandeln», sagte Vinnie. «Schlimmer als Nigger.» Er holte eine Angelschnur aus dem Pickup und band Leonards Hände hinter dem Rücken zusammen. Leonard begann zu weinen.

«Halt's Maul», sagte Pork. «Es ist nicht so schlimm. Nicht so schlimm wie das da.»

Aber Leonard konnte nicht aufhören. Sein Heulen hallte durch den Wald und wurde als Echo zurückgeworfen. Er schloss die Augen und versuchte sich vorzustellen, er sei ins Drive-In gefahren, um den Film zu sehen, in dem der Nigger die Hauptrolle spielte, und er sei in seinem Auto eingeschlafen und hätte plötzlich diesen schrecklichen Traum. Aber es funktionierte nicht. Er dachte an die fliegenden Untertassen von Harry, dem Hausmeister, und die Langeweile-Strahlen. Ihm war jetzt klar: Wenn es fliegende Untertassen gab, schickten sie jedenfalls keine Langeweile-Strahlen auf die Erde. Denn er langweilte sich im Moment kein bisschen.

Pork zog Leonard die Schuhe aus, warf ihn auf den Boden, streifte ihm die Socken ab und stopfte sie ihm so fest in den Mund, dass er sie nicht wieder ausspucken konnte. Er tat es nicht deshalb, weil man Leonard vielleicht sonst gehört hätte, sondern bloß, weil ihm der Lärm auf die Nerven ging.

Leonard lag auf dem Boden direkt neben dem toten Hund und weinte vor sich hin. Pork und Vinnie gingen zum Impala, öffneten die Türen und stellten sich in Position, um den Wagen anzuschieben. Vinnie griff ins Wageninnere, stellte die Automatik von Parken auf Fahren, und Pork schob an. Zuerst bewegte sich der Impala nur ganz langsam, aber als er an dem kleinen Abhang ankam, der hinunter zur Brücke führte, rollte er immer schneller. Im Kofferraum klopfte Farto zaghaft gegen den Deckel. Die Kette zog an, und Leonard spürte, wie er am Hals mitgerissen wurde. Er glitt über den Boden wie eine Schlange.

Vinnie und Pork sprangen zur Seite und sahen zu, wie der Wagen auf die Brücke fuhr, über den Rand rollte und erstaunlich leise im Wasser verschwand. Leonard wurde vom Gewicht des Wagens hinterhergezogen. Als er über die Brücke gezerrt wurde, verhakten sich seine Kleider in den Holzsplittern und die Hose und Unterhose wurden ihm bis zu den Knien hintergezogen.

Der Zug der Kette ließ einen Moment lang nach, als das Auto im Wasser verschwand, und Leonard versuchte, ein Bein um einen Pfosten zu legen, aber es funktionierte nicht. Das Gewicht des Autos kugelte das Kniegelenk aus und riss mit lautem Knirschen und Krachen den Pfosten um.

Leonard rutschte jetzt immer schneller, die Kette klackerte über den Rand der Brücke hinweg ins Wasser und verschwand. Ihr Anhängsel rutschte hinterher wie ein kleines Spielzeug. Das Letzte, was von Leonard zu sehen war, waren seine nackten Fußsohlen, die weiß glänzten wie Fischbäuche.

«Ziemlich tief da», sagte Vinnie. «Hab an der Stelle mal einen uralten Wels gefangen, weißt du noch? Ein Riesenvieh. Jede Wette, dass es da mindestens fünfzehn Meter tief ist.»

Sie gingen zum Pickup zurück, und Vinnie ließ den Motor an.

«Schätze, wie haben diesen Jungs noch einen Gefallen getan», sagte Pork. «Mit 'nem Nigger durch die Gegend fahren und Hunde quälen, das ist doch kein Leben. Die waren einen Dreck wert.»

«Du hast Recht», sagte Vinnie. «Wir hätten das alles filmen sollen, wär bestimmt gut geworden. Als die Kiste mit dem Nigger-Lover ins Wasser gekippt ist, das sah klasse aus.»

«Nee, waren doch keine Frauen dabei.»

«Auch wieder wahr», sagte Vinnie. Dann wendete er und fuhr durch das dunkle Flusstal zurück.

# Die Geister des Ponce-de-Leon-Parks

Entweder wir halten hier weiter den Daumen raus, oder wir gehen zu Fuß über den Bahndamm zur Ponce», sagte Bob.

«Meine Beine tun weh», sagte Del. «Die Ärzte im Krankenhaus haben gesagt, ich hätte schlechte Durchblutung.»

«Weiß ich, Mann. Du hast es mir schon erzählt. Vielleicht bringt ein Spaziergang deinen Kreislauf wieder in Schwung.»

«Kann schon sein. Ich kenn mich da nicht aus. Ich weiß nur, dass mir die Beine wehtun.»

Del sah auf den Bahndamm. Zu beiden Seiten standen Bäume, die die Wohnhäuser und das Einkaufszentrum abschirmten. Weil das Gleis weiter hinten einen sanften Bogen machte, verstellten ihm die Bäume auch den Blick auf ihr Ziel. «Wie weit ist es denn?», fragte er.

«Etwa eine Meile.»

«Dann können wir genauso gut zu Fuß gehen. Bis hier einer anhält und uns mitnimmt, sind wir wahrscheinlich längst da.»

Sie wanderten zwischen den Schienen, passten ihre Schritte den hölzernen Bahnschwellen an.

«Ich weiß nicht, wie lange ich das hier durchhalten kann», sagte Del.

«Wir können langsamer gehen.»

«Das ist es nicht. Ich kann nicht ewig so große Schritte machen.»

«Im Schotter läufst du weniger gut.»

«Ich versuch's mal an der Seite», sagte Del.

Er wechselte auf einen ausgetretenen Pfad rechts neben dem Bahndamm. «Hier ist es weicher», sagte er.

«Das ist genau dein Problem», sagte Bob. «Du bist zu verdammt weich. Als hättest du nie gearbeitet.»

«Ich hab sehr wohl gearbeitet.»

«Dort unten gibt es Schlangen», sagte Bob.

«Ich seh keine verdammten Schlangen.»

Del fiel immer weiter hinter Bobs Schritten auf den Schwellen zurück.

«Wart mal. Wozu die verdammte Eile?»

«Du bist wirklich nicht in Form.»

«Das liegt an meiner Durchblutung. Die Ärzte haben gesagt, ich könnte Wundbrand kriegen. Wenn das passiert, schneiden sie mir die Beine ab.»

«Das ist auch so etwas, deine Durchblutung. Ich weiß doch, dass du nicht gearbeitet hast, nicht ohne Durchblutung. Woher hast du also das ganze Geld?»

«So viel ist es nicht.»

«Aber wo hast du es her? Hast du Schwänze gelutscht?»

«Warum sagst du jetzt ausgerechnet so etwas?»

«Und, hast du?»

«Scheiße, nein.»

«Woher kommt dann das Geld?»

«Hab Blut verkauft.»

«Kein Wunder kannst du nicht laufen.»

«Hast du etwa nie Blut verkauft?»

«Ich war nie so schlecht in Form wie du.»

«Wenn ich schlecht in Form bin, dann kannst du ja auch einfach langsamer gehen. Ist nicht besonders höflich, so davonzurennen.»

«Mach ich ja, mach ich ja, aber diese Abkürzung jagt mir manchmal einfach eine Scheißangst ein.»

«Warum denn?»

«Hier passieren eine Menge üble Dinge. Skinheads, die Leute jagen und verprügeln. An diesem Bahndamm haben sie ein paar Penner umgebracht. Auf den einen sind sie draufgetreten, bis sein Herz explodierte.»

«Jetzt krieg ich selber Angst. Was tun sie denn, verstecken sie sich hinter den Bäumen, bis jemand kommt?»

«Nein. Sie nehmen den Weg als Abkürzung, wenn sie von Little Five Points zum Piedmont Park gehen, um Schwule zu verprügeln. Halt die Augen offen. Wenn wir jemanden sehen, gehen wir vom Damm weg und verstecken uns. Ich denk einfach nicht gerne darüber nach.»

«Du würdest doch nicht abhauen und mich allein lassen, wenn die Skins kämen, oder?»

«Ich weiß es nicht, Mann. Warum sollte ich dableiben und mich verprügeln lassen, wenn ich ohnehin nichts tun kann?»

«Ich werde so schnell laufen, wie ich kann, aber meine Beine bringen mich um. Wenn wir Skinheads sehen sollten, dann hilf mir, mich hinter den Bäumen zu verstecken, bevor du abhaust.»

«Geht klar, Del.»

Die Schienen hatten einen sanften Bogen beschrieben und führten jetzt geradeaus, so dass sie vor sich die Ponce de Leon Avenue sehen konnten.

«Es ist nicht mehr weit», sagte Bob.

Sie schwiegen, während sie versuchten, so schnell wie möglich voranzukommen. Dels Beine fühlten sich an, als wären sie offen. Sie waren dabei, anzuschwellen, und er ging in einem steifbeinigen, schlurfenden Gang, um sie zu schonen und trotzdem Bob nicht zu verlieren. Er zählte seine Schritte, damit die Zeit schneller verging. Als sie beinah auf der Ponce waren, sagte er: «Meine Beine sind erledigt, ich muss mich hinlegen.»

«Jetzt haben wir so lange getrödelt, dass wir im Open Door oder bei St. Luke's nichts mehr kriegen werden», sagte Bob. «Wir können genauso gut in diesem Kudzufeld übernachten. Willst du uns vielleicht ein Nachtessen spendieren, wo wir wegen deinem verdammten Kreislauf zu spät kommen?»

«Du kannst uns ja was zu essen und ein paar Sherryflaschen holen», sagte Del.

Sie ließen das Gleis rechts hinter sich und kamen zu dem mit Kudzu bewachsenen Feld. In einer kleinen Senke, in der sie vor fremden Blicken geschützt waren, rollten sie ihre Decken aus. Del zählte ein paar Scheine von seinem Geld ab und gab sie Bob.

«Nimm doch die Wasserflasche mit.»

«Okay, erst muss ich zu Green's und dann rüber zu Zesto, es könnte also eine Weile dauern. Warte einfach auf mich.»

«Ich geh nirgendwo hin», sagte Del.

Wenn er es sich genau überlegte, dann wusste Del einen Dreck über Bob. Vielleicht würde Bob das Geld einstecken und nicht wiederkommen, sich stattdessen ein anständiges Essen kaufen und den ganzen Wein für sich behalten. Er sah auf jeden Fall aus wie jemand, der auf sich aufpassen konnte. Seine Jeans, sein grobes Hemd und seine schweren Schuhe waren sehr viel neuer als Dels, dessen Kleider aussahen, als würden sie ihm demnächst vom Leib abfaulen. Ihm war das zwar egal, aber Del vermutete, dass sie auch so rochen.

Die Jungs im Männerwohnheim in Nashville hatten Bob den Namen Normalo-Bob gegeben. Er war zwar nicht wirklich normal, aber sein Glück war, dass er nach Spinner-Bob auftauchte, der von einem Hund namens Tick, den keiner sonst sehen konnte, Befehle entgegennahm. Der Hund befahl ihm hauptsächlich rumzuheulen. Deswegen wurde aus Bob Normalo-Bob, um ihn von Spinner-Bob zu unterscheiden.

Normalo-Bob wollte zurück nach Atlanta, und Del hatte beschlossen mitzugehen. Del hatte etwas Geld, und Normalo kannte die Stadt. Das klang wie eine ganz gute Partnerschaft.

Del breitete seine Decke aus, legte den Kopf auf seine kleine Kleidertüte und sah den luftigen weißen Wolken nach, die über den Spätnachmittagshimmel zogen. Bald würde die Nacht kommen und mit ihr die Raubtiere, um sich in den hundert dunklen Ecken dieser Straße der Begierden auf die Lauer zu legen. Bis es so weit war, hoffte Del, würde er satt, betrunken und im Unkraut versteckt eingeschlafen sein.

Jetzt, wo sein Gewicht nicht mehr auf den Beinen

ruhte, merkte Del, dass seine Hände angefangen hatten zu zittern, aber er konnte nichts dagegen tun, solange Bob nicht mit dem Wein wiederkam. Ungefähr eine Stunde lang lag er einfach da. Die Dämmerung hatte bereits eingesetzt, als er einen Mann näher kommen hörte. Er blickte auf und sah Bob mit einer Anzahl Tüten vor sich.

«Ich hab uns ein Chubby-Decker-Menü geholt.»

Er gab Del eine Pintflasche. Del brach das Siegel, nahm drei oder vier Schlucke und versuchte, sie im Magen zu behalten. Er wollte nichts verschwenden.

«Willst du dazu etwas essen?», fragte Bob.

«Eins nach dem andern», sagte Del.

«Du wärst besser nicht mitgekommen. Diese Reise ist zu viel für dich», sagte Bob.

«Ich musste aus Nashville raus.»

«Klingt nach einem ziemlichen Ärger», sagte Bob.

«Nein, ich war nur an zu vielen Orten nicht mehr willkommen. Auf Dauer war das zu anstrengend.»

«Nun, viele kleine Ärger können genauso schlimm sein wie ein großer», sagte Bob. «Morgen früh gehen wir zu St. Luke's zum Frühstück. Unterhalten uns mal mit den Jungs da. Finden raus, was so läuft.»

«Ich weiß nicht, ob ich es bis dorthin schaffe», sagte Del. «Ich glaube, ich werde überhaupt nicht laufen können.»

«Dann ruf ich den Krankenwagen. Die können dich ins Krankenhaus bringen.»

«Ich habe Angst, dass sie mir die Beine abschneiden.»

Bob versuchte, das Thema zu wechseln.

«Wir sitzen hier an einem historischen Ort, im hintersten Teil des alten Ponce-de-Leon-Baseballfelds. Die Magnolie dort drüben stand mal mitten im Centerfield. Hier spielten früher die Atlanta Crackers. Ich war oft mit meinem Alten hier. Später haben sie den Platz abgerissen, als sie das neue Stadion für die Braves bauten. Machten daraus einen Parkplatz.»

«Ich mochte diesen Ort nie», sagte Del.

«Warst du schon mal hier?»

«Ich hab als Kind ein paar Monate in Atlanta gelebt. Mein Vater hat mich mal hierher mitgenommen», sagte Del. «Wie heißt das Haus da auf der andern Straßenseite?»

«Da war früher Sears and Roebuck drin. Jetzt sitzt da die Behörde, deswegen nennt man es Stadthaus Ost.»

«An Sears and Roebuck kann ich mich erinnern. Man stieg aus der Straßenbahn und ging quer über die Straße zum Park.»

«Richtig, Mann, als die Crackers hier spielten, gab es noch die alte elektrische Straßenbahn.»

«Hier hatte ich noch nie Glück. Wir hätten nicht hierbleiben dürfen.»

«Scheiße, du warst doch derjenige, der hierbleiben wollte, Del. Du hast gesagt, deine Beine könnten nicht mehr. Du wärst besser in Nashville geblieben, wenn es deinen Beinen so dreckig geht.»

«Das ist mir jetzt auch klar», sagte Del. Die Erinnerung an das alte Baseballfeld lag ihm drückend wie eine Schicht Betonplatten auf der Brust.

Mitten in der Nacht wachte Del auf. Er hatte Fieber. Der Mond schien voll und hell.

«Ich muss dringend pissen, Mann, und ich kann die

Beine nicht bewegen», sagte er. «Du musst mir beim Aufstehen helfen.»

Aber Bob gab keine Antwort, also quälte er sich auf einen Ellenbogen hoch und blickte zu der Stelle, wo Bob geschlafen und den Kudzu zerdrückt hatte. Bob und seine Decke waren weg. Del griff nach seinem Geld. Es war ebenfalls weg. Wenigstens hatte ihm Bob eine der Flaschen dagelassen.

Er konnte nichts tun außer liegen bleiben und warten, bis ihm jemand zu Hilfe kam. Er versuchte so lange wie möglich, die Pisse zurückzuhalten, dann nässte er in die Decke. Die Pisse durchtränkte seine Hose und lief ihm den Rücken hoch. Es fühlte sich unangenehm an, und er glaubte nicht, dass er wieder einschlafen würde, aber das war nicht das Schlimmste. Etwas viel Schlimmeres ging vor sich, weil nämlich die Zeit irgendwie durcheinander geraten war und er jetzt auch in der kleinen Hütte stand, die seine Eltern in West Atlanta gemietet hatten, als er neun Jahre alt war.

«Ich will den Jungen zu einem Spiel mitnehmen», sagte sein Vater.

Del tat so, als würde er nicht zuhören, hoffte aber, dass seine Mutter ja sagte. Sie war diejenige, die arbeitete, und sie passte auf jeden Penny auf, den sie verdiente. Seine Eltern stritten sich ständig deswegen.

«Vielleicht sollten wir wirklich einmal etwas für ihn tun», sagte seine Mutter. Sie ging in ihr Schlafzimmer, wo sie das Geld aufbewahrte, und schloss die Tür, damit keiner hören konnte, wo ihr Versteck lag. Als sie wiederkam, gab sie seinem Vater ein paar gefaltete Dollarscheine und etwas Kleingeld.

«Kauft euch einen Hot Dog, wenn ihr da seid. Dann brauche ich heute Abend nichts zu kochen.»

Sie ging in ihr Zimmer zurück und legte sich hin. Sie arbeitete so viel, dass sie immer müde war. An manchen Tagen ging sie gleich schlafen, wenn sie von der Arbeit kam.

Nach einer Weile sagte sein Vater: «So mein Junge, Zeit, zum Spiel zu gehen.»

Er folgte seinem Vater zur Haltestelle und versuchte, mit seinem komisch hüpfenden Gang Schritt zu halten. Sie setzten sich ein paar Minuten auf die harte Bank, bevor die Straßenbahn kam.

«Herr Fahrer, ich brauche einen Transferschein für mich und meinen Jungen.» Er sagte das, als würden sie ständig zusammen Sachen unternehmen.

Der Fahrer riss zwei Fetzen Papier ab und reichte sie ihm. Einen davon gab sein Vater mit großem Getue an Del weiter.

«Pass gut darauf auf, mein Junge. Damit kannst du in die zweite Bahn umsteigen.»

Sie setzten sich beide.

«Ich mag diese seitlichen Bänke am liebsten», erklärte sein Vater.

«Ich auch», stimmte Del ihm zu.

Nach einigen Minuten zog sein Vater an der Schnur, an der die Glocke hing, und sagte: «Wir müssen aussteigen.»

Sie waren an einer andern Haltestelle, und Del setzte sich wie zuvor auf die Bank.

«Bleib hier sitzen und warte auf mich. Egal, was passiert, bleib einfach hier.»

Er ging über die Straße und in einen Schnapsladen, und als er wiederkam, konnte Del vorne in seiner Hosentasche eine Flasche sehen. Er setzte sich neben Del, nahm sie raus, hob sie zum Mund und nahm drei oder vier Schlucke.

«Hier. Willst du auch?»

Er gab sie Del, der einen kleinen Schluck nahm, aber den Geschmack bitter fand, wie Kotze. Trotzdem tat er so, als ob er ihn mochte.

«Hier kommt die Straßenbahn.» Sein Vater steckte die Flasche zurück in seine Hose. «Sie mögen es nicht, wenn man in der Bahn trinkt», erklärte er.

Drinnen war es, als ob sie mitten in eine Feier geraten wären.

«Will hier irgendjemand zu den Crackers?», fragte sein Vater.

Einige Leute lachten, als hätte sein Vater einen Witz gemacht.

«Denke, die meisten von uns wollen hin», sagte eine Frau.

«Setz dich, mein Junge.»

Er setzte Del auf die seitliche Bank und ging dann weiter nach hinten, wo einige Männer saßen. Er sagte etwas, sie lachten und ein paar von ihnen blickten nach vorne zum Fahrer, dann holte sein Vater die Flasche raus und reichte sie herum.

Del sah aus dem Fenster und beobachtete die Leute auf der Straße, bis sie vor einem großen Backsteingebäude hielten, das oben einen Turm hatte wie bei einer Burg.

«Das ist Sears and Roebuck.»

Die Frau, die neben ihm saß, sagte das, als sie sah, wie er auf das Haus blickte.

«Alles aussteigen», rief sein Vater. Die Männer, die bei ihm waren, lachten, als ob das ziemlich lustig sei.

Vor den Verkaufsstellen bildeten sich bereits Schlangen, deswegen rannte sein Vater hin und besorgte zwei Sitze für die weißen Tribünen. Alle gingen über eine Rampe in den Park, dann folgte Del seinem Vater und den andern Männern zu einem Imbissstand unter den Holzsitzen, wo ein Mann Hot Dogs grillte.

Del fragte: «Kaufst du uns jetzt Hot Dogs, Daddy?»

«Hab kein Geld mehr», sagte er. «Aber Augenblick mal. Ich hab hier was anderes.»

Er steckte die Hand in die Hosentasche und holte sein weißes Taschentuch raus. Er ließ sich mit einem Knie auf die Erde nieder und breitete es wie ein sauberes kleines Viereck vor sich aus, dann trat er zurück und fing an, einen Tanz vorzuführen, eine Art Stepptanz, mit kleinen Jauchzern dazwischen.

Er machte seine Sache gar nicht so schlecht, aber Del schaute ihm nicht gerne dabei zu.

Bald schon hatte sich um ihn eine Menge gebildet, und die Leute warfen 5- und 10-Cent-Münzen, manche sogar 25-Cent-Münzen auf das Taschentuch.

«Herzlichen Dank, liebe Leute», sagte sein Vater. Er sammelte das Geld ein und gab Del 25 Cents.

«Nimm das für den Fall, dass du es brauchst. Kauf kein Essen oder sonstwas davon, behalt es einfach bei dir. Und jetzt geh schon mal vor und schau nach unseren Plätzen. Ich bin gleich bei dir.»

Die Männer vom Bus hatten sich wieder um seinen Vater geschart, und Del wusste, dass er mit ihnen trinken wollte, also ging er zu ihren Plätzen auf der Tribüne. Ein

Junge in seinem Alter wollte sich neben ihn setzen, aber er hielt die Hand über den Sitz und sagte: «Der hier ist für meinen Daddy», also rutschte der Junge eins rüber.

Bald schon kamen die Teams auf das Feld, und alles jubelte. Del verstand nicht viel von dem, was unten vor sich ging, aber er ließ sich nichts anmerken, damit die andern nicht glaubten, er sei blöd. Er hatte noch nie Baseball gespielt. Seine Eltern zogen oft um, er kam gar nie dazu, viele Freunde zu haben, und die, die er hatte, besaßen keine Ausrüstung. Trotzdem war es ein wunderschöner Anblick. Im Licht der Scheinwerfer leuchtete das Spielfeld strahlend grün, und die Uniformen hoben sich davon ab wie Cartoons in einer Zeitschrift. Weiter hinten gab es einen Erdhügel, der mit Kudzu bewachsen war, und eine große Magnolie, und rechts lag ein Bahndamm. Er hatte sich ein Baseballfeld anders vorgestellt, aber es gefiel ihm trotzdem.

Mit der Zeit begriff er sogar den Spielverlauf. Teile davon jedenfalls, und bei jedem Wurf wurde er aufgeregt und jubelte mit der Menge, wenn die Spieler aus Birmingham ihre Schläger schwangen und den Ball verpassten.

Er unterhielt sich gut, bis er sich eingestehen musste, dass sein Vater nicht mehr auf den Platz neben ihm kommen würde, doch er schaute weiter zu, weil er wusste, dass er wahrscheinlich nie wieder ein Spiel sehen würde und sich deswegen amüsieren sollte.

Die Crackers gewannen. Die Menge verlief sich, aber sein Vater war nirgends zu sehen, und Del wusste, dass er nicht da war. In seiner Hosentasche spürte er die 25-Cent-Münze und fragte sich, ob dies schon der Fall war, für den er das Geldstück aufheben sollte, oder ob danach noch ein anderer kommen würde. Schließlich beschloss er, das

Geld auszugeben, weil er anders nicht nach Hause gelangen konnte.

«Herr Fahrer, ich hätte gerne einen Transferschein», sagte er.

Der Mann sah ihn merkwürdig an, reichte ihm dann aber den Schein.

Del war ziemlich sicher, dass er die Straße erkennen würde, in der er lebte. Bei der Haltestelle gegenüber dem Schnapsladen war er sich weniger sicher, deswegen saß er ganz verdreht auf der seitlichen Bank und drückte sein Gesicht gegen das Fenster. Am Ende erkannte er sie wegen der ganzen Lichter sofort, also zog er an der Glockenschnur und stieg aus.

Er trat leise ins Haus. Er war am Verhungern und holte sich ein Stück Brot. Er hoffte, seine Mutter würde es nicht bemerken und wütend werden.

«Bist du das, Junge?», rief sie aus dem Schlafzimmer.

«Ja, Ma'am.»

«Ist dein Vater bei dir?»

«Nein, Ma'am, das ist er nicht.»

«Ich hätte es wissen müssen», sagte sie. «Es ging ihm überhaupt nicht um dich. Er wollte bloß das Geld haben, um es zu vertrinken. Er kommt auch nicht wieder. Ich hab ihm gesagt, wenn er das nächste Mal zu trinken anfängt, dann will ich ihn nicht mehr sehen. Aber es gibt Zeiten, da braucht dieser Mann so dringend was zu trinken, dass er sein ganzes Leben dagegen eintauschen würde.»

Del erwachte, zumindest kam es ihm so vor. Offenbar war er wieder in dem Kudzufeld, und um ihn herum standen

mehrere Männer, aber irgendetwas an der Situation erinnerte ihn an die Mission in Nashville.

Der Pastor dort hatte ihn beiseite genommen, um ihm
ein Bild zu zeigen, das irgendein alter Säufer nach dem
Buch der Offenbarung gemalt hatte. Darauf waren Ske-
lette auf geflügelten Pferden, die vier apokalyptischen
Reiter, die über das Schlachtfeld von Armageddon ritten.
Damals hatte er nicht verstanden, warum der Pastor ihm
dieses Bild zeigen wollte, aber jetzt war ihm klar, dass er
damit seinen eigenen Tod gesehen hatte.

Genauso gut hätte der Gottesmann seine Hände seg-
nend auf Dels Kopf legen und sagen können: «Gehe hin,
mein Sohn, und stirb an Skinheads», denn die vier Männer, die jetzt auf Del herunterblickten, würden ihn umbringen, das war ihm klar. Sie hatten keine Haare, und
die Haut spannte an ihren Schädeln. Im Mondlicht sah es
aus, als hätten sie statt Fleisch gebleichte Knochen, und
ihre Augen lagen tief in den Höhlen. Sie beugten sich
über Del, der in seiner Decke und in seiner eigenen Pisse
lag.

«Er riecht ranzig», sagte einer der Männer.

«Befreien wir ihn aus seinem Elend.»

«Es sind meine Beine», sagte Del. «Sie taugen nichts
mehr.»

«Mach dir nichts draus, Alter. Gott wird dir einen
neuen Körper geben.»

Del sah, wie der Stiefelabsatz auf sein Gesicht zusauste,
spürte Knochen splittern und hörte ein lautes Klingeln in
den Ohren. Er löste sich von allem und bekam nichts
mehr mit von dem, was sie danach mit ihm taten.

Del war bewusstlos, und dann sah er wieder Kudzu vor seinem Gesicht. Neben ihm stand ein Mann. Der Mann kniete sich nieder und legte die Hand auf Dels Schulter.

«Hallo, mein Junge. Ich warte schon lange darauf, mit dir zu reden.»

Del wusste, dass er tot war, weil es die Stimme seines Vaters war. Er sprang auf, streckte seinen Arm aus und staunte. Im Licht des Vollmonds war seine Haut schneeweiß, ganz unberührt, wie die eines Babys, als hätte er nie in der Sonne gearbeitet oder sich bei einem Sturz verletzt.

An manchen Stellen schien das Licht auf das dunkelgrüne Kudzu und ließ es silbern aufleuchten, und das Gesicht seines Vaters war so schön wie ein Segen, den Del in dieser Welt nie erfahren hatte.

«Ich wollte dir nur sagen, dass ich dich immer geliebt habe. Ich habe dich an jenem Abend nicht im Stich gelassen, und das ist die reine Wahrheit. Böse Männer nahmen mich in ihrem Wagen vom Spielfeld weg, fuhren mit mir aus der Stadt raus und töteten mich. Sie schnitten mir den Bauch auf, damit mein Körper nicht hochgeschwemmt wurde, wickelten mich in Sackleinwand und hängten Betonplatten an mich dran, dann warfen sie mich in den Chattahoochee River. Ich schwöre dir, Junge, ich wollte dich in jener Nacht nicht alleine lassen. Ich hab dich immer geliebt. Und jetzt hat man mich hierhergeschickt, um dich in den Himmel zu bringen», sagte er.

Del griff nach der Flasche, nahm einen kleinen Schluck und sah Gier im Gesicht seines Vaters. Er würde ihm nichts anbieten. Er würde warten, bis der andere ihn danach fragte oder vielleicht sogar bettelte.

«Weshalb brauchst du so dringend was zu trinken, wenn du aus dem Himmel kommst?», fragte Del.

«Sie haben mich geschickt, um dich zu holen, Junge. Wenn du nicht mitkommen willst, dann musst du dich alleine durchschlagen.»

«Du warst schon immer ein elender Lügner. Woher soll ich wissen, dass du mich wirklich in den Himmel bringen wirst?»

«Könnte ich einen Schluck von deinem Wein haben? Dann gehen wir gleich rauf. Willst du denn nicht bei den andern sein? Deine Mutter ist dort oben.»

Del drehte sich um, trat nach seiner verdreckten Decke und ging schnell zum Bahndamm, fing auf den Schwellen an zu rennen und ließ seinen Vater weit hinter sich. Jetzt, wo Gott ihm einen neuen Körper gegeben hatte, musste er sich mit keinem Menschen und seinen beschissenen Lügen mehr herumschlagen. Von jetzt an würde er seinen Weg alleine machen.

# Urheber- und Übersetzerverzeichnis